P. DOURISBOURE

DES MISSIONS-ÉTRANGÈRES DE PARIS

Les Sauvages Ba-Hnars

DIX-SEPTIÈME MILLE

PIERRE TÉQUI, ÉDITEUR   MISSIONS-ÉTRANGÈRES

82, Rue Bonaparte, Paris.   128, Rue du Bac, Paris.

LES SAUVAGES BA-HNARS

LES SAUVAGES

BA-HNARS

(Cochinchine orientale)

SOUVENIRS D'UN MISSIONNAIRE

PAR

M. l'Abbé P. DOURISBOURE

De la Société des Missions-Etrangères
Provicaire apostolique de la Cochinchine orientale

DIX-SEPTIÈME MILLE

PARIS

P. TÉQUI, ÉDITEUR | MISSIONS-ÉTRANGÈRES

82, RUE BONAPARTE, 82 | 128, RUE DU BAC, 128

1929

La mission des sauvages Ba-Huars qui ne
comptait que 800 chrétiens à l'époque où se termine le merveilleux récit de sa fondation, en
1870, en compte aujourd'hui 17.700 et un nombre considérable de catéchumènes. Elle sera bientôt à même de devenir une Eglise autonome
avec son évêque, son personnel, ses œuvres.
Nous demandons à nos lecteurs, en retour de
l'édification qu'ils trouveront dans ces pages,
apostoliques entre toutes celles qu'il peut être
donné de lire, une prière pour hâter ce jour tant
désiré.

Pâques, 31 mars 1929.

M. PIERRE DOURISBOURE

Missionnaire Apostolique des sauvages Ba-Hnars

(COCHINCHINE ORIENTALE)

M. Pierre Dourisboure naquit à Briscous (Bas-ses-Pyrénées) le 19 septembre 1825, d'une excellente et très chrétienne famille ; il fit avec distinction ses études au petit séminaire de Laressore.

Il avait un caractère ouvert, franc, et de beaucoup d'entrain.

Dès cette époque, Dieu l'appela à lui.

« Je n'étais qu'un jeune élève de troisième, a-t-il
« écrit, mais lorsque. pendant le dîner, on lisait
« au réfectoire les lettres de M. Miche, écrites dans
« la prison de Hué, oh ! alors, je n'avais plus faim
« et ne mangeais pas même le pain que je tenais
« à la main. Je n'avais des yeux, des oreilles que
« pour le lecteur, et au plus profond de mon âme,
« j'entendais avec délice une voix qui me disait :
« Et toi aussi, tu seras missionnaire ! Il y a de cela
« plus de vingt ans, et pourtant les larmes me vien-
« nent aux yeux à ce souvenir. »

Le jeune séminariste puisait à bonne source ces nobles ardeurs. Ceux qui l'ont connu à cette époque ont gardé le souvenir de sa dévotion particulièrement vive envers la sainte Eucharistie. Sa ferveur au pied des autels était visible; et souvent il parlaît à ses jeunes condisciples de l'amour de Jésus-Hostie en termes qui accusaient un cœur plein de ce qu'il disait. L'Eucharistie a été l'objet de la dévotion de toute sa vie; là était le secret de sa force au milieu des plus dures épreuves; là, le foyer de son zèle dévorant. Toutes les peines ne lui étaient rien quand, le matin, il pouvait monter au sain⁺ autel. Sur le point de mourir, il faisait cette confidence : « Ce qui, dans ma maladie, m'a fait souffrir le plus, et ce qui a été pour moi l'occasion d'un véritable regret, c'est la privation que j'ai subie depuis longtemps de ne pouvoir célébrer le saint sacrifice de la messe. »

« A cet amour de l'Eucharistie, il joignait, comme son naturel complément, une tendre et confiante dévotion en Marie, à laquelle il s'est toujours cru redevable de faveurs signalées qu'il se plaisait à proclamer (1). »

Après un an de séjour au grand séminaire de Bayonne, il partit en 1846 pour le séminaire des Missions-Étrangères. Il y demeura trois ans.

Envoyé en Cochinchine orientale, il fut destiné à la nouvelle mission que Mgr Cuenot voulait fonder chez les sauvages habitants des montagnes qui forment la ligne de partage des eaux entre le Mékong et la mer.

(1) *Semaine religieuse* de Bayonne.

L'année précédente, deux prêtres, le P. Combes et le P. Fontaine, avaient déjà pénétré dans cette contrée inconnue.

Le P. Dourisboure alla les rejoindre.

Quinze ans plus tard, il reçut le conseil de raconter l'histoire de sa mission : il s'excusa d'abord; qui se hasarderait à lire le livre d'un pauvre prêtre laissant glisser sous sa plume les formes de la langue sauvage au lieu du français correct ou délicat qu'on exigeait? Enfin il se rendit et composa un petit volume intitulé : *Les Sauvages Ba-Hnars*, mélange de drames émouvants, d'actes héroïques qu'un poète pourrait enchâsser dans l'or et le diamant.

Tous ceux qui ont eu l'occasion de le lire l'ont admiré, et j'en sais plus d'un qui a relu certaine page, à genoux, les larmes aux yeux, la terminant par la plus fervente prière.

Le 11 novembre 1850, à la nuit tombante, le P. Dourisboure se mit donc en route pour se rendre dans la tribu des Ba-Hnars.

Il avait avec lui un vieux missionnaire, dont il a tracé le plus aimable portrait, une de ces natures exceptionnelles qui ont le privilège d'incarner, en quelque sorte, une vertu ou une qualité, le P. Desgouts, ce père si bon, si bon pour tous et en tout, qu'on ne l'appelait que le bon Père Desgouts.

Le charme et la sécurité de la route qu'ils suivirent avaient été définis par le guide des premiers missionnaires : « Je ne connais pas de route plus

« difficile, mais les tigres et les éléphants auront
« plus pitié de nous que nos frères les hommes. »

Après cinq semaines de voyage, ils arrivèrent
chez les PP. Combes et Fontaine, et à leur vue, la
première parole du P. Dourisboure étonné fut celle-
ci : « Comment! c'est vous qui êtes le P. Combes, ce
« n'est pas possible. »

Hélas! c'était bien lui, mais usé déjà par la fièvre
des bois, cette reine impitoyable des pays sauvages,
encore était-il debout; le P. Fontaine était couché,
sans forces, sur sa natte d'où il ne devait guère se
relever que pour retourner en Cochinchine.

Ils n'avaient converti personne, ils n'étaient
reçus dans aucun village, ils étaient traités comme
des criminels, tout au moins comme des suspects.
Et depuis une année, ils étaient là, dans une petite
hutte de feuilles qu'ils avaient construite eux-
mêmes, grelottant de fièvre, n'ayant d'autre nourriture que du riz sec, des herbes et des racines trouvées à grand'peine dans la forêt. Ils seraient fidèles
au poste cependant, et Dieu finirait par exaucer leur
persévérance; d'ailleurs, il leur restait de pouvoir
mourir.

Tout ému de ces récits, mais vigoureux et résis-
tant, ayant au cœur ces belles envolées d'espoir si
faciles à la jeunesse et à la force, le P. Dourisboure
se jeta dans les bras de ses confrères, murmurant
avec un sourire cette noble et touchante parole de
poète :

Nous souffrirons ensemble et nous souffrirons moins.

Elles furent dures pourtant ces souffrances, quoique supportées ensemble, aux portes du petit village de Ko-lang, et aucun récit ne vaudrait celui-ci, bien doucement écrit.

« ... Nous étions d'ordinaire étendus, chacun sur
« sa natte, aux quatre coins d'un foyer creusé au
« milieu de la cabane. Ceux que l'accès de fièvre
« avait saisis, se débattaient avec lui comme ils
« pouvaient ; les autres, qui avaient un moment de
« relâche, priaient, riaient, chantaient des cantiques,
« entretenaient conversation ou fumaient la pipe.
« Pendant le jour, ceux que la fièvre laissait en
« repos, pour le moment, allaient chercher dans la
« forêt des pousses de bambou, de la fougère tendre
« ou d'autres herbes bonnes à manger ; rentrés au
« logis, ils les faisaient cuire dans une marmite de
« terre, pour servir d'assaisonnement au riz qui
« constituait notre seule nourriture. Un jour, nous
« fîmes fête. Un de nos Annamites avait pris dans
« le ruisseau un poisson gros comme une sardine ;
« ce fut un événement. M. Combes, en qualité de
« supérieur, le partagea en quatre portions égales,
« et chacun de nous plaça solennellement un pouce
« de poisson dans son écuellée de riz. En revanche,
« il nous est arrrivé de jeûner complètement, faute
« de quelqu'un pour cuire le riz, tout le monde étant
« malade à la fois. »

Et le dernier mot de ce grand courage, de cette

patience néroïque, le mot qui revient sans cesse,
sous une forme ou sous une autre, comme le refrain
chanté par chaque battement de cœur : « Nos misè-
« res étaient des misères bien-aimées, car le Sei-
« gneur Jésus les parfumait d'une inappréciable
« douceur. »

Cependant, les semaines et les mois s'écoulaient et
la situation ne changeait pas.

Moins affaibli que ses compagnons, le P. Dourisboure partit avec M. Combes pour explorer le pays ;
ils réussirent à obtenir un petit terrain à Kon-Ko-
xam ; à Ro-hai, ils achetèrent une maison qui
leur coûta cinq francs, puis, ils trouvèrent un pro-
tecteur dans un chef sauvage, Hmur, qui, plus d'une
fois, interposa son autorité pour empêcher leur
expulsion ou sauver leur vie.

Ils commencèrent alors à défricher les forêts ; ensuite, sur l'ordre de Mgr Cuenot, le P. Dourisboure
alla s'établir dans la tribu des Se-dang, à Kon-trang,
centre du commerce entre les Ro-ngao, les Se-dang
et les Laociens.

Sa première joie fut un baptême d'enfant : c'était
le 1er janvier 1852 : il était triste, il sentait son âme
s'affaisser sous la croix plus lourde, lorsque voyant
les sauvages se précipiter vers un même point, il
demanda quel était l'objet de leur curiosité : « Un
enfant qui va mourir », lui répondit-on. Rapide
comme la pensée, il saisit une gourde pleine d'eau
et court baptiser le petit moribond. Et, tout de suite,

son âme redevient chantante, son sort l'enthousiasme, il plaint ceux dont la vie ne ressemble pas à la sienne. Oh! célestes allégresses, quelle suavité merveilleuse vous répandez dans le cœur de l'homme, de quelles chaudes et resplendissantes clartés vous l'illuminez et le fortifiez!

Pourtant ce ne fut pas et ce ne pouvait être le plus grand bonheur du missionnaire.

Un baptême d'enfant ne fonde pas une chrétienté, les conversions d'hommes faits sont nécessaires, elles étaient le but ardemment poursuivi; ce but fut atteint le 16 octobre 1853; en ce jour qui peut être regardé comme la date de la fondation de la mission des sauvages, le P. Dourisboure baptisa ses deux premiers catéchumènes, deux jeunes gens, Joseph Ngui et Jean Pat.

Trois ans s'étaient écoulés depuis son arrivée au pays des sauvages; en ces trois ans, il avait baptisé deux païens; deux mois plus tard, le P. Combes en baptisa un, Hmur, le chef de Kon-Ko-xam. Telle est la naissance des Églises, dure et lente, subissant, comme tout changement, la loi de la préparation; comme tout enfantement, celle de la douleur.

Je n'étonnerai aucun de ceux qui connaissent les labeurs de l'apostolat en disant que le plus difficile était fait. Trouver cent catéchumènes lorsqu'on en possède dix est une œuvre pénible, trouver le premier de tous est le labeur par excellence. C'est une sorte de création : le génie ne suffit pas, il y faut la sainteté, et la sainteté n'est le fruit que de grandes souffrances et de longs combats.

Est-ce à dire que tout allait devenir facile? Assurément non; et le P. Dourisboure dut traverser encore bien des heures sombres et supporter de rudes assauts.

La défiance des sauvages ne s'affaiblissait que lentement, les missionnaires se heurtaient presque partout à une hostilité aussi tenace qu'au début; en vain s'étaient-ils montrés doux et résignés, en vain avaient-ils convaincu de calomnies leurs accusateurs et donné, au temps de la disette, leur riz et leur argent; rien n'avait éclairé les esprits ni adouci les cœurs.

Dans ses courses à la recherche des âmes, le P. Dourisboure était exposé aux mêmes affronts.

Un jour, il avait entrepris une excursion lointaine, il marchait depuis le matin, dans les grandes herbes et la boue des marais, il était cinq heures du soir, il avait faim, il avait soif, et sur sa route, il ne trouvait ni une source, ni un grain de riz ou de maïs; enfin, il aperçut la hutte d'un sauvage, il s'approcha et demanda humblement un verre d'eau.

Une femme parut sur le seuil et refusa brusquement, le chassant avec un geste de menace.

Le missionnaire courba la tête et continua sa route.

La fièvre le prit, ses jambes tremblèrent, refusant de le porter; il s'égara, essaya de grimper sur un arbre afin de s'orienter, il n'ent eut pas la force;

M. L'ABBÉ P. DOURISBOURE
1825-1890

haletant, il s'arrêta pour écouter ; rien, aucun bruit humain ne lui indiquait vers quel point se diriger, partout le grand silence de la forêt, à peine troublé par la chute de quelques feuilles, « et par les tourterelles qui roucoulaient leur prière du soir ». La nuit vint, et, à cette date, son journal de souvenirs porte cette page, que l'âme pieuse et vibrante de l'apôtre semble avoir empruntée à saint François d'Assise :

« Il y avait à côté de moi un arbre déraciné et
« couché par terre, je m'assis tout auprès. « Si
« j'avais au moins, pensai-je, un peu de feu pour
« sécher mes habits et empêcher mon corps en
« sueur de se glacer ! Oh ! mon Dieu ! mon Dieu ! si
« j'avais un peu de feu ! » Dans ma hotte se trou-
« vaient mon bréviaire, ma pipe, mon briquet et un
« petit morceau d'amadou. Je ramassai avec soin
« quelques feuilles sèches, je les broyai bien menu,
« et tremblant de ne pas réussir, car j'étais encore
« novice dans le métier, je battis le briquet, l'ama-
« dou prit feu, mais il était en trop petite quantité
« et il se consuma avant d'avoir pu communiquer le
« feu à mes feuilles. Avec la dernière étincelle
« s'évanouit ma dernière espérance. Alors, en voyant
« que tout me faisait défaut, je ne sais quel trans-
« port de joie surnaturelle s'empara de tout mon
« être. Ne pouvant contenir mon bonheur, je me
« levai et me mis à chanter de toutes mes forces ·

Bénissons à jamais
Le Seigneur dans ses bienfaits!

« et les échos répétèrent : « ... à jamais... ses bien-
« faits. » J'invitai tous mes compagnons de la forêt,
les animaux sauvages, à s'unir à moi pour louer
« Dieu, parce que sa miséricorde est éternelle.
« Oh! mon Dieu! répétai-je plusieurs fois, dans
« cet absolu dénûment, me reconnaissez-vous un
« peu pour votre missionnaire? »

Au milieu de ces souffrances dont nous pouvons à
peine ébaucher le tableau, les années passaient;
tous les compagnons de l'apôtre mouraient ou retournaient en Cochinchine pour ne plus revenir; il n'avait
plus avec lui qu'un prêtre annamite, n'importe, il ne
se décourageait pas.

Il exécuta alors sur une plus large échelle un plan
d'évangélisation simple et pratique qu'avait déjà
tenté M. Combes et qui n'eût pas été bon en Annam,
mais qui était excellent chez les Ba-Hnars.

Ce plan tient dans une ligne : fonder des villages
exclusivement composés de chrétiens. Le P. Dourisboure commença à l'exécuter en 1865.

Groupant les fidèles éparpillés au milieu des hameaux païens, il les conduisit dans un terrain bien
choisi, les installa, leur fournit des pioches, des
charrues, des buffles, les semences, leur apprit à
cultiver avec soin et méthode, les obligea à conserver des provisions pour les jours de disette, en un
mot, il les civilisa en les christianisant de plus en plus.

Le plan réussit; depuis lors, il fait loi, il a valu au P. Dourisboure le titre de fondateur de la Mission des Ba-Hnars.

Mais pour connaître la valeur d'un homme, il ne suffit pas de savoir ce qu'il fait, il est nécessaire de savoir avec quoi il le fait.

Le P. Dourisboure évangélisait des sauvages, c'est-à-dire de grands enfants défiants, hostiles, légers, inconstants, orgueilleux, d'une ignorance absolue, d'une culture intellectuelle nulle.

Pour s'imposer à eux, les amener à croire en sa parole, il avait, avec la grâce de Dieu, le don rare et superbe d'une inébranlable volonté. L'arme est de bonne trempe, combien la possèdent?

La volonté n'est cependant pas tout le secret de son succès final, il faut y ajouter sa robuste constitution capable de supporter les maladies qui tuaient les autres.

Cependant, si la souffrance ne le brisait pas, elle paralysait son action et aggravait les difficultés. Souvent la fièvre des bois le surprenait en plein voyage et le forçait d'attendre, loin de tout secours humain, la fin de la crise ou la mort; d'autres fois, elle le clouait sur sa natte, dans sa cabane que partageait le P. Besombes nouvellement venu, et il arriva un jour que les deux missionnaires, après s'être confessés et s'être mutuellement administré l'extrême-onction, retombèrent **l'un après l'autre sans connaissance.**

N'est-ce point là, en vérité, le sommet de la souffrance et du délaissement?

L'austère grandeur de cette scène défie toute description, un peintre pourrait seul la représenter avec le double sentiment d'angoisse et d'admiration qu'elle provoque.

Deux Français, deux prêtres jeunes encore, hâves, décharnés, mourants, penchés l'un vers l'autre pour se donner une suprême absolution ; autour d'eux, des sauvages muets d'étonnement devant la mort de ces étrangers vénérés ou haïs, mais toujours redoutés, et appendu au treillis de la hutte de bambou, expliquant le tableau, l'éclairant plutôt, le crucifix des missionnaires.

Assurément, ce n'était pas ce martyre que les vingt ans du P. Dourisboure avaient rêvé, mais c'était bien le martyre sans éclat, sans cangue, sans rotin, sans tortures et sans effusion de sang, martyre non moins douloureux cependant et beaucoup plus prolongé.

A la fin, ce martyre usa son vigoureux tempérament de montagnard pyrénéen, et Mgr Charbonnier, successeur de Mgr Cuenot, lui ordonna de retourner en France pour reprendre de nouvelles forces.

Ceux qui eurent alors le bonheur de le rencontrer et de l'entretenir ont gardé vivant le souvenir du pieux et vaillant apôtre des Ba-Hnars, dont la souffrance n'avait ni altéré la gaieté, ni diminué l'énergie.

Avec quel intérêt on l'entendait raconter ses joies

et ses périls, et de quel accent de tristesse affectueuse il redisait la mort de tous ses compagnons
d'armes, car ils étaient tous morts; Arnoux mort,
Desgouts mort, Fontaine, Verdier, Suchet, Besombes
morts, et le meilleur de tous, Combes, mort aussi.
On eût dit l'appel d'un bataillon d'élite, au soir d'une
victoire meurtrière. Seul, le P. Dourisboure restait.
Dieu lui accordait une longue vie, un de ces longs
règnes qui sont de grandes grâces, disait le cardinal
Pie.

Il demeura environ une année en France et alla
continuer son œuvre.

Quinze années s'écoulèrent, nous ne les raconte-
rons pas, elles ressemblent, mais en mieux, aux
premières, elles sont moins douloureuses et plus
fécondes. Un millier de sauvages embrassèrent le
christianisme; leur vieux missionnaire devint leur
grand chef, presque leur roi, jugeant les procès,
empêchant les guerres, fondant des villages, fixant
les lois.

En 1885, il était complètement épuisé, sans forces
pour voyager, évangéliser, supporter les multiples
labeurs de la vie apostolique; il fut rappelé en Cochinchine et nommé supérieur du grand séminaire.
La besogne était encore au-dessus du peu de vigueur
qui lui restait.

Il se rendit au Sanatorium de Hong-kong où il
acheva de composer et fit imprimer un Dictionnaire
de la langue Ba-Hnar, travail de haute valeur.

Toujours accablé par la maladie, il fut envoyé en France. Ce fut sa dernière étape. Il mourut presque en arrivant à Marseille. Il avait soixante-cinq ans d'âge, quarante et un ans de sacerdoce et d'apostolat.

An point de vue humain, l'homme est grand dans la mesure où il crée ; lorsque son œuvre est divine, plus qu'humaine, sa grandeur croît de toute la hauteur qui sépare la terre du ciel. Le P. Dourisboure a fait, autant qu'il est permis à l'homme, une œuvre divine.

Adrien LAUNAY,
de la Société des Missions-Étrangères.

LES SAUVAGES BA-HNARS

SOUVENIRS D'UN MISSIONNAIRE

CHAPITRE PREMIER

Après Dieu, c'est à Mgr Cuenot, évêque de Métellopolis, vicaire apostolique de la Cochinchine Orientale, que revient la première gloire de l'établissement de la mission des sauvages, dans les montagnes nord-ouest de la Cochinchine. Il ne m'appartient pas de faire ici l'éloge de cet homme apostolique, je n'en dirai que quelques mots nécessaires à l'intelligence des faits que je vais raconter. Il était doué d'un caractère énergique et persévérant, et quand il avait mûri un projet, les obstacles, loin de le

décourager, ne faisaient qu'exciter son ardeur.
Quatre ou cinq fois, il vit l'entreprise de la
prédication de l'Evangile chez les sauvages
arrêtée et rendue impossible, sans jamais pour
cela songer à l'abandonner. Une route fermée,
il en faisait ouvrir une autre : cette seconde
reconnue impraticable, il cherchait ailleurs,
jusqu'à ce qu'enfin le succès vînt couronner ses
efforts.

Le principal obstacle à son plan d'évangélisation était la persécution violente qui désolait
alors le royaume annamite, et plus particulièrement les provinces centrales. Les missionnaires,
continuellement cachés, ne pouvaient exercer
leur ministère qu'à la faveur des ténèbres. Une
fois découverts, ils étaient immédiatement saisis,
livrés aux mandarins, et condamnés à mort. Or,
tout le long du royaume annamite, les montagnes habitées par les sauvages sont constamment fréquentées, jusqu'à une distance de deux
ou trois journées à l'ouest de la frontière, par
des marchands cochinchinois qui vont trafiquer
avec les indigènes. Ces montagnes sont, il est
vrai, complètement indépendantes d'Annam,
mais le danger y était tout aussi grand. Voici
pourquoi.

Dans les pays civilisés, une fois hors d'un
royaume, on n'est plus soumis à ses lois, on
n'a plus à craindre ses tribunaux. Chez les
peuples demi-barbares de l'Asie, au contraire,
ce point fondamental du droit des gens est parfaitement ignoré, et on le viole chaque jour

sans le moindre scrupule. Un missionnaire européen, arrêté dans le pays des sauvages par les premiers vagabonds venus, et reconduit par eux en Annam, devait être, malgré toutes les protestations possibles, aussi infailliblement jugé et exécuté, que si on l'eût pris en flagrant délit dans les rues mêmes de la capitale. Les premiers missionnaires des sauvages étaient donc forcés, non seulement de se cacher à leur point de départ, mais encore de s'avancer secrètement dans les montagnes, jusqu'à des limites inconnues aux marchands cochinchinois : c'est-à-dire qu'en dehors d'Annam, ils avaient à se cacher encore pendant quatre ou cinq jours de marche.

Ces difficultés n'arrêtèrent point Mgr Cuenot, et par ses ordres, MM. Miche et Duclos firent, au commencement de 1842, une première tentative. Ils traversèrent la frontière dans la province de Phu-Yen, et ils étaient déjà parvenus assez loin au milieu des sauvages, lorsqu'ils furent reconnus et saisis par des marchands cochinchinois, qui les emmenèrent de force, et les livrèrent aux mandarins annamites. Si Dieu ne permit pas à ces deux missionnaires d'arriver au terme de leur voyage et de commencer la mission des Ba-Hnars, ils eurent en échange la gloire de confesser la foi dans les fers et sous les coups des bourreaux. Conduits à Hué, traînés plusieurs fois devant les tribunaux, mis en cage, déchirés par le rotin et condamnés à mort, ils attendaient l'exécution de leur sen-

tence, lorsque la corvette française l'*Héroïne*
vint les délivrer en mars 1843 (1).

Les années suivantes, deux ou trois autres
tentatives par les provinces de Quang-Ngaï
et de Quang-Nam, eurent moins de retentisse-
ment que celle-là, et ne réussirent pas mieux.
Je ne les mentionne ici que pour montrer la
constance invincible de Mgr Cuenot, constance
qui sera, j'en suis sûr, le plus beau fleuron de
sa couronne dans le ciel.

En 1848 le prélat s'arrêta à l'idée de tenter
un nouvel effort par la province de Binh-Dinh,
où il se tenait lui-même caché à cause de la
persécution. Sur les confins de cette province,
à l'ouest, se trouve An-Son, grand centre de
commerce entre les Annamites et les sauvages.
C'est ce village qui a été, vers la fin du siècle
dernier, le berceau de la révolte contre le roi
Gia-Laong, lequel ne dut son salut et le recou-
vrement de sa couronne qu'au secours de la
France, sollicité par l'évêque d'Adran. Depuis
cette mémorable époque, An-Son (jadis Tay-
Son) inspire toujours des craintes à la politique

(1) Le commandant de l'*Héroïne*, M. Lévêque, fit alors
mettre en liberté cinq missionnaires français condamnés à mort : MM. Miche, Duclos, Galy, Charrier et Berneux. — M. Duclos rentré en Cochinchine fut arrêté de
nouveau et mourut, en 1847, dans les prisons du roi
Thieu-Tri ; — M. Galy est mort en 1860, à Saïgon ; —
M. Charrier est mort au séminaire des Missions-Etrangères, à Paris, en janvier 1871. — Mgr Berneux, devenu
vicaire apostolique de Corée, a reçu la couronne du
martyre en mars 1866 ; — Mgr Miche, le dernier survivant de ces cinq confesseurs, est mort, le 1er décembre
1873, vicaire apostolique de la Cochinchine occidentale,
devenue la Cochinchine française. (*Ed.*)

soupçonneuse des rois d'Annam ; aussi leurs lois défendent-elles, sous les peines les plus sévères, aux Annamites de s'établir sur les terres des sauvages, et à ceux-ci de dépasser An-Son, pour entrer en Annam. Les Annamites font, il est vrai, un commerce considérable chez les sauvages dont ils parcourent sans cesse les tribus, mais aucun d'eux ne peut songer à y fixer sa demeure. Les sauvages, de leur côté, descendent pour leurs ventes ou achats jusqu'à An-Son, sans jamais oser franchir cette limite.

Pendant la persécution, un missionnaire européen ne pouvait pas s'aventurer sur cette route d'An-Son sans s'exposer à un danger évident. Mgr Cuenot jugea qu'il fallait préparer la voie par quelque Annamite qui irait explorer les différents chemins, examiner les endroits fréquentés par les marchands cochinchinois, et prendre des informations sur les tribus sauvages plus éloignées, qui, seules, paraissaient pouvoir être évangélisées tout d'abord. Or, la mission de Cochinchine Orientale possédait en ce temps-là un jeune ecclésiastique du nom de Do, doué de grandes qualités et qui semblait formé tout exprès par la Providence pour les entreprises périlleuses. Il venait d'arriver du Séminaire général de Pulo-Pinang, après y être resté neuf ans, sept comme élève et deux comme assistant-professeur. Les Directeurs du Séminaire en avaient fait le plus grand éloge dans les notes adressées à son évêque. Sa vertu dominante était une confiance sans bornes en

la divine Providence, et dans les événements
les plus faits pour abattre un courage ordinaire,
le sien ne faisait que grandir. Je l'ai vu souvent dans des positions bien critiques, aussi
calme et aussi tranquille que s'il n'y avait eu
rien à craindre.

Mgr Cuenot, qui le connaissait et l'appré-
ciait, jeta les yeux sur lui pour l'entreprise
qu'il avait en vue. Un jour donc il l'appela et,
sans autre préambule : « Il faut, lui dit-il, que
« tu ouvres par An-Son une route pour évan-
« géliser les sauvages; comment t'y prendras-
« tu? — Je me ferai marchand, répondit-il : et,
« tout en faisant semblant de commercer, je
« m'avancerai dans l'intérieur jusque par delà
« les limites que ne franchissent pas les autres
« marchands, et la reconnaissance du terrain
« une fois terminée, je reviendrai et je con-
« duirai un Père dans ces parages. — C'est
« bien, ajouta Sa Grandeur, j'attends beaucoup
« de toi; mais comme pour une œuvre de cette
« importance, il te faut du courage, je veux
« t'en donner par l'imposition des mains. Pré-
« pare-toi, dans la retraite et la prière, à la
« grâce que le bon Dieu va t'accorder ».

Huit jours après, revêtu du caractère des
Etienne et des Laurent, le diacre Do se dirigea
vers An-Son. Afin de n'attirer sur son départ
l'attention de personne, il avait quitté ses habits ordinaires, et, couvert de haillons, il gra-
vit les coteaux escarpés qui séparent le plateau
d'An-Son des plaines du Binh-Dinh. Son pro-

jet était de se faire marchand, mais il n'av..it pas pensé que, pour cela, il fallait avoir par écrit une de ces patentes officielles, que les autorités annamites vendent aux enchères, à certaines époques déterminées.

Ne pouvant espérer de l'obtenir sans s'exposer à être reconnu, il changea de plan ; et, au lieu d'aspirer désormais pour lui-même à la haute condition de marchand, il se contenta d'une modeste place de domestique, et entra au service d'un marchand annamite d'An-Son. Sa première fonction, chez son nouveau maître, fut celle-là même qui jadis fit regretter à l'Enfant prodigue la maison paternelle; mais quelle différence ! Le pauvre Enfant prodigue versait des larmes amères, car il avait abandonné son père, et sa position de gardeur de pourceaux n'était qu'un châtiment de sa faute. Notre diacre, au contraire, aimait son Père céleste, et ce Père, par une prédilection singulière, que le monde n'appréciera jamais, l'avait mis dans cette situation pour lui donner occasion de souffrir et de mériter. Aussi, loin de se plaindre, il se trouvait très heureux. Le marchand ne se doutait guère de la qualité de son serviteur; il ignorait même qu'il fut chrétien. Après quelque temps, il fut si content de lui qu'il le fit monter en grade, et l'installa cuisinier de la maison. Quand vint le moment d'aller trafiquer chez les sauvages, Do, portant dans une hotte la marmite et les quelques écuelles dont se composait la batterie de cuisine, accompagna son maître de village en village.

Les occupations de son emploi n'absorbaient que son travail matériel ; son esprit était appliqué tout entier à la mission mystérieuse que lui seul connaissait. Il interrogeait constamment les sauvages sur leur langue, sur leurs mœurs et coutumes, sur la nature des pays de l'ouest et des tribus qui les habitent. Il tâchait surtout de confier à sa mémoire quelques mots de cet idiome dans lequel il devait un jour prêcher Jésus-Christ à ces pauvres gens, qui étaient loin de se douter de son but.

Après six mois de vie errante, le diacre Do connaissait suffisamment la langue sauvage, pour oser s'aventurer seul. N'ayant aucune raison de rester plus longtemps au service de son maître, il le quitta un beau jour, et vint rendre compte à son évêque du commencement de succès qu'avait eu son entreprise. Il voulait essayer de se faire passer lui-même pour marchand, et de pénétrer jusque chez les sauvages que les Annamites n'avaient jamais visités. Mgr Cuenot approuva son plan et lui adjoignit quelques compagnons, élèves du sanctuaire aussi, mais non encore dans les ordres sacrés. Ils étaient, je crois, au nombre de quatre.

Les premiers jours, ils furent obligés de voyager la nuit ; et, à force de précautions, ils arrivèrent sans accident jusqu'à la tribu des Ha-Drong. De cuisinier ambulant, Do était devenu gros négociant, avec bagages et associés. Mais, comme le dit le bon La Fontaine :

> Les petits en toute affaire
> Esquivent fort aisément:
> Les grands ne le peuvent faire.

Tant qu'il avait été marmiton, personne ne 'était occupé de lui ; quand on le crut riche, on conjura sa perte. Un jour, les sauvages résolurent de s'emparer de ses marchandises, qu'ils figuraient devoir être très précieuses et de le prendre, lui et ses gens, pour les vendre comme esclaves au Laos. Heureusement, la divine Providence veillait sur lui ; elle lui fit connaître les mauvais desseins de ceux qui lui donnaient une hospitalité perfide. Au milieu de la nuit, il prit la fuite avec ses compagnons, abandonnant tous les bagages, et lorsqu'on vint cerner la maison, ils étaient déjà loin. C'était beaucoup d'avoir la vie sauve, mais combien ils eurent à souffrir pendant les trois ou quatre journées de chemin qu'ils leur fallut faire pour rentrer en Annam ! Ils n'avaient ni vivres, ni argent, je veux dire ni objet pouvant servir à des échanges, car la monnaie est inconnue en ces pays-là. Ils arrivèrent enfin, grâce à la protection de leurs bons anges, auprès de Mgr Cuenot, qui admira grandement leur courage, car ils s'offraient à repartir aussitôt.

En résumé, le diacre Do avait, à force de peines et de patience, obtenu des résultats importants. D'abord, il connaissait un peu la langue des sauvages, ce qui était un point capital ; ensuite et surtout, il avait découvert, en dehors de toutes les routes suivies par les

marchands annamites, un chemin que personne
ne fréquentait à cause des montagnes escarpées qu'il fallait traverser, mais par où pourtant des missionnaires pourraient, à la rigueur,
passer et atteindre secrètement les contrées de
l'ouest. Cette voie, extrèmement rude et pénible, était aussi plus longue, car il fallait
faire un immense détour vers le nord avant de
se diriger vers l'ouest; mais elle était sûre,
parce qu'aucun marchand n'avait le courage de
s'y engager. Tout bien considéré, Mgr Cuenot
adopta cette route pour les missionnaires.

CHAPITRE I

MM. COMBES ET FONTAINE

MM. Combes et Fontaine sont les premiers
missionnaires qui aient été envoyés évangéliser les Ba-Hnars. M. Combes était du diocèse
d'Alby. Ordonné prêtre au séminaire des
Missions-Étrangères de Paris, avec dispense
d'âge, il avait été envoyé en Cochinchine
Orientale en 1849, avec destination spéciale
pour la mission qu'on tâchait d'établir chez les
sauvages. Tout jeune qu'il était, il avait déjà
la gravité de l'âge mûr. Plus solide que brillant,
doué de jugement plutôt que d'imagination, il
montrait en toutes choses un tact exquis, et

l'on aurait cru facilement qu'il était de longue date exercé au maniement des affaires. De plus, comme il était très pieux, et que la piété est ordinairement douce et aimable, son imperturbable gaieté réjouissait tous ceux qui avaient le bonheur de vivre en sa compagnie. Dans les plus mauvais jours, dans les circonstances les plus difficiles, l'égalité d'âme ne l'abandonna jamais. Je me souviens que dans ses moments où l'abattement et la tristesse commençaient à trouver le chemin de notre cœur, il avait coutume de répéter en souriant : « Vive la joie quand même ! » Je ne m'étendrai pas davantage ici sur ce cher confrère; ses actes, pendant les quelques années, trop courtes, hélas! qu'il a passées chez les sauvages, feront son éloge mieux que mes paroles.

Le démon, prévoyant ce qu'il serait un jour, et redoutant les coups qu'il allait porter à son empire, jusque-là si tranquille, chez les sauvages, chercha à se débarrasser de lui avant même son entrée en mission. M. Combes avait rencontré à Syngapour M. Fontaine, qui, après quelques années passées en Cochinchine occidentale, venait, sur la proposition de Mgr Cuenot, de se dévouer à la mission des sauvages. Les deux confrères s'embarquèrent ensemble pour la Cochinchine. Mais, pendant la traversée, la jonque annamite qui les portait fut capturée par des pirates chinois. M. Combes étant blond, ces bandits le prirent pour un anglais, et, comme tel, voulurent immédiatement le tuer. L'un d'eux lui asséna un coup de sabre qui heureusement ne l'atteignit qu'à l'épaule ; mais le coup fut si violent que M. Combes en conserva jusqu'à sa mort une large cicatrice. Il parvint cependant à faire comprendre qu'il était Français. Les pirates alors lui firent grâce de la vie et se contentèrent de faire main basse sur les vêtements et sur tout ce qui se trouvait dans la jonque; de sorte qu'en arrivant chez Mgr Cuenot, quelques jours après, les deux missionnaires furent obligés de se présenter devant Sa Grandeur dans un costume presque primitif. C'était bien se préparer à la mission des sauvages.

Il y avait à peine quelques mois que MM. Combes et Fontaine étaient entrés en Cochinchine lorsque le diacre Do vint rendre compte de son voyage d'exploration. J'ai dit déjà que, sur son exposé, la route du nord avait paru préférable au vicaire apostolique, malgré ses rochers et ses précipices infestés de bêtes féroces, car comme le disait Do, dans la simplicité de sa foi : « Les tigres et les élé- « phants auront plus pitié de nous que nos « frères les hommes. » Or, dans cette direction, le dernier village annamite près de la frontière est celui de Trâm-Gô. Mgr Cuenot comprit qu'un petit établissement appartenant à la mission et occupé par des chrétiens, était indispensable dans ce village, ne fut-ce que pour s'y cacher quand on reviendrait du pays des sauvages ou qu'on voudrait y pénétrer. Il fit donc construire une maison, et y plaça quelques personnes de confiance. Ce village était tout entier païen, on ne pouvait compter sur le concours d'aucun de ses habitants ; on avait au contraire tout lieu de craindre une trahison. Mais, parmi ceux que l'évêque y envoya d'abord, se trouvait un médecin très instruit et de grande expérience. Les soins qu'il donna aux malades de l'endroit, joints à la conduite constamment édifiante de tous ses compagnons, gagnèrent peu à peu les cœurs des habitants de la localité, et si, dans la suite, la persécution des mandarins du chef-lieu s'est étendue sur cet établissement, le village de Trâm-Gô n'y a été pour rien. En même temps que l'on construisait cette maison, le frère de Do, d'après les instructions de Mgr Cuenot, achetait la faculté de commercer dans les villages sauvages qui avoisinent les villages d'Annam, sur le chemin qu'on devait suivre pour se rendre chez les Ba-Hnars.

Les préparatifs ainsi terminés, Mgr Cuenot ordonna à M. Combes et au diacre Do de partir sans délai. M. Fontaine était, lui aussi, destiné à la mission des sauvages ; mais comme ce n'était encore qu'un coup d'essai, Monseigneur ne crut pas devoir exposer à la fois deux missionnaires et il garda provisoirement ce dernier auprès de lui.

De Gô-Thi, résidence de l'évêque, à Trâm-Gô, le chemin est de trois journées ; deux journées en barque pour remonter le cours du fleuve, et une petite journée à pied, depuis l'endroit où l'on quitte la barque jusqu'au sommet du plateau de Trâm-Gô. Il fallait parcourir cette distance de nuit, et dans le plus strict incognito, car la vue d'une figure européenne aurait suffi à cette époque pour mettre le pays en émoi et tout compromettre. Je ne suis pas à même de donner beaucoup de détails sur cette première ascension chez les sauvages, parce qu'elle n'eut pas grands résultats, et que, par suite, on m'en a peu parlé. Plus tard, le bon Père Combes la nommait toujours : l'expédition des poltrons.

Tout ce que j'en puis dire, c'est que, voyageant de nuit, le missionnaire et ses compagnons ne purent apercevoir, assez tôt pour l'éviter, une troupe d'éléphants qui leur barraient le passage. Un de ces animaux foula aux pieds un des jeunes gens et lui brisa une côte. Quant à M. Combes, il n'eut aucun mal. Un éléphant sembla d'abord vouloir le poursuivre, mais en fuyant, le missionnaire laissa tomber son chapeau, et le terrible animal, s'arrêtant tout court, saisit ce chapeau et s'amusa à le broyer sous son énorme pied, donnant ainsi à notre confrère le temps de mettre sa vie en sûreté. Cette fâcheuse rencontre jeta la terreur dans le cœur des compagnons de M. Combes, et lui-même avouait depuis qu'il n'avait pas entièrement réussi à s'en défendre. De plus, le temps très beau à leur départ était devenu affreux. Tout le jour et toute la nuit, le ciel se fondait en eau. Les ruisseaux et les torrents, démesurément

grossis par l'abondance des pluies, **arrêtaient**
nos voyageurs à tout instant, car, en ce pays,
l'usage des ponts est encore inconnu.

Bref, on se décida à rebrousser chemin, et
nos expéditionnaires, un peu confus de leur
mésaventure, vinrent raconter modestement à
Mgr Cuenot pourquoi et comment leur entreprise était manquée ou plutôt ajournée. Mais
là les attendait un orage plus redoutable. On
répète souvent que le mot *impossible* n'est pas
français : Mgr Cuenot prétendait que surtout
il n'est pas apostolique. Il reçut mal les fuyards
et leur dit : « Puisque le mauvais temps dure
« encore, je vous accorde quinze jours pour
« vous reposer, après quoi vous repartirez. Et
« cette fois, n'ayez pas le malheur de revenir. »
En même temps, pour assurer davantage le
succès de cette nouvelle tentative, il ordonna
à M. Fontaine de se tenir prêt à accompagner
M. Combes.

Quand les quinze jours fixés par l'évêque
furent expirés, les deux missionnaires, le diacre
Do, et quelques jeunes gens de la communauté se remirent en route pour Trâm-Gô. Le
diacre n'était plus d'avis de voyager la nuit.
Seulement, pour dissimuler autant que possible la blancheur par trop compromettante de
leur peau européenne, MM. Combes et Fontaine
reçurent préalablement un badigeon de couleur basanée. Leurs chefs respectifs furent
couverts de chapeaux à forme d'éteignoir, et
leurs habits remplacés par des haillons de

mendiants. Grâce à ces précautions, ils traversèrent sans être reconnus toute la partie du Binh-Dinh qui les séparait du pays des sauvages. Les éléphants ne reparurent plus, de sorte que la première partie du voyage se fit sans accident. Je ne parle ni de la fatigue ni des mille autres petits inconvénients d'une route pénible à travers les forêts, sans chemin battu; ce sont là des choses trop ordinaires pour mériter d'être racontées en détail.

Le premier endroit où nos confrères s'arrêtèrent fut le village d'un brigand nommé Ba-Ham. Ba-Ham veut dire : le père de Ham.

D'après les usages de ces contrées, le sauvage qui a un fils abandonne quelquefois son ancien nom, pour en prendre un nouveau, formé du nom de son premier-né précédé du mot : père. Ce Ba-Ham était un sauvage redouté non seulement de ses compatriotes, mais même des Annamites. Les notions du juste et de l'injuste que la main du Créateur a gravées dans le cœur de tout homme venant en ce monde, paraissaient presque effacées dans le sien. Violent et colère, d'une rapacité qui n'épargnait le bien d'autrui que lorsqu'il n'était pas à sa convenance, il était de plus dissolu dans ses mœurs et entretenait deux ou trois concubines. Les missionnaires auraient bien voulu pouvoir s'épargner la rencontre d'un pareil homme, mais cela fut impossible; son village se trouvait sur leur chemin. D'ailleurs, la chose avait son avantage aussi bien que ses

Inconvénients, car l'influence et la rapacité de Ba-Ham s'étendant sur un rayon considérable, tous les villages environnants se trouvaient par le fait à l'abri des incursions des marchands annamites, et de ce côté, on n'avait absolument rien à redouter.

Ne pouvant donc éviter ce brigand, Messieurs Combes et Fontaine tâchèrent de l'adoucir par tous les moyens possibles. Ils furent obligés de rester près d'un mois dans sa maison, et ce ne fut qu'après ce temps, qu'il consentit à les laisser aller plus loin. Ce séjour forcé ne les ruina pas aussi complètement qu'on aurait pu le craindre, car le terrible Ba-Ham, qui n'avait eu jusque là affaire qu'aux Annamites, avait beaucoup perdu de son assurance devant ces figures et ces barbes européennes. En présence de ces deux missionnaires, son regard avait rabattu de sa fierté. En toute autre circonstance, lorsqu'il convoitait quelque chose, il s'en emparait sans dire ni pourquoi ni merci; mais avec les Pères, il s'humilia jusqu'à demander et, sur leur refus, il n'osait insister. Somme toute, pour cette première fois, on n'eut pas trop à se plaindre de ses procédés.

Pendant plusieurs années, jusqu'à ce que la Providence nous eut ouvert une autre route, on dut continuer à passer par le village de Ba-Ham, mais on ne fut pas toujours aussi heureux. Quelquefois on réussissait à satisfaire sa cupidité à bon marché ; d'autres fois le droit de passage s'achetait au prix de presque tout ce

que l'on portait avec soi. En toute occurence, les
hottes étaient visitées jusqu'au fond, les paquets
fouillés jusque dans leurs derniers replis, et
quand il plaisait à Ba-Ham de laisser partir, on
poursuivait son chemin avec les effets qu'il
avait eu la générosité de ne pas prendre.

De chez Ba-Ham jusqu'au village de Bo-Lu
il a une grande journée de marche. Ce fut la
seconde halte des missionnaires; ils durent y
rester plus d'un mois. Mais autant les habitants
de l'autre village étaient, à l'imitation de leur
chef, arrogants, violents et voleurs, autant
ceux de Bo-Lu étaient doux, aimables et hos-
pitaliers. Il y a déjà bien longtemps que nous
ne fréquentons plus ces chemins, mais nous ne
pouvons pas oublier la manière honnête. je di-
rais presque charitable, dont ces bons Bolu-
yens nous ont toujours traités. Ils nous sont
restés attachés, même à une époque où tous
les villages de ces contrées conspiraient notre
perte ! Oh ! que de fois nous avons conjuré la
divine miséricorde de vouloir bien récompenser
ces pauvres sauvages pour tous les services
qu'ils nous ont rendus !

Il ne se passa rien d'extraordinaire pendant
le séjour à Bo-Lu, et n'étant pas alors moi-
même du voyage, j'ignore les petites particula-
rités de chaque jour, dont le récit pourrait être
intéressant. La première étape que les missionnaires rencontrèrent ensuite fut Kon-Phar,
à une distance de deux journées de marche. De
Trâm-Gô à Kon-Phar, nos voyageurs avaient sui-

vi la direction du nord, en appuyant un peu à l'ouest; mais arrivés là, ils avaient dépassé la limite au-delà de laquelle ne s'avancent pas les marchands annamites, et ils pouvaient sans crainte prendre la direction du sud-ouest. Ils commençaient donc déjà à respirer un air plus libre : les fatigues et les autres accidents d'une route pénible allaient être bien vite oubliés. La pensée qu'ils étaient près d'arriver dans des contrées où ils pourraient prêcher l'Évangile, répandait déjà la joie dans tous les cœurs, lorsqu'un événement providentiel, mais qu'ils croyaient désastreux, les jeta dans une terrible anxiété.

CHAPITRE III

RENCONTRE DE KIEM. — LE DIACRE DO ET KIEM SE JURENT AMITIÉ

Il était recommandé, dans les instructions de Mgr Cuenot aux missionnaires, d'éviter avec soin la rencontre d'un sauvage de renom appelé Kiem. C'était un Ba-Hnar, dont l'influence s'étendait fort loin dans le pays. Partout où il allait, il était environné de respect et d'honneur. De plus, comme il parlait bien la langue d'Annam et faisait avec les marchands cochin chinois un grand commerce, ceux-ci le pre naient pour arbitre dans les différends qui s'é-

levaient entre eux et les sauvages. Sa supério-
rité était donc également reconnue, et les mandarins annamites, pour mieux gagner et se
servir de son ascendant, lui avaient procuré un
diplôme par lequel le roi de Cochinchine le reconnaissait chef de tous les sauvages, et le
nommait son représentant chez eux. Cette distinction si flatteuse pour son amour-propre, en
avait fait un agent dévoué du gouvernement
annamite. Il est facile de comprendre après cela
que les missionnaires montant chez les sauvages, à l'insu et contre la volonté du souverain d'Annam, persécuteur de la foi, n'avaient
à redouter personne plus que Kiem. Aussi,
quand Mgr Cuenot fit le choix de la route du
nord, l'un des principaux motifs de sa décision
avait été précisément le désir de passer aussi
loin que possible du village de cet homme.

Mais la providence du bon Dieu qui ne voulait
pas laisser aux calculs humains la gloire de
fonder la mission des sauvages, fit réussir l'entreprise par le moyen même de l'individu que l'on
cherchait le plus à éviter. Lorsque MM. Combes
et Fontaine, accompagnés par les gens de Bo-
Lu, arrivèrent au village de Phar (1), la première personne qu'ils y rencontrèrent fut le
fameux Kiem. Un de ses esclaves, fatigué de
la servitude, avait pris la fuite, et était venu

(1) C'est le même qui est nommé plus haut Kon-Phar.
Le mot kon signifie *village*; son emploi est facultatif, et
l'on dit indifféremment : Phar ou Kon-Phar, Ko-Lang
ou Kon-Ko-Lang, etc. (*Ed.*)

se réfugier en cet endroit, à trois journées de chemin de la maison de son maître, et Kiem avait été obligé de franchir cette distance pour venir le reprendre. Disons plutôt que celui qui, autrefois, conduisit devant son prophète le fils de Cis courant en vain à la recherche des ânesses de son père, avait aussi conduit Kiem à ses missionnaires, pour leur servir de guide et de soutien. Grande fut l'anxiété des deux Pères au moment de cette rencontre imprévue. Si, au moins ils avaient pu savoir quelques heures plus tôt la présence de cet homme à Phar! Mais non, ils ne l'apprirent qu'au moment même où ils se trouvèrent en face de lui.

Kiem, voyant arriver des hommes si extraordinaires, par une voie si peu fréquentée, se persuada qu'ils ne pouvaient être que de grands personnages fuyant leur pays à cause de quelque crime. L'aspect de ces Européens, à la peau blanche, à la barbe fournie, si différents des hommes qu'il avait vu jusqu'alors, le mettait dans l'embarras et lui faisait former les conjectures les plus bizarres. Après un moment de crainte involontaire, il reprit courage, et leur adressa coup sur coup, mais d'un ton respectueux, une foule de questions. « Qui êtes-« vous ? D'où venez-vous ? Vous me faites l'ef-« fet d'être de hauts personnages; quel motif « a pu vous faire entreprendre un voyage aussi « pénible ? Ces deux messieurs doivent être des « Annamites d'une province très éloignée ! Je « n'ai jamais vu d'hommes aussi blancs ! Vrai-

« ment ! cela me fait de la peine de les rencon-
« trer dans un pays aussi affreux ! Parlez-moi
« franchement. Je vous aime déjà ! Vous n'avez
« rien à craindre ici, chez les Ba-Hnars, quelles
« que soient vos affaires en autre lieu. Moi, je
« suis comme roi dans ces contrées, et les An-
« namites eux-mêmes vous y chercheront en
« vain, si je vous protège ».

Les missionnaires virent de suite qu'il n'y avait plus moyen de reculer, et qu'il fallait bon gré mal gré se remettre entre les mains de cet homme. Ils prièrent intérieurement le Maître souverain des cœurs d'incliner vers eux celui de ce sauvage, et firent un acte d'abandon entier à la volonté du bon Dieu.

« Nous avons fait tout ce que nous avons pu pour éviter Kiem, écrivait M. Combes à Mgr Cuenot, et c'est en cherchant à l'éviter que nous sommes tombés entre ses mains. Qui sait ? c'est peut-être de lui que le bon Dieu veut se servir pour les intérêts de sa gloire. » Cette lettre jeta Mgr Cuenot dans un grand trouble ; je me trouvais pour lors auprès de Sa Grandeur, et je me souviendrai toujours des paroles qui sortirent de sa bouche. En achevant la lecture de la lettre, il se recueillit un moment et puis il me dit : « Après tout, c'est l'affaire du bon
« Dieu, il saura bien la faire tourner à sa
« gloire. Pour moi, qui tiens du fond de mon
« âme à l'établissement de cette mission, je
« viens de me lier par un vœu qui m'obligera
« jusqu'à ma mort. »

Revenons à nos confrères. Kiem n'eut pas
de peine à s'apercevoir de l'embarras où ils se
trouvaient ; aussi s'empressa-t-il de les rassurer
en leur répétant à plusieurs reprises : « Ne
« craignez rien, je suis à votre service, je ferai
« pour vous tout ce que vous voudrez ; et pour
« vous prouver que je n'ai pas l'intention de
« vous tromper, et que ma langue est vraiment
« l'interprète de mon cœur, je veux aujourd'hui
« même, si vous ne m'en croyez pas indigne,
« contracter amitié avec vous. »

Quoiqu'il n'entre pas dans mon plan d'expliquer au long les usages et les mœurs des sauvages, je dois dire ici quelques mots sur les
amitiés qu'ils contractent entre eux. Faute de
connaître ces détails, on ne se rendrait pas
suffisamment raison de la confiance que les
missionnaires ont pu légitimement, dans la
suite, mettre en Kiem, devenu leur ami. Les
villages sauvages sont entièrement indépen-
dants les uns des autres, et se font souvent la
guerre pour les motifs les plus insignifiants.
Mais la parenté est une chose tellement sacrée
pour eux, que la cause de guerre la plus juste
d'ailleurs ne peut jamais autoriser un sauvage
à l'entreprendre contre une personne de sa famille. Ils sont retenus en pareil cas, moins
encore par le sentiment de ce qu'il y a d'odieux
dans une pareille lutte contre nature, que par
la conviction invincible qu'elle leur porterait
malheur. Or, l'amitié officiellement jurée comme
celle dont je vais parler, ne diffère en rien, à

leurs yeux, de la parenté naturelle et des liens du sang.

Ce contrat se fait, suivant les circonstances, avec plus ou moins de solennité. Voici la manière la plus simple et la plus ordinaire.

Deux ou trois sauvages qui connaissent les intentions des futurs amis se font leurs entremetteurs. Ils se présentent successivement chez les deux individus, et leur demandent à plusieurs reprises s'ils ont vraiment l'intention de se jurer mutuellement alliance ; sur leur réponse affirmative, ils se font livrer par chacun une jarre pleine de vin de riz et une poule. Après avoir fait rôtir une de ces poules, les entremetteurs découpent, en deux parts égales, le cœur, le foie, et chacune des cuisses, et les remettent respectivement entre les mains des amis. Deux tubes de bambou sont en même temps introduits dans une des jarres, et, avant que les amis commencent à boire, un des entremetteurs prend la parole et, d'une voix solennelle, dit à peu près ce qui suit : « Souvenez-
« vous et n'oubliez jamais qu'aujourd'hui vous
« devenez frères; les amis de l'un sont les
« amis de l'autre ; les parents de l'un sont
« les parents de l'autre. Si par malheur, l'un
« de vous venait à trahir son frère, que la
« foudre l'écrase ! Qu'il soit pris et réduit en
« esclavage ! Qu'il meure misérablement et que
« son corps, privé de sépulture, devienne la
« proie des poissons dans l'eau, ou des corbeaux
« dans la forêt ! etc., etc... » Le choix des im-

précations est facultatif, et leur nombre varie suivant les circonstances. C'est alors que les amis commencent à boire et à manger. La jarre de vin et la poule qui restent sont la part des entremetteurs.

Lorsqu'on contracte amitié d'une manière plus solennelle, on plonge dans la jarre de vin des défenses de sanglier, des fers de lances, des flèches ; au-dessus, on suspend du poisson, des cordes, des ceps, une tête de serpent, etc., etc.; et puis toute l'assemblée formule les plus terribles imprécations.

Parfois, on pique avec la pointe d'un poignard les bras des amis, pour en tirer quelques gouttes de sang qu'on mêle avec le vin. Toutes ces cérémonies et d'autres encore servent à signifier que les deux amis deviennent aussi véritablement frères que s'ils l'étaient par nature, et que leur alliance est indissoluble.

Kiem, à qui la vue des prêtres européens inspirait un respect mêlé de crainte, n'osait pas prétendre à l'honneur de faire alliance avec eux et demandait seulement à devenir l'ami et le frère du diacre Do. « Ces deux grands-pères, disait-il « en employant la plus respectueuse formule « de la langue sauvage, je les appellerai mes « pères, et nous deux nous serons frères. » Si, à ce moment, les missionnaires avaient connu toutes les conséquences de cette alliance, ils n'auraient pas hésité une seule minute, et ce qu'ils firent par nécessité, ils l'auraient certainement fait de grand cœur. Le contrat d'amitié entre Kiem et le diacre fut célébré dans toutes les formes voulues.

Depuis lors, la fidélité de Kiem à notre égard ne s'est pas démentie une seule fois, et, à l'heure où j'écris ces lignes, il reste encore notre ami comme au premier jour. Dans les plus mauvais moments, il nous a rendu, sans jamais hésiter, les services les plus périlleux. C'est grâce à lui que nous avons pu, dans la suite, abandonner la route pénible du nord, et envoyer un salut d'éternel adieu au rapace et exigeant Ba-Ham. C'est lui qui, au moyen de ses esclaves et de ses éléphants, se chargea de nous faire parvenir par la voie d'An-Son et des commerçants annamites tout ce qu'on nous envoyait de Cochinchine. Plus tard, les mandarins annamites, informés de notre présence chez les sauvages, s'adressèrent à lui pour nous prendre; mais il sut parler et agir avec tant d'adresse qu'il réussit à les satisfaire, sans se compromettre lui-même ni manquer à l'amitié envers nous.

Vint ensuite un temps où il ne put plus nous servir, car la tribu des Ha-Drong lui ayant déclaré la guerre, il fut obligé de sortir de son pays pour aller s'établir près de Ba-Ham; mais nous lui gardons toujours une sincère reconnaissance. Qui n'admirerait la divine Providence dans ses tendres soins envers les missionnaires! Cet homme que nous voulions fuir, elle nous le donna pour appui quand nous en avions le plus grand besoin; lorsqu'elle nous l'enleva, il ne nous était plus nécessaire, car la persécution avait cessé en Annam, et notre chemin était ouvert et libre.

La présence de Kiem à Phar était on ne peut plus opportune. Sans lui, les missionnaires auraient été dans l'impossibilité de continuer leur route. car personne, parmi les habitants de ce village, n'eût osé les conduire plus loin. L'aspect des Annamites qui formaient la suite des Pères étonnait ces pauvres sauvages qui n'en avaient jamais vus, mais surtout les figures européennes leur causaient une indicible épouvante. On verra dans la suite combien le démon a exploité ce sentiment de frayeur, pour empêcher l'établissement de la religion. D'un autre côté, on ne pouvait songer à se fixer à Phar, village trop rapproché des lieux fréquentés par les marchands annamites. Les Pères prièrent donc leur nouveau fils, l'ami du diacre, de les faire conduire vers l'ouest. Kiem leur répondit qu'il pouvait leur servir de guide lui-même jusque chez l'un de ses amis, au village de Ko-Lang, à une journée de chemin ; que c'était pour lui le bout du monde, mais que son ami Bliou les conduirait encore plus loin, s'ils le désiraient. Or, Ko-Lang est situé par rapport à Phar, non pas à l'ouest mais au sud-sud-ouest, et le pays est beaucoup plus accessible ; de sorte qu'arrivés là, nos voyageurs se trouvèrent, contre leur attente, dans une aussi dangereuse proximité des centres de commerce que s'ils fussent restés à Phar.

Bliou, homme riche, et supérieur par le caractère à la plupart de ses compatriotes, reçut très bien les missionnaires sur la recommandation de Kiem ; mais comprenant qu'il ne pourrait pas tenir longtemps secrète la présence d'hommes aussi extraordinaires, il n'osa pas les laisser habiter dans l'intérieur du village. D'un autre côté, avant de les conduire plus loin vers l'ouest, il fallait savoir si quelque village consentirait à leur donner l'hospitalité, et sonder le terrain afin de ne pas s'exposer à irriter les autres tribus.

Dans son embarras, Bliou conduisit les Pères à l'endroit le plus solitaire de la forêt de Ko-Lang, et les engagea à s'y bâtir une cabane. MM. Combes et Fontaine, aidés de leurs compagnons annamites, mirent la main à l'œuvre, et en quelques jours se construisirent un réduit, ressemblant bien moins à une habitation humaine qu'à une étable d'animaux. Cette cabane était divisée par une simple cloison de paille en deux compartiments, dont le plus étroit tenait lieu de chapelle ; l'autre, un peu plus vaste, avait une destination générale : je veux dire qu'il servait, pour tous indistinctement, de cuisine, de réfectoire, de salon, de dortoir, etc... Un ruisseau d'eau limpide coulait devant la cabane ; tout autour était une épaisse forêt ; de trois côtés, les montagnes bordaient la vue, qui ne pouvait s'étendre au loin que du côté de l'orient, ce qui procurait aux Pères l'avantage d'assister chaque matin au lever du soleil. C'est dans cette solitude que les deux missionnaires demeuraient depuis environ deux mois, lorsque nous les rejoignîmes, M. Desgouts et moi, comme je vais le raconter.

CHAPITRE IV

VOYAGE DE MM. DESGOUTS ET DOURISBOURE

J'ai dit plus haut que je me trouvais auprès de Mgr Cuenot lorsqu'il reçut la lettre de M. Combes annonçant la rencontre de Kiem, et que je fus témoin de l'impression profonde que cette nouvelle produisit en lui. Dès avant mon départ du Séminaire des Missions-Étrangères, le procureur des Missions de Cochinchine, M. Chamaison, m'avait fait entrevoir que très probablement je serais destiné à la mission des sauvages. Aussi je les aimais d'avance, et bien souvent, pendant les ennuis d'une longue traversée, au milieu des affreuses tempêtes qui ne nous furent pas épargnées, je pensais à mes futurs néophytes, et je les recommandais à Dieu dans mes faibles prières. Parti de Nantes en octobre 1849, j'arrivai chez Mgr Cuenot au chant du coq, le 23 juin 1850, veille de la fête de saint Jean-Baptiste.

«Bien que j'ai l'intention de vous envoyer chez
« les Ba-Hnars, me dit Monseigneur, je ne puis

« savoir à présent si, dans la suite, je ne serai
« pas obligé de vous rappeler en Annam, pour
« cause de maladie ou autrement. Vous allez
« donc passer quelques semaines auprès de
« moi, et étudier de votre mieux la langue an-
« namite, comme si vous étiez destiné à rester
« toujours ici ». C'est ce que je fis, et après
trois mois d'étude, je puis commencer à entendre quelques confessions. Vint enfin le moment si longtemps attendu de marcher sur les
traces de MM. Combes et Fontaine, et d'aller
les rejoindre chez les sauvages.

Mais je veux dire d'abord quelques mots de
mon vénérable compagnons de voyage et de
fortune, le bon M. Desgout. Le souvenir des
saints nous fait du bien; il nous rappelle leurs
vertus et leurs bons exemples. Et puis, quand
on pense aux saints, on entend au fond de son
propre cœur une voix qui ne cesse de vous répéter comme autrefois à saint Augustin : « Et
« toi, ne pourras-tu donc pas faire ce qu'ont
« fait tels et tels? » et cette parole intérieure
est un puissant encouragement.

M. Desgouts était un saint, de ces saints aimables qui ont le talent de plaire à tout le
monde. A l'époque dont je parle, il n'était pas
comme moi jeune missionnaire et nouveau
venu; il y avait plusieurs années déjà qu'il travaillait dans la vigne du Père de famille. Avant
même de venir en mission, il avait exercé
le saint ministère en France, au diocèse d'Auch.
Mais le désir de donner son sang pour la foi, et

l'espoir qu'il y avait alors de mourir martyr, lui avaient fait abandonner son pays, pour se consacrer à la mission persécutée de Cochinchine. Le bon Père ! je me souviens qu'un jour il nous dit ces mots : « Je suis un pauvre pé- « cheur, je ne mourrai content que sous le sabre « d'un bourreau ! » En 1850, il pouvait avoir quarante-cinq ans, vingt ans de plus que moi ; et les fatigues qu'il avait déjà endurées le faisaient paraître plus vieux encore. La première fois que je le vis, je le crus sexagénaire.

Le fond de son caractère était la bonté ; aussi, soit durant les années qu'il a vécu avec nous, soit après sa mort, jamais nous, ses confrères, nous ne disions en parlant de lui : « M. ou le « Père Desgouts », mais toujours « le bon Père « Desgouts » ou simplement « le bon Père » ; le mot *bon* dans la bouche était inséparable de son nom. Sa modestie et son humilité étaient admirables. Nous nous sommes trouvés quelquefois, chez les sauvages, cinq confrères européens réunis dans une même cabane. M. Desgouts était notre aîné de beaucoup, eh bien ! il se faisait notre domestique, et nous étions obligés de nous tenir constamment en garde pour ne pas recevoir de lui les plus humbles services. Jamais je ne l'ai vu, je ne dis pas en colère, mais manifester de l'impatience ; et cependant, il s'est trouvé parfois dans des circonstances où la nature était bien éprouvée, et où le calice de la tribulation devait être bien amer. Enfin, il était d'une simplicité charmante, à la fois partriarcale et enfantine, et d'une délicatesse de conscience admirable. Ces quelques traits suffisent pour le moment; on le verra à l'œuvre, et on l'appréciera à sa juste valeur.

M. Desgouts administrait un district, dans la province de Quang-Ngaï, lorsqu'il reçut une lettre d. Mgr Cuenot lui enjoignant de quitter immédiatement son poste, pour venir le trouver à Go-Thi, et de là se rendre chez les sauvages. Voici pourquoi. Notre évêque, en fondant cette mission des sauvages. avait deux buts : la conversion de ces peuplades d'abord, et en second lieu l'établissement d'un séminaire pour tout son vicariat. La persécution ne lui permettant pas de réaliser en Cochinchine ce second dessein, il avait pensé que tout en s'occupant d'enseigner les vérités de la foi aux sauvages, les missionnaires pourraient, dans ces contrées libres, établir une maison d'études où de jeunes Annamites, choisis à cet effet, se prépareraient au sacerdoce. Le plan était bien imaginé, et paraissait d'exécution facile; mais Monseigneur ne savait pas encore combien ces pays sont malsains; il ne soupçonnait pas que son séminaire ne pourrait y être qu'un hôpital. Quoiqu'il en soit. M. Desgouts était destiné à prendre la direction de ce futur séminaire.

Ce bon Père arriva à Go-Thi au commencement de novembre. Quelques jours après, au moment de partir, nous reçûmes une lettre de MM. Combes et Fontaine. Ces chers confrères avaient été instruits de notre prochaine arrivée auprès d'eux et ils nous écrivaient pour nous manifester la joie que cette nouvelle leur avait causée, et nous donner quelques détails sur leur triste situation à Ko-Lang. Les fièvres des bois les tenaient tous deux cloués au sol, dans la misérable hutte construite de leurs mains au milieu de la forêt; tous leurs compagnons étaient pareillement malades. Enfin, cette chère lettre n'était qu'une longue narration de privations, de maladies et de misère de toute espèce. « Cependant, ajoutait M. Combes, vive la joie quand même ! »

Admirable conduite de la Providence envers les missionnaires ! Quand elle veut les fortifier, elle fait arriver à leurs oreilles les nouvelles les plus décourageantes. Ce ne sont que persécutions, dangers, maladies, tentations, crève-cœurs ! ce ne sont que croix de toutes sortes, la solitude, la tristesse, le chaud, le froid, la faim, la soif, quelquefois la torture et la mort ! Ce jeune missionnaire va-t-il s'effrayer ? Va-t-il renoncer à l'apostolat, regretter les douceurs du toit paternel et la tendresse de sa mère ? Oh non ! Dieu, en lui faisant voir le côté sérieux de sa vocation répand en même temps dans son âme, un courage surhumain et une ardeur nouvelle. Tous ces détails qu'il apprend sont comme de l'huile jetée sur le feu; la flamme s'élève plus large et plus vigoureuse jusqu'au ciel. Je me souviens encore des années de mon petit séminaire à Laressore (1). Je n'étais qu'un jeune

_____

(1) Petit séminaire du diocèse de Bayonne.

élève de troisième, mais lorsque, pendant le dîner, on lisait au réfectoire les lettres de Monsieur Miche, lettres écrites dans les prisons de Hué, oh ! alors je n'avais plus faim pour manger le pain que je tenais à la main. Je n'avais des yeux, des oreilles que pour le lecteur, et au plus profond de mon âme, j'entendais avec délices une douce voix qui me disait : « Et toi « aussi tu seras missionnaire ! » Il y a de cela plus de vingt ans, et pourtant les larmes me viennent aux yeux à ce souvenir. Soyez béni, ô mon Dieu, vous qui en portant votre croix si pesante et si cruelle, avez allégé les nôtres, et en avez adouci l'amertume par tant de consolations et de douceurs !

Le bon Père Desgouts et moi, nous nous mîmes donc en route le 11 novembre, à la nuit tombante. Nous voyageâmes en barque toute cette nuit, et le lendemain soir. Pendant les ténèbres, nous pûmes, à l'aise, respirer le grand air ; il n'en fut pas de même pendant la journée, où la crainte d'être reconnus pour Européens nous força de demeurer cachés au fond de notre barque. Il était déjà nuit depuis quelque temps, lorsque nous arrivâmes au pied d'une montagne, où nous devions quitter la rivière. Plusieurs personnes de notre maison de Trâm-Gô étaient venues nous attendre en cet endroit : comme la nuit était très obscure, nous ne les reconnûmes pas d'abord. A peine la barque eut-elle touché la rive, que ces hommes vinrent droit à nos rameurs, et entamèrent avec eux une conversation à voix basse, ce qui ne laissa pas que de nous intriguer un peu. Au même instant, les gens d'une autre barque mouillée à la rive opposée crièrent aux conducteurs de la nôtre : « Hé, là-« bas, que faites-vous donc? Qu'avez vous donc « à prendre ou à déposer au pied d'une monta-« gne stérile, sans chemin tracé, où l'on ne ren-« contre personne ? » Bref, M. Desgouts, toujours préoccupé de la pensée du martyre, s'imagina que les hommes venus à notre rencontre, et dont lui et moi ne connaissions pas encore les intentions, parlaient de trahison, de prison, de mandarins, etc..., en un mot, que notre présence était connue des autorités annamites, qu'on allait nous arrêter, et toutes sortes de belles choses de ce genre. « Nous sommes décou-« verts, me dit-il, adieu les sauvages ! Vive « le martyre ! » Je ne sais quels sentiments conforme aux siens cherchaient déjà le chemin de mon cœur, lorsque quelques mots de nos guides éclaircirent la situation, et notre rêve disparut pour faire place à la réalité. Adieu donc la cangue, les fers et le rotin! Il s'agissait de préparer nos pieds à la course et non aux ceps. Bien souvent, depuis, j'ai ri avec le bon Père au souvenir de cette aventure, mais lui ne riait qu'à moitié !

Les gens de l'autre barque, en nous annon çant qu'il n'y avait pas de chemin dans la mon-gne, avaient parfaitement raison, et nous en fûmes bientôt convaincus à nos dépens. Nous marchâmes jusqu'à minuit sans nous reposer;

alors seulement nous fîmes une petite halte pour prendre quelque nourriture et refaire nos forces. Il nous fallait encore, pour arriver à Trâm-Gô, escalader une montagne escarpée, qui seterminait au sommet par deux pics.Nous entendîmes les cris d'une troupe d'éléphants partir du haut d'un de ces pics, heureusement, ce n'était pas celuipar lequelnous devionspasser. Pour moi,robuste jeune homme de vingt-quatre ans, habitué à courir dans les Pyrénées à la suite des moutons et des chèvres, cette ascension et celle des jours suivants ne furent qu'un amusement.Mais les forces de mon pauvre confrère était loin d'égaler son courage ; il fut exténué dèslapremière nuit,et il est impossible d'exprimer tout ce qu'il eut àsouffrir jusqu'à Ko-Lang. Un des jeunes gens de notre suite tombadefaiblesseavantd'arriver ausommet de la montagne. Comme nous avions à redouter d'être surpris par la lumière du jour, nous ne pûmes l'attendre ; nous lui laissâmes deux compagnons.Enfin,auchant du coq, nous étions à Trâm-Gô, et nous nous introduisions furtivement dans la maison de nos chrétiens annamites. Le jour que nous y passâmes fut pour nous une nuit de sommeil; mais aussi, à peine le soleil eut-il disparu à l'horizon, que nous étions prêts et les reins ceints pour le voyage.

Nous nous mîmes en route, en tout quinze personnes.. Le frère du diacre Do, un grand sabre à la main, ouvrait la marche. Cette nuit-là, nous n'eûmes aucune fâcheuse rencontre ; les tigres avaient reçu ordre de chercher leur proie loin de notre chemin. Les cerfs, les daims et autres bêtes craintives furent seules admises à célébrer notre passage par leurs cris de frayeur, et par leur fuite à toutes jambes. Seulement, quand le bon Dieu nous épargne les grandes croix, il nous gratifie ordinairement d'une foule de petites, pour ne pas laisser notre courage s'amollir ; aussi, tout le long de la route mes pauvres pieds nus eurent beaucoup à souffrir de la piqûre d'une grosse fourmi, qu'on appelle *ko-tir*. Lorsqu'elle vous mord elle s'attache si fortement, que si vous voulez l'arracher, elle laisse ses mandibules dans la plaie et son cadavre dans votre main. Ces insectes sont excessivement nombreux, et leur présence est d'autant plus désagréable que, dans ce pays-ci, l'usage de souliers ou chaussures quelconques est à peu près inconnu.

Dès avant minuit nous avions franchi les frontières du royaume d'Annam, et nous foulions la terre des sauvages ; aussi, le reste de la nuit jusqu'à l'aurore, nous voyageâmes avec un peu plus de confiance. Cependant, comme les villages sauvages près d'Annam, même dans cette direction, sont quelquefois visités par des marchands, aussitôt que le jour parut, nous nous enfonçâmes, M. Desgouts et moi, dans l'endroit le plus épais de la forêt, pour prendre un peu de repos. Quelques-uns de nos gens allèrent à la découverte, dans les villages qui se trouvaient

devant nous sur la route, pour s'informer s'il n'y avait point par hasard des Annamites à qui la vue de nos figures par trop compromettantes, pourrait fournir l'occasion d'une délation fâcheuse. « Voyez un peu, me dit mon con-
« frère, pendant que nous étions cachés dans
« les broussailles, voyez un peu comme notre
« vie est irrégulière, et combien nous sommes
« loin d'observer la sage distribution que le
« Créateur a fait, des heures du jour et de la
« nuit. Bien souvent nous avons répété ces
« magnifiques paroles du roi David. « Vous
« avez établi les ténèbres, et la nuit s'est faite,
« alors les animaux féroces iront, en rugis-
« sant, à la chasse de la proie que Dieu leur a
« préparée pour pâture (1). —Voilà la part des
« bêtes ; voici maintenant le lot de l'homme :
« Le soleil s'est levé, et toutes les bêtes sauva-
« ges reviennent se blottir dans leurs tanniè-
« res ; l'homme sortira pour travailler et va-
« quer à ses occupations jusqu'au soir (2). —Ce
« texte est clair, et cependant nous, mission-
« naires, nous faisons, non comme les hom-
« mes, mais comme les animaux sauvages,
« grâce à S. M. très tyrannique le roi d'Annam. »
Nos gens revinrent de leur exploration : ils n'avaient vu nulle part ombre d'Annamites.

(1) Posuisti tenebras, et facta est nox ; in ipsa pertransibunt omnes bestiæ silvæ. Catuli leonum rugientes ut rapiant et quærant a Deo escam sibi. *Ps.* c III, 20, 21.
(2) Ortus est sol et congregati sunt, et in cubilibus suis collocabuntur ; exibit homo ad opus sum et ad operationem suam usque ad vesperum. *Ibid.*, 22, 23.

Nous respirions enfin une atmosphère libre, et pouvions continuer notre marche. En quelques minutes, nous arrivâmes sur les bords d'une rivière, nommée Ba par les naturels. Elle n'était pas profonde à cette saison, à peine avions-nous de l'eau jusqu'à la ceinture; mais elle est en tout temps d'une rapidité telle, que rarement quelqu'un est assez audacieux pour s'aventurer seul à la traverser. Quant à des ponts, il ne faut pas y songer en ce pays. Nous formâmes donc une longue chaîne, nous tenant tous par la main, et nous pûmes, sans accident, gagner l'autre rive.

Un peu avant le coucher du soleil, grande fut notre surprise de voir venir à nous un Annamite que nous ne reconnûmes pas d'abord. Mais nos appréhensions disparurent bientôt pour faire place à la joie la plus vive; c'était notre diacre Do, que MM. Combes et Fontaine envoyaient à notre rencontre. Il avait fait quatre journées de marche par des chemins affreux. Notre satisfaction fut bien mêlée de tristesse, quand il nous peignit la situation de nos confrères; mais nous savions que le lot du missionnaire ne peut être que la croix, et mettant notre confiance dans le Bon Dieu, « Nous « irons partager leurs peines dîmes-nous,

« Nous souffrirons ensemble, et nous souffrirons moins. »

Cette nuit et les deux suivantes se passèrent dans la maison du terrible Ba-Ham. Il ne se montra pas trop déraisonnable, et nous partîmes de chez lui sans que nos hottes eussent été complètement dévalisées. De là jusqu'à Bo-Lu la route est d'une grande journée, mais quelle route! Le bon Père Desgouts faillit y laisser la vie. Les montagnes étaient parfois si escarpées, que, pour les gravir, il fallait s'aider des mains et grimper le long des racines d'arbres. C'était bien pis quand, arrivés au sommet, il fallait ensuite descendre le versant opposé. Il me semble encore voir mon bon vieux compagnon tenant un long bâton dans chaque main; ses genoux tremblants se dérobaient sous lui; tantôt il s'asseyait pour se laisser glissser le long des rochers, tantôt il descendait la montagne, le visage tourné vers la pente, comme s'il descendait une échelle; et arrivés au bas, il fallait gravir de nouveau pour redescendre et remonter encore. Aussi, vers le soir, M. Desgouts fut-il hors d'état d'aller plus loin, et il fallut louer des sauvages pour le porter. Pour moi, c'est à peine si je ressentais la fatigue, tant j'étais fort et ingambe à cette époque.

Les bons habitants de Bo-Lu furent pour nous ce qu'ils avaient été pour nos confrères, généreux malgré leur misère extrême. Le lendemain de notre arrivée était le grand jour de Noël. « Aujourd'hui, nous disions-nous, « dans notre patrie et dans tout le monde ca-« tholique, la joie la plus pure règne dans les « cœurs des prêtres et des fidèles. Nos heureux « confrères offrent un triple sacrifice, et reçoi-« vent trois fois dans leur cœur le petit enfant

« qui nous est né. Et nous, pauvres exilés,
« nous gémissons sur cette triste montagne, au
« milieu de sauvages qui ne connaissent pas
« l'Enfant-Jésus! Pour moi, l'année dernière,
« à pareil jour, j'étais en mer, et j'essuyais
« pour mes péchés une tempête affreuse. Pri-
« vations sur terre, tempêtes sur mer, puissé-je
« au moins plus tard avoir paix et bonheur au
« ciel. » Nous fûmes obligés de passer trois
jours à Bo-Lu, car M. Desgouts était trop fatigué pour se remettre de suite en marche.

De Bo-Lu jusqu'à Kon-Phar il y a deux
journées de chemin. Ce furent encore deux
journées bien fatigantes pour M. Desgouts,
surtout la première, à cause de la pluie qui
avait rendu les sentiers de la montagne presque
impraticables. Bien que ce pays soit situé
entre le treizième et le quatorzième degré de
latitude, il était tombé, le jour de Noël, de la
neige avec la pluie; les sauvages disaient qu'il
avait plu de la farine.

Le dernier jour de l'an, la nuit nous surprit
dans la forêt. Après le coucher du soleil, les
sauvages qui nous accompagnaient nous firent
à la hâte une tente de branches d'arbres, et
allumèrent un grand feu, qu'ils alimentèrent
avec des arbres secs presque entiers. M. Desgouts n'avait pas la force d'entretenir conversation. « Je n'en puis plus, » me dit-il, et il
s'étendit sur la terre nue. Le lendemain, pour
le réveiller, je lui souhaitai la bonne année;
c'était le 1er janvier 1851. « Courage, Père, lui

« dis-je, encore deux petites journées et nous
« embrasserons nos confrères. »

Nous nous remîmes en route, mais à peine
avions-nous fait cent pas, que le diacre Do, qui
ouvrait la marche, poussa un cri perçant, suivi
de ces mots : « *Laudate Dominum omnes gen-
« tes* (1). Je suis blessé, » et il s'affaissa sur lui-
même. Il s'était percé le pied avec une lancette de bambou.

Ces lancettes servent à protéger les abords
des villages contre les invasions hostiles. Il y
en a de plusieurs sortes, suivant qu'on veut
blesser l'ennemi aux pieds, aux jambes ou au
ventre. Celles dont il s'agit ici, destinées à
blesser les pieds, sont les plus dangereuses ;
elles ont environ quatre pouces de longueur,
sont taillées en forme de lancette de chirurgien,
et se terminent par une pointe très effilée et
très aiguë. On les enfonce en terre par le bout
opposé, de manière que la lancette soit penchée
un peu vers le côté d'où l'on avance contre le
village. Toutes les avenues d'un village en
guerre avec un autre sont hérissées de ces lancettes, et il est difficile, quand on n'a pas l'habitude d'en rencontrer, de pouvoir les éviter.
Souvent les sauvages eux-mêmes s'y blessent
et quelquefois mortellement, car dans ce pays,
où l'on n'a aucune notion de chirurgie, la
perforation d'une artère ou même d'une veine
suffit pour que mort s'ensuive.

(1) Louez le Seigneur, peuples de la terre

Notre pauvre diacre s'était donc enfoncé **une** de ces lancettes dans la plante du pied, et, pour comble de malheur, la lancette s'était rompue au bas de la blessure, de sorte qu'il fut impossible de la retirer. En quelques jours, la plaie se referma, mais ce ne fut que trois mois plus tard que le fragment de bambou s'ouvrit un passage à travers les nerfs et sortit par le cou-de-pied. C'était, comme je l'ai dit plus haut, le matin du premier de l'an. Le bon Dieu voulait nous faire comprendre que les années de notre exil sur la terre ne sont bonnes que quand elles commencent par la croix. Do, affaibli par la perte de son sang et par la douleur, était devenu pâle comme un linceul, mais c'était surtout dans les fâcheuses rencontres que sa foi brillait d'un éclat particulier. « Dieu soit béni ! répétait-« il, je commence bien l'année. »

Quelques-uns de nos gens allèrent avertir le village qui avait planté les lancettes de l'accident qui nous était arrivé, et les prier de venir à notre aide pour transporter le blessé.

Il serait difficile de peindre la terreur qui s'empara de ces pauvres sauvages. Ils n'avaient jamais vu d'hommes aussi extraordinaires que nous, et de plus, ils reconnaissaient qu'ils étaient, quoiqu'involontairement, la cause de ce malheur. Ils arrivèrent en grand nombre, fabriquèrent une espèce de civière au moyen de quelques branches d'arbres liées ensemble, et emportèrent le blessé dans leur village. Là, ils se confondirent en excuses : « Ce n'est pas

« contre vous, répétaient-ils, mais contre l'en-
« nemi que nous avons planté ces lancettes. Si
« nous avions su que vous deviez passer par là,
« jamais nous n'aurions osé barrer votre che-
« min. Pardonnez-nous; ne nous maudissez pas;
« ne nous mettez pas à l'amende! » Le diacre
les rassurait et les consolait de son mieux, et
afin de ne pas les attrister davantage, il dissi-
mulait les souffrances aiguës que lui causait
sa blessure. Pour nous faire réparation complète, les sauvages nous honorèrent de deux ou
trois jarres de vin de riz.

Malgré le retard causé par cet accident, ce
jour même nous arrivâmes à Phar. De là jusqu'à Ko-Lang, il n'y a plus qu'une matinée de
marche. Tant que la blessure du diacre fut
fraîche, il put supporter le mouvement des
porteurs, mais, le lendemain, la douleur était
si vive, qu'il fut obligé de demeurer à Phar, de
sorte qu'il n'était plus de notre compagnie,
quand nous rejoignîmes nos confrères. Ce ne
fut que quelques jours plus tard qu'il nous
arriva à Ko-Lang, porté sur le dos d'un sauvage de Phar.

CHAPITRE V

SÉJOUR A KO-LANG

J'ai dit que MM. Combes et Fontaine habitaient une petite hutte, construite de leurs mains, dans la forêt de Ko-Lang. Les hommes les y visitaient rarement, mais en revanche, ils avaient chaque jour la visite de Notre-Seigneur Jésus-Christ. Non pas chaque jour cependant, je me trompe, car souvent déjà les forces leur avaient manqué pour monter au saint autel. Les fièvres des bois s'étaient abattues sur toute cette petite troupe, et ni la vigueur ni l'embonpoint ne font long séjour sur ceux qui en sont attaqués.

Aussi, quand au bruit de notre arrivée, M. Combes sortit de la hutte, je ne le reconnus plus. Et cependant nous avions vécu ensemble assez longtemps au Séminaire des Missions-Étrangères ; et il y avait à peine un an que nous nous étions quittés. « Comment, lui dis-je, « c'est vous qui êtes le Père Combes ! Mais « cela n'est pas possible ? » En laissant échapper ces paroles d'étonnement, j'avais franchi d'un bond le ruisseau assez large qui nous séparait. « Nous verrons, me répondit-il, si dans six « mois, vous pourrez encore ainsi sauter ce ruis- « seau. Cependant, vive la joie quand même ! « et béni soit le bon Dieu qui nous réunit ici, « sous les ailes de sa Providence. » Je commençais déjà à m'étonner de ne pas voir M. Fontaine, quand une voix sortit du fond de la cabane : « Moi, je suis trop grand seigneur « pour aller au-devant de vous; prenez la peine « de venir jusqu'à moi. » Pauvre Père! il s'était blessé au pied un des jours précédents, et comme en ces pays la plus petite plaie s'envenime facilement, toute sa jambe était dans un état pitoyable. Mais son courage lui faisait supporter cette épreuve avec patience, et il était aussi gai que de coutume.

Nous voilà donc quatre missionnaires réunis dans un pauvre réduit loin de toute habitation humaine, et vivant, comme saint Jean-Baptiste, avec les bêtes de la forêt. M. Desgouts fut le premier des nouveaux venus à subir le travail d'acclimatement; mais la prévision de M. Combes à mon endroit ne tarda pas non plus à se vérifier.

Il y avait à peine quinze jours que nous étions arrivés quand je ressentis les premières atteintes de la fièvre. N'ayant jamais su ce que c'était, je ne la reconnus point tout d'abord. Je sentais dans tout le corps une chaleur inaccoutumée, mais la pensée ne me vint pas d'en parler à mes confrères déjà instruits par l'expérience, et j'allai me baigner dans le ruisseau voisin. A peine y étais-je descendu, que tout mon sang se glaça; je rentrais et m'étendis à terre, en proie à une fièvre terrible. Plus on est fort et robuste, plus l'action de ces fièvres est violente. Aussi, lors des premiers accès, je tremblais d'une manière extraordinaire : mon corps bondissait sur la natte qui me servait de couche ; et quand les frissons avaient fait place à une chaleur brûlante, j'étais presque toujours en délire. Inutile d'ajouter que mes forces décrurent bien vite jusqu'au niveau de la faiblesse de mes confrères. Dans ces jours de Ko-Lang, il m'arriva assez souvent, après être monté au saint autel, d'être obligé de descendre avant la fin du sacrifice ; je suis même quelquefois tombé à la renverse. Cependant, je dois dire à la gloire de la Providence, que jamais je n'ai été obligé de quitter l'autel après la consécration. Tous mes confrères peuvent en dire autant ; eux aussi laissèrent plus d'une fois la messe inachevée, mais jamais quand l'adorable sacrement était déjà sur l'autel.

Au milieu de ces épreuves nous étions heureux ; la pensée que nous étions là par la volonté du bon Dieu relevait notre courage, et nous trouvions de la consolation à comparer notre état à celui de Jésus dans l'étable. Nous étions d'ordinaire étendus, chacun sur sa natte, aux quatre coins d'un foyer creusé au milieu de la cabane. Ceux que l'accès de fièvre avait saisis se débattaient avec lui comme ils pouvaient ; les autres qui avaient un moment de relâche, priaient, riaient, chantaient des cantiques, entretenaient conversation, ou fumaient la pipe. Pendant le jour, ceux que la fièvre laissait en repos pour le moment, allaient chercher dans la forêt des pousses de bambou, de la fougère tendre, ou d'autres herbes bonnes à manger; rentrés au logis, ils les faisaient cuire dans une marmite de terre, pour servir d'assaisonnement au riz qui constituait notre seule nourriture. Un jour nous fîmes fête. Un de nos Annamites avait pris dans le ruisseau un poisson gros comme une sardine; ce fut un événement. M. Combes, en qualité de supérieur, le partagea en quatre portions égales, et chacun de nous plaça solennellement un pouce de poisson sur son écuellée de riz. En revanche, il nous est arrivé une ou deux fois de jeûner complètement, faute de quelqu'un pour cuire le riz, tout le monde étant malade à la fois.

Quand on est bien portant et qu'on a bon appétit, on se contente aisément de riz sec pour son repas; mais en temps de fièvre, quand on a la bouche amère, le riz sec dégoûte, et sa seule odeur, surtout s'il est encore chaud, suffit pour soulever l'estomac. Et encore, à cette première époque, il nous est arrivé souvent de ne pas savoir le matin si nous mangerions pendant la journée; mais, grâce à la Providence, nous n'avons jamais passé un jour entier sans trouver suffisamment de riz, au moins pour un repas. Le bon Dieu inspira aux gens d'un village, nommé Kon-Ko-Mo, de ne pas avoir une aussi grande frayeur de nous que les autres sauvages; ce furent eux qui, presque chaque jour, nous approvisionnèrent pendant le temps que nous passâmes dans la forêt de Ko-Lang.

Quelques semaines après mon arrivée, Kiem,

l'ami du diacre, nous fit visite. Quand, au moment du dîner, il n'aperçut à côté de notre écuelle de riz que quelques herbes ramassées dans la forêt, les larmes lui vinrent aux yeux. Deux jours après, ses esclaves nous apportèrent un quartier de buffle, un porc, et quelques poules dont il nous faisait cadeau.

Lorsque la fièvre nous laissait quelques jours de répit, nous en profitions pour faire des excursions dans les villages environnants. M. Fontaine, avec sa jambe malade, nous accompagnait ordinairement; il se traînait comme il pouvait, dominant la douleur à force de courage. C'est dans une de ces promenades que M. Combes heurta une lancette de bambou qui lui traversa le pied de part en part. Nous le transportâmes sur quelques branches d'arbres, jusqu'à notre cabane, et après quinze jours de repos forcé, il fut en état de marcher un peu.

Cependant les semaines et les mois s'écoulaient, et nous demandions en vain à Bliou de nous conduire plus loin. De quelque côté qu'il sondât le terrain, il ne rencontrait que des refus; aucun village ne voulait nous ouvrir ses portes. Nous ne pouvions pas néanmoins demeurer toujours dans notre cabane de la forêt; le séjour en était trop dangereux à cause de la proximité des marchands annamites. Comme Bliou l'avait prévu, notre présence dans le pays ne leur resta pas longtemps ignorée. Quelques-uns d'entre eux vinrent jusqu'à Ko-Lang pour s'assurer du fait: mais le mot d'ordre était

.onné par notre hôte, on répondit négative-
ment à toutes leurs questions. Ils firent des
recherches dans le village, ne trouvèrent
rien qui pût confirmer leurs soupçons, et s'en
retournèrent comme ils étaient venus. Mais une
autre tentative de leur part pouvait parfaitement réussir. D'ailleurs, notre hutte était située
dans un endroit très insalubre. Nous nous
trouvions comme au fond d'un entonnoir, où
régnait une humidité perpétuelle, et où l'air
pouvait à peine se renouveler. Les fièvres avaient
rendu fou un de nos jeunes gens, qui n'a jamais depuis recouvré la raison. Ce pauvre
garçon quittait ses habits qu'il allait attacher
au sommet des arbres les plus élevés, et puis
s'en allait courant à travers la forêt. Une fois
nous fûmes trois jours sans le retrouver, et il
fallut emprunter tous les chiens de Ko-Lang
pour suivre sa piste comme celle d'une bête
fauve. Quand nous le rejoignîmes, il avait la
bouche remplie d'herbes à moitié mâchées. Plus
tard, sa folie diminua un peu d'intensité, mais
il est toujours resté idiot. Les fréquents délires
que la fièvre nous occasionnait, nous ont souvent fait craindre pour nous le même malheur;
gloire à Dieu qui nous a préservés !

En écrivant ces détails sur notre séjour à
Ko-Lang, les larmes me viennent aux yeux,
mais, je ne saurais trop le répéter, ce sont des
larmes de bonheur. Nos misères étaient des
misères bien-aimées, car le Seigneur Jésus les
parfumait d'une inappréciable douceur ! L'ave-

nir était pour nous enveloppé des ténèbres les plus épaisses; nous ne savions pas ce que nous deviendrions, où nous irions; de toutes parts c'était l'inconnu sans issue, sans espérance humaine. Mais nous étions contents. « La terre « entière est au Seigneur, nous disions-nous, « *Domini est terra et plenitudo ejus;* quelque « part que nous soyons, nous serons toujours « sous les ailes du bon Dieu. Ayons confiance, « et que Notre-Seigneur n'ait pas à nous adres- « ser le reproche qu'il fit aux Apôtres : Pour- « quoi craignez-vous, hommes de peu de foi ? »

Dans un de ces moments d'émotion à la fois si douce et si triste, M. Combes nous dit un jour : « Oh! si je pouvais, avant de mourir, « avoir le bonheur de baptiser seulement cinq « adultes, ou parvenir à instruire et préparer « quinze catéchumènes, je dirai avec joie mon « *Nunc dimittis!* » Ce vœu d'une charité ardente toucha le cœur de Dieu. Au moment même où M. Combes l'exprimait, la Providence dirigeait vers nous les pas de celui qui devait être son premier néophyte. Un parent de Bliou, nommé Hngur, du village de Ko-Xam, situé à une journée à l'ouest, vint à Ko-Lang pour je ne sais quelle affaire. J'aurai souvent, dans la suite, occasion de parler de cet homme qui nous a aidé plus que tout autre, dans nos efforts pour implanter la foi chez les sauvages, et dont Dieu a payé le dévouement à notre égard par la grâce du baptême, qu'il reçut **le premier entre tous les Ba-Hnars.**

CHAPITRE VI

VOYAGE L'EXPLORATION A KO-XAM. — EFFORTS DU
DÉMON POUR NUIRE AUX MISSIONNAIRES.

Quand nous vîmes Hmur à Ko-Lang, et que
nous sûmes d'où il était, nous n'eûmes rien de
plus pressé que de lui demander si, dans le cas
où nous irions chez lui, on consentirait à nous
recevoir. Il nous répondit que si nous désirions
nous établir à Ko-Xam, il ne pouvait nous y
autoriser de son chef et sans avoir consulté le
village; mais que s'il s'agissait seulement d'y
faire une excursion en compagnie de Bliou, il
nous offrirait volontiers l'hospitalité dans sa
propre maison pour une nuit ou deux. C'était
tout ce que nous pouvions souhaiter pour le
moment; et nous fixâmes le jour précis de notre
visite, afin qu'il ne fût pas absent de chez
lui.

Dans le pays où nous allions, les sauvages
n'avaient jamais vu d'étrangers. Afin de ne pas
les effrayer inutilement, il fut décidé que nous
ferions le voyage en aussi petit nombre que
possible, et par des chemins détournés. MM.
Fontaine et Desgouts restèrent dans la hutte;
M. Combes et moi, accompagnés du diacre, de
deux catéchistes annamites et de Bliou, formions
toute la caravane.

De Ko-Lang à Ko-Xam, il y a environ uns

journée de marche, et l'on touve sept à huit villages, mais nous n'entrâmes dans aucun. Comme il n'y a d'autres sentiers que ceux qui relient entre eux les différents villages, on est obligé, lorsqu'on ne veut pas les suivre, de se frayer soi-même une voie à travers les hautes herbes et les épaisses broussailles de la forêt. C'est ce que nous fîmes, et ce qui rendit notre marche extrêmement fatigante. Vers le soir, un peu avant le coucher du soleil, nous arrivâmes auprès de Po-Nang, éloigné de Ko-Xam d'environ une demi-heure. Ce village était en fête, et se livrait à toutes les réjouissances qui, chez les Ba-Hnars, accompagnent le sacrifice du buffle. Tout le monde était réuni sur la place publique, quand nous vînmes à passer sur la colline à laquelle est adossé le village. Notre intention était de le tourner comme tous les autres, mais nous fûmes aperçus, et ces pauvres gens s'imaginèrent que nous étions des ennemis qui venaient les surprendre. Saisis aussitôt d'une frayeur panique, tous, hommes, femmes et enfants, se mirent à pousser des cris ou plutôt des hurlements épouvantables, comme c'est leur habitude dans les plus grands dangers. Mais quand ils virent que nous passions outre et qu'il n'y avait rien à craindre, le calme se rétablit peu à peu, et la joie, un instant troublée, reprit son cours.

Il était déjà nuit lorsque nous arrivâmes à la palissade qui entoure Ko-Xam. La porte étant fermée, Bliou appela Hmur; mais celui-ci, avant

de venir nous rejoindre, jugea à propos de prévenir le village de notre présence. Tous les
hommes se réunirent à la maison commune, et
on tint conseil pour décider si l'on devait ou
non nous laisser entrer. Hmur était à cette
époque l'homme le plus influent du village, à
cause de sa probité reconnue, de son courage à
la guerre, et de son habileté proverbiale dans
les cas difficiles. Il était pour nous, et son suf-
frage en notre faveur détermina celui de beaucoup d'autres. Cependant on discuta longtemps,
et le bruit de conversations assez animées par-
venaient jusqu'à notre oreille. Pour nous, patiemment arrêtés devant la porte fermée, nous
attendions sans savoir comment cela finirait.
Enfin, Hmur l'emporta; il vint de suite ouvrir,
et nous conduisit dans sa maison, où nous passâmes la nuit.

Nous avions rencontré, en arrivant à Ko-Xam,
une rivière dont on nous avait souvent parlé.
C'est le Bla, qui, jusqu'à Ko-Xam, coule du
nord au sud, et, en cet endroit, change brusquement de direction et tourne vers l'ouest. Je
dirai de suite que le Bla forme déjà à Ko-Xam
une assez large rivière, mais encaissée entre
deux chaînes de montagnes, ce qui rend son
cours très rapide. A part la saison des pluies
où ses eaux s'élèvent à une hauteur considérable, le Bla a d'ordinaire peu de profondeur.

Mgr Cuenot avait depuis longtemps ouï dire
que chez les Ba-Hnars passait une rivière dont
les eaux devaient se déverser dans le grand

fleuve du Laos, et, sur cette donnée. Sa Grandeur, dont le plan d'évangélisation embrassait un vaste pays, avait, dès l'abord, fait mention du Laos dans la distribution de nos rôles respectifs. M. Combes devait évangéliser les Ba-Hnars; M. Desgouts fonder un petit séminaire annamite chez M. Combes; M. Fontaine et moi avions mission, quand nous rencontrerions cette rivière, de nous procurer une barque, et de nous laisser glisser jusqu'au Laos. Dans ce but, Monseigneur nous avait envoyé des livres siamois pour nous aider à apprendre le laocien, langue peu différente de celle que l'on parle à Bang-Kok ; et pendant quelque temps à Ko-Lang, dans les intervalles de nos accès de fièvre, M. Fontaine et moi nous nous livrâmes à cette étude. Mais ce plan primitif ne tarda pas à être modifié. Nos maladies presque continuelles firent comprendre à Monseigneur que la seule mission des sauvages userait bien vite la vie de nombreux missionnaires, et que le manque de sujets rendait impossible, pour le moment, l'exécution d'un trop vaste projet. C'est pourquoi les dernières lettres que nous avions reçues avant de venir à Ko-Xam, portaient: « Quand vous serez arrivés à une jour-
« née ou deux à l'ouest de Ko–Lang, si vous
« rencontrez la rivière dont on m'a parlé, vous
« trouverez sans doute quelque pays de plaines
« sur ses rives; fixez-y votre tente, et sachez
« que vous êtes dans la vigne confiée à vos
« soins. »

Notre voyage avait donc pour but, d'après les ordres du vicaire apostolique, de chercher le Bla et un pays de plaines, afin d'y fonder un premier établissement. Aussi la vue de la rivière nous consola grandement des fatigues du chemin, mais la physionomie du pays fut loin de nous donner égale satisfaction. Nous n'avions devant les yeux que des montagnes escarpées et arides. « Cependant, nous disions-« nous, il n'est pas probable qu'une rivière « aussi large soit dans tout son parcours ainsi « encaissée; il doit y avoir des plaines plus « bas. » Cette espérance nous fortifia pendant la nuit que nous passâmes chez notre brave ami Hmur, qui nous traita avec toute la cordialité possible.

Le lendemain nous fîmes exhibition publique de nos visages aux habitants de Ko-Xam. Jamais ces pauvres gens n'avaient rien vu d'aussi extraordinaire. Nous étions heureux de pouvoir satisfaire leur avide curiosité, et, quoique tous, même les plus braves, se tinssent à une distance respectueuse, ils ne parurent pas trop effrayés. Malheureusement nous ne pouvions pas lier conversation avec eux, ni leur demander des renseignements sur le pays environnant, car nous ne savions pas la langue bahnar. Le diacre seul en connaissait quelques mots, et lui-même, à cause de la différence de dialecte, parvenait à peine à se faire comprendre. Ce fut donc en vain que nous essayâmes de leur demander une barque pour descendre le cours du Bla, et quelqu'un pour nous servir de guide.

Le village de Ko-Xam est situé sur la rive gauche du Bla, dont les eaux baignent sa palissade. Sur la rive opposée, à l'ouest, la vue est arrêtée par une haute montagne à pic, qui se trouvait en face de nous pendant que les sauvages nous regardaient. « Voyons ! me dit « M. Combes, vous qui êtes encore fort, essayez « de monter là-haut, et voyez si l'on ne découvre « pas quelque plaine dans le lointain. » Je ne me fis pas prier, et pendant que ce cher confrère, de son côté, amusait la curiosité des sauvages, en leur montrant quelques objets d'Europe, qu'ils ne pouvaient se lasser de considérer, je me dirigeai seul du côté de la montagne.

L'ascension fut très pénible; on aurait dit que toutes les ronces et épines qui croissent sur la terre s'étaient donné rendez-vous en ce lieu. Inutile de remarquer qu'il n'y avait pas trace de sentier, et cela sur une pente presque aussi raide qu'une muraille. Enfin, après bien des efforts, j'arrivai tout haletant au sommet. La montagne se termine en pain de sucre, et juste au beau milieu du point culminant, il y avait un arbre très élevé. Afin de voir le plus loin possible, je montai sur cet arbre, et là m'arriva un accident auquel je n'ai jamais pu penser sans frissonner. Les efforts inouïs que j'avais dû faire pour escalader la montagne d'abord, puis cet arbre; le vent froid qui me saisit subi-

tement alors que j'étais tout en sueur; peut-
être encore quelque autre cause inconnue, tout
cela fit qu'à peine arrivé au sommet de l'arbre,
je me sentis défaillir, et perdis entièrement
connaissance. Combien de temps dura cet éva-
nouissement? Fut-il de quelques secondes seulement, de quelques minutes ou de plus longue
durée? Je n'en sais rien; ce que je sais, c'est
que quand je revins à moi, je tenais le haut
de l'arbre embrasé de mes deux bras, et que je
fus saisi d'une subite épouvante. « O mon Dieu,
« m'écriai-je, c'est vous seul qui m'avez sauvé!
« Soyez à jamais béni! » L'impression fut si
vive qu'après être descendu de l'arbre, tous mes
membres tremblaient encore.

Mes fatigues furent d'ailleurs sans résultats;
car d'autres montagnes très rapprochées, qui
ferment l'horizon dans la direction de l'ouest,
m'empêchèrent de rien voir. Je revins donc
raconter à M. Combes et l'inutilité de mes efforts et surtout la miséricordieuse attention de
la Providence à mon égard. Sans avoir eu tout
le succès que nous pouvions espérer, notre
voyage à Ko-Xam fut néanmoins pour nous
d'une grande importance; car, vu l'influence
dont Hmur jouissait dans son village, et la
bienveillance qu'il nous avait témoignée,
nous prîmes, en partant, la résolution de revenir bientôt, y bâtir une maison pour nous y
fixer.

Or, pendant notre séjour auprès de Ko-Lang.
nous avions souvent chez nous un sauvage

nommé Diong-Dia, individu vagabond et paresseux, qui voulait vivre sans travailler, et passait régulièrement une partie de la journée dans notre cabane. De temps en temps, il allait dans les environs acheter le riz nécessaire à notre subsistance, et le modeste gain qui lui revenait de ses services lui suffisait pour vivre selon son inclination, c'est-à-dire sans rien faire. Lorsque nous fûmes revenus de Ko-Xam, et qu'il sut que nous voulions y retourner pour nous y établir, il comprit que notre départ le priverait de son gagne-pain, et résolut de l'empêcher à tout prix. Pour atteindre ce but, le démon lui inspira un projet digne de l'enfer. Un beau matin, il se mit en route dans la direction de Ko-Xam, et, s'arrêtant à chaque village, il répétait à satiété à tous les sauvages qui voulaient l'entendre : « Méfiez-vous de ces étran-
« gers ! ce sont des êtres corrompus et d'une
« licence effrénée. Partout où ils vont, ils en-
« lèvent les femmes ; ils ont un pouvoir surhu-
« main pour séduire. Malheur à qui oserait leur
« résister ! car ils possèdent la science des sorts
« et des maléfices, et ceux qu'ils veulent faire
« mourir meurent aussitôt. »

Notre brave ami Hmur fut peut-être le seul sauvage qui n'ajouta pas foi à ces calomnies ; il eut même le courage de prendre notre défense.
« Si ces choses était vraies, disait-il aux autres
« sauvages, Bliou, qui est bien plus digne de
« foi que ce vaurien de Diong-Dia, nous aurait
« prévenus » Malheureusement le mensonge

trouve plus facilement créance que la vérité. En ce pays-ci comme partout ailleurs, plus une calomnie est absurde, plus elle a de chances de succès, à cause du penchant de l'homme à croire le mal plutôt que le bien. Malgré les protestations et les efforts de Hmur, notre réputation fut complètement perdue, et, à plusieurs lieues à la ronde, tout le monde se mit à nous détester cordialement.

Nous n'avons eu connaissance de ces inventions diaboliques que plusieurs années plus tard ; lorsque, connus particulièrement des sauvages, nous n'avions plus besoin de justification. Mais si nous ignorions alors la cause du changement qui s'était opéré à notre égard, nous n'en ressentions pas moins péniblement les effets. On n'évite pas la rencontre d'un pestiféré avec plus d'empressement que ces pauvres gens n'évitaient la nôtre. Si, sur notre chemin, nous trouvions quelqu'un, homme ou femme, d'aussi loin qu'ils pouvait nous apercevoir, il se mettait à fuir à toutes jambes, et s'enfonçait dans l'épaisseur de la forêt. Si nous arrivions jusqu'aux portes de quelque village, nous les voyions soudain tomber et se fermer devant nous. Appelions-nous du dehors les habitants, ils nous répondaient faussement qu'il était défendu d'entrer, parce qu'ils étaient *dieng*.

Je dois expliquer ici ce mot. Les jours de grandes fêtes, quand on offre un sacrifice public, soit pour écarter une maladie contagieuse, soit dans quelque autre but, le village est *dieng*,

c'est-à-dire que l'accès en est interdit aux étrangers. Cet empêchement peut être plus ou moins
strict, s'étendre à toutes les relations ordinaires
de la vie, ou à quelques-unes seulement. Quelquefois il est sévèrement défendu d'adresser
même un seul mot à un étranger que l'on ren-
contrerait sur sa route. Dans ces différents cas,
les sauvages disent qu'ils sont *dieng* de faire
telle ou telle chose. A notre égard, tous les
villages se disaient *dieng*, qu'ils le fussent véritablement ou non. Il est des endroits où cet
état de choses a duré très longtemps. Ce n'est
que peu à peu, lorsqu'on nous a mieux connus,
que la fausseté des allégations de Diong-Dia est
devenue évidente pour tous.

Cependant, comme nous ignorions complètement ce qui se disait sur notre compte, nous
poursuivîmes l'exécution de notre projet. Ceux
de nos jeunes gens qui étaient moins malades,
furent envoyés à Ko-Xam avec le diacre, afin
d'y construire une petite maison. Hmur les
reçut de son mieux, mais ils ne tardèrent pas à
s'apercevoir que les autres sauvages n'étaient
plus aussi bien disposés à notre égard. A Ko-
Xam, comme ailleurs, la seule vue d'un vête-
ment annamite mettait en fuite toutes les
femmes. Quand ils demandèrent la permission
d'élever une maison dans l'intérieur du village
tous s'y opposèrent, à l'exception de Hmur.
Celui-ci fit connaître au diacre le résultat de la
délibération; puis il le conduisit un **quart de**
lieu plus bas, sur la rive du Bla et lui **dit :**

« Construisez-vous ici une maison. Cette terre
« n'appartient à personne ; je prends sur moi
« de vous y défendre. » Malgré son dévouement
pour nous, ce brave homme ne nous fit jamais
part des bruits que Diong-Dia avait répandus,
et qui étaient la seule cause de notre disgrâce.

Dès que la maison fut achevée, M. Combes
et moi abandonnâmes Ko-Lang pour venir habiter Ko-Xam. Le pauvre M. Fontaine avait la
jambe dans un trop triste état, pour songer à
faire un pareil voyage ; le bon Père Desgouts
dut aussi l'ajourner à cause de sa faiblesse
excessive. Quand il se crut capable de marcher
un peu, il voulut absolument venir nous rejoindre, mais ses forces physiques n'égalant pas
la force de sa volonté, il faillit perdre en chemin le peu de souffle qui lui restait. Après
avoir marché, ou, pour mieux dire, s'être traîné
jusqu'à midi, il tomba de faiblesse, et on dut
le porter jusqu'à Ko-Xam, où il arriva plus
mort que vif. Pendant une journée entière,
nous craignîmes à chaque instant de le voir
trépasser. M. Fontaine resté seul à Ko-Lang,
avec quelques jeunes gens malades, s'y en-
nuya bientôt. Ne pouvant plus y tenir, il se mit
en route à son tour, et nous fûmes joyeusement
étonnés de le voir un beau jour, arriver tout
haletant au milieu de nous. Il avait fait une
journée de marche par des chemins affreux,
sur une seule jambe, une béquille faisant office
de l'autre !

CHAPITRE VII

PREMIERS RAPPORTS AVEC LES SAUVAGES DE KO-
XAM. — INCENDIE. — CONSPIRATION CONTRE
LA VIE DES MISSIONNAIRES.

Nous voilà donc tous les quatre réunis dans notre nouveau domicile. Mais à consirérer les choses humainement, que notre position était triste et décourageante. Nous, envoyés de Dieu pour annoncer la bonne nouvelle, et lutter à outrance contre le démon et contre tous les mauvais penchants qu'il inspire et entretient dans le cœur de l'homme, nous étions, dès le début, regardés comme les suppôts de l'enfer, comme les victimes et les propagateurs des plus avilissantes passions !

Oh ! combien de fois, dans nos excursions à travers le pays, en voyant ces pauvres sauvages nous éviter et nous fuir, notre cœur n'a-t-il pas saigné d'une indicible douleur ! « Si tu « connaissais le don de Dieu, disait le bon Jé- « sus à cette heureuse Samaritaine, si tu savais « quel est celui qui te dit : Donne-moi à boire, « peut-être lui aurais-tu demandé toi-même, et « il t'aurait donné l'eau vive. » Ces tendres paroles me sont bien souvent venues à l'esprit. Parfois, ne pouvant ni me faire comprendre, ni même faire arriver ma voix jusqu'à eux, je criais de loin à ces bien-aimés fuyards qui ne

m'entendaient pas : « O pauvre et cher sau-
« vage ! si tu savais combien je t'aime et te
« veux de bien ! Si tu savais combien, pour ton
« amour, j'ai essuyé de peines et de fatigues !
« combien j'ai traversé de mers et bravé de
« tempêtes ! Si tu savais quelle patrie j'ai aban-
« donnée à cause de toi ! Oh ! si surtout tu
« pouvais savoir quelle bonne et sainte mère
« j'avais là-bas, à six mille lieues d'ici, et avec
« quel serrement de cœur je lui ai dit adieu
« pour toujours ! Et tout cela, par amour pour
« toi, pour toi qui me fuis ! pour toi qui as
« peur de moi, le meilleur de tes amis !... »

Mais, quelque vive que fût notre affliction,
nos cœurs n'étaient point découragés. Les pensées de foi nous consolaient bien vite ; le souvenir
de Jésus-Christ, méconnu, insulté, rejeté, allumait en nos âmes une nouvelle ardeur. L'aver-
sion qu'on nous témoignait était elle-même un
gage de la bénédiction de Dieu. « Parcourons,
« nous disait M. Combes, l'histoire de toutes les
« missions, de toutes les églises. Toujours, au
« début, la prédication de l'Évangile a rencontré
« des difficultés, des persécutions. Si, en quel-
« ques lieux, l'épreuve a fait défaut aux premiers
« efforts des missionnaires, c'est que le bon
« Dieu ne le bénissait pas et que leurs travaux
« ne devaient obtenir que peu de fruits. Le
« diable s'agite, il hurle, il tempête ; c'est qu'il
« a peur, c'est qu'il sent que ses affaires vont
« mal. Courage, humilité, confiance en Dieu,
« et nous atteindrons le but, malgré le démon.

« et même, ce qui est plus difficile, malgré nos
« fautes ! »

Dans les commencements de notre séjour
auprès de Ko-Xam, aucun sauvage n'osait s'a-
venturer de notre côté. Seul, Hmur venait nous
voir tous les jours, après les travaux des champs.

Il passait même quelquefois la nuit auprès
de nous. Cependant, malgré l'amitié qu'il nous
portait et la confiance que nous lui inspirions,
la première fois qu'il coucha dans notre maison il eut grand'peur. La nuit venue, nos jeunes
Annamites se mirent, selon l'usage, à réciter
ou plutôt à chanter leurs prières. L'accent,
tantôt triste et solennel, tantôt rapide et entraînant des prières annamites produisit sur
Hmur un effet étrange. Il ne savait s'il devait
fuir ou demeurer ; mille craintes superstitieuses
agitaient son âme, et il resta immobile de frayeur.
La prière terminée, nos jeunes gens recommen-
cérent à causer et à rire comme à l'ordinaire.
Hmur se rassura, et, ainsi qu'il nous l'avoua
plus tard, il lui sembla à ce moment qu'on lui
enlevait un poids énorme de dessus la poitrine.

Ce fut Hmur qui, durant plusieurs mois, se
chargea de nous procurer la nourriture. Cette
année-là le village de Ko-Xam avait récolté peu
de riz, et déjà la faim commençait à s'y faire
sentir ; de sorte que l'on n'aurait pas pu nous
venir en aide, quand même on en aurait eu la
volonté. Hmur était donc obligé d'aller dans
d'autres villages, et souvent assez loin, pour

acheter le riz nécessaire à la subsistance d'une
vingtaine de personnes que nous étions à cette
époque. Outre le riz, il nous achetait quelquefois des poules, quelques douzaines de souris
fumées, et d'autres délicatesses de ce genre.
Quoique ce généreux sauvage fût pauvre,
comme ils le sont tous, il ne chercha jamais à
s'enrichir à nos dépens ou à notre occasion
Jamais il ne nous demandait rien, et quand
nous lui donnions quelque chose pour le dédom-
mager de sa peine et de la perte de son temps
à notre service, il l'acceptait toujours avec reconnaissance, quelque minime que fût la récompense.

Il avait une sœur veuve, douée de toutes les
qualités qu'il possédait lui-même. C'est elle
qui pilait notre riz; c'est elle aussi qui a habitué les femmes de Ko-Xam à n'avoir pas peur
de nous. Hmur aimait tendrement sa sœur, et
avait adopté son fils unique, n'ayant pas lui-
même d'enfant. Leur famille comptait en tout
quatre personnes : Hmur, sa sœur nommée
Hmon, Jieng, femme de Hmur, et Tot, fils
unique de Hmon. Je mets ici ces noms parce
que ce sont les quatre noms ba-hnars que le
bon Dieu a écrits les premiers dans le livre de
vie. Si le don de la foi n'était purement gratuit,
ces bonnes gens l'auraient mérité. On verra
dans la suite que le bon Dieu s'est montré
généreux pour leur âme. Nos cœurs de missionnaires, amis par vocation de toutes les
âmes à sauver, aimaient celles-là d'une par-

ticulière dilection; aussi demandions-nous chaque jour au bon Dieu de leur accorder la grâce de le connaître et de l'adorer. « Vous « verrez disait souvent M. Combes, que Hmur « sera notre premier néophyte. » Il disait vrai.

Nous comprîmes bientôt que dans un pays aussi pauvre, où la famine règne un bon tiers de l'année, il serait difficile de trouver toujours à acheter le riz nécessaire pour notre subsistance. Nous songeâmes donc à en cultiver nous-mêmes autour de notre maison. Chacun se mit avec ardeur au travail, et le bon Dieu faisant fructifier nos sueurs, notre première récolte de riz nous dispensa d'en acheter pendant six mois.

Mais avant de mentionner cette récolte, j'aurais dû raconter comment, lorsque nous commençâmes à défricher la forêt, un accident survint, qui faillit avoir pour nous des conséquences bien fâcheuses. Nous avions abattu les arbres depuis plusieurs jours. Quand ils furent assez secs, nous y mîmes le feu à la façon des sauvages; mais notre inexpérience nous fit négliger de prendre les précautions nécessaires pour limiter l'incendie. Chacun de nous alluma de son côté sur le contour du champ, de sorte qu'en quelques minutes la flamme s'éleva de toutes parts ondoyante et terrible. Quand nous vîmes cette montagne de feu s'étendre avec une effrayante rapidité, la frayeur nous saisit. Nous nous étions imaginé d'abord que les flammes auraient peu ou point d'action sur les arbres verts de la forêt, mais en les voyant dévorer buissons, arbrisseaux, grands arbres même comme une poignée de paille sèche, nous poussâmes des cris de détresse. Heureusement ce jour-là, tous les habitants de Ko-Xam étaient occupés à un travail commun, dans l'enceinte de leur palissade. Quand ils aperçurent la flamme s'élever si haut dans les airs, ils comprirent l'accident qui nous était arrivé, et tout le monde accourut, depuis le plus petit enfant jusqu'au vieillard. L'incendie grandissait toujours ; encore quelques instants et le village devenait lui-même la proie des flammes. Les sauvages, instruits par l'expérience, mirent de leur côté le feu à la forêt. Quand les deux incendies, marchant l'un contre l'autre, se rencontrèrent, ils s'affaiblirent rapidement faute de combustible, et finirent par s'éteindre.

Jamais de ma vie je n'ai été aussi effrayé que ce jour-là. Si le bon Dieu eût permis que le feu dévorât le village de Ko-Xam, à moins d'un miracle nous étions perdus, et la mission des sauvages mourait avant de naître. En cette fatale journée nous courûmes, M. Combes et moi, un danger imminent. Quand la flamme commença à s'élever, nous nous trouvions au beau milieu du champ. Tout préoccupés du malheur qui nous menaçait, nous ne nous aperçûmes pas que le feu faisait cercle autour de nous et nous fermait toute issue. « Mais nous « sommes pris nous-mêmes, s'écria tout à coup

« mon confrère ; précipitons-nous du côté de
« la rivière ! » Aussitôt fait que dit, nous nous
recommandons à la sainte Vierge, nous nous
élançons à travers les flammes, et nous nous
jetons dans le Bla la tête la première. Si jamais
nous avons chanté de bon cœur un *Te Deum*
d'actions de grâces, c'est bien ce jour-là ! Et
voilà comment le bon Dieu garde ses missionnaires comme la prunelle de son œil.

Le démon, qui profitait de tout pour indis-
poser les sauvages contre nous, n'eut garde de
perdre une aussi belle occasion de nous nuire.
Cet incendie qui nous avait tant effrayés, qui
nous avait causé une peine si vive, fut exploité
par l'éternel ennemi de tout bien pour nous
aliéner encore davantage le cœur de ces pauvres
Ba-Hnars. Pour qui connaît leur caractère pa-
cifique et la douceur naturelle de leurs mœurs,
il est impossible d'expliquer autrement la conspiration que les habitants de Ko-Xam tramè-
rent alors contre nous. Comment, en effet, comprendre qu'ils aient voulu venir, de sang-froid,
nous massacrer dans notre maison, eux qui sont
habituellement bons et ont horreur du sang ?
Mais le démon s'en mêlait ; il avait toujours
régné en souverain sur ces infortunés pays ; sa
haine des âmes y avait toujours été complètement satisfaite. Maintenant que, par la présence des prêtres de Jésus-Christ, son empire
menaçait ruine, il tentait un suprême effort
pour l'empêcher de crouler. Quoi qu'il en soit,
voici le fait.

Un jour que les habitants de Ko-Xam buvaient ensemble le vin de riz, et que des sauvages de quelques villages voisins, invités par eux, étaient venus prendre part à la fête, Hmur, notre ami éprouvé, vint nous prier de nous y rendre, pour boire avec lui de son propre vin. Ce jour-là je n'avais pas de fièvre, non plus que M. Combes. Nous acceptâmes donc volontiers son invitation, et le suivîmes avec deux ou trois de nos gens. Nous entrâmes dans la maison commune, où tout le monde était réuni; les conversations étaient déjà bruyantes, les libations copieuses et les vapeurs du riz fermenté commençaient à échauffer les têtes. Hmur but peu; son visage, d'ordinaire souriant, était sérieux et préoccupé. Il savait qu'une conspiration était ourdie contre nous; il connaissait même les chefs de cette trame. La nuit suivante on devait, à la faveur des ténèbres, venir cerner notre maison, nous surprendre dans notre premier sommeil et nous massacrer. On ne l'avait pas, il est vrai, engagé à prendre part à un crime dont on le savait incapable ; mais quelques amis lui avaient en secret donné connaissance de la conspiration et de ses détails, et c'est pourquoi, sans nous prévenir du danger qui nous menaçait, il nous avait amenés au milieu de tout le village réuni. Il voulait frapper un grand coup, et prendre publiquement notre défense, seul contre tous.

Hmur est un homme de haute taille, plus grand que les autres habitants de Ko-Xam. A

cette époque, il pouvait avoir une quarantaine
d'années, et ses membres robustes étaient dans
toute leur vigueur. Il jouissait d'une grande
réputation de courage ; les gens de son village
l'avaient souvent vu à leur tête braver le danger d'un air impassible, résister seul à plusieurs ennemis, et seul, les faire prisonniers.
Sa voix vibrante savait, au besoin, jeter la
terreur dans l'âme de ceux qui l'écoutaient.
En un mot, il avait tout ce qu'il faut chez les
sauvages pour se faire craindre et respecter.

Il y avait assez longtemps déjà que nous
étions à la maison commune, lorsque Hmur
laissant éclater les sentiments d'indignation
qu'il ne pouvait plus contenir, se leva soudain
au milieu de l'assemblée, et de sa voix la plus
retentissante : « J'ai appris, dit-il, que plusieurs
« me font un crime d'être l'ami de ces Anna-
« mites, et je m'aperçois qu'on me blâme de
« les avoir invités aujourd'hui à venir prendre
« part à notre fête. Pourquoi donc ont-ils des
« ennemis parmi nous ? Quel mal nous ont-ils
« fait ? Quelle injustice ont-ils commise ? S'ils
« ont mangé votre riz, ils vous l'ont payé, et
« personne ne vous forçait à le leur vendre. Y
« a-t-il quelqu'un, depuis le plus petit enfant
« jusqu'au plus vieux d'entre nous, à qui ils
« aient fait la moindre injure ? Levez-vous
« donc, vous qui ne savez que parler en secret,
« à l'oreille, et ourdir des complots dans l'om-
« bre. Lâches que vous êtes, si quelqu'un ose
« me répondre, qu'il se lève. Oui, je le dis à la

« face du village, j'aime ces étrangers, parce
« qu'ils sont bons, et moi seul je sais leur rendre
« justice. » Puis, d'un bond, il se précipite sur
le foyer, et saisissant un tison ardent, il se
l'enfonce jusqu'à la gorge, et ensuite interpelle
le chef de nos ennemis : « Si tu oses me résister,
« toi, lâche, mords ce tison après moi, et jure-
moi haine comme je te le jure. » Un silence
morne avait succédé au bruit des conversations
tout à l'heure si animées. Dans cette vaste
maison remplie de monde, on eût entendu vo-
ler une mouche. Nul n'osa répondre à Hmur.
L'individu personnellement interpellé tremblait
comme la feuille au vent; il se confondit en
excuses, et l'affaire en resta là.

Quant à nous, qui ne connaissions pas encore la langue ba-hnar, nous ne comprîmes
rien alors à cette scène étrange. Mais deux ou
trois ans plus tard, le chef de la conspiration
se convertit, reçut le baptême, et devint un
fervent chrétien. Alors, au souvenir du crime
qu'il avait été sur le point de commettre, il s'in-
digna contre lui-même, et pour se débarasser
de ses remords, il vint se jeter aux pieds de
M. Combes. Il savait bien qu'il allait l'étonner,
et que nous ignorions le danger que nous avions
couru par sa malice; mais il lui fut impossible
de se taire. « Misérable que je suis, s'écria-t-il
« autrefois j'ai voulu, ô mon père, vous assas-
« siner. Mais aujourd'hui, si l'on venait vous
« attaquer, je serais là pour vous défendre et
« mourir pour vous. On n'arriverait jusqu'à

« vous qu'en passant sur mon cadavre ». Et il raconta les faits qu'on vient de lire, ainsi que les paroles de Hmur que nous avions bien entendues, mais que nous n'avions pas comprises.

CHAPITRE VIII

MM. DESGOUTS ET FONTAINE SAUVÉS DES EAUX. — PREMIÈRES ÉTUDES DE LANGUE BA-HNAR. — VOYAGE DE KO-XAM A KO-LANG PAR MO-TONG.

Quelques jours après l'incident dont j'ai parlé au précédent chapitre, nous faillîmes perdre nos deux confrères, MM. Desgouts et Fontaine. Le premier avait été pris d'une maladie qu'on n'ose guère nommer en Europe, mais qui est bien commune en ces pays-ci. La gale, puisqu'il faut l'appeler par son nom, lui couvrait tout le corps, et, de concert avec la fièvre, ne lui laissait de repos ni jour ni nuit. Lorsque la démangeaison était trop forte, le bon Père tâchait de la calmer un peu par des bains froids dans le Bla. M Fontaine avait aussi recours à la rivière pour sa jambe malade.

Or, un jour, ce dernier invita notre vieux confrère à aller prendre un bain, vingt pas au-dessous de notre maison. En cet endroit les eaux du

Bla sont profondes, mais il y a, au milieu de la rivière, un petit îlot de sable autour duquel on n'a d'eau que jusqu'à la ceinture. Il faut dire que nos baigneurs ne savaient pas nager ni l'un ni l'autre. Nous avions une petite barque faite d'un seul tronc d'arbre et assez joliment travaillée par la main des sauvages. M. Fontaine, aussi mauvais rameur qu'ignorant nageur, était en revanche intrépide jusqu'à la témérité. Ils allèrent ensemble à l'îlot, et le bain terminé, M. Fontaine tout fier d'avoir su diriger sa barque depuis le rivage jusqu'à cet endroit, cinq mètres tout au plus, s'imagina qu'il était passé maître en navigation, et qu'il pouvait sans danger voguer au large. Il proposa donc une promenade à M. Desgouts, lequel, aussi confiant dans les autres que peu confiant en lui-même, crut sur parole au savoir faire de son compagnon. Près de l'îlot, les eaux du Bla coulent lentement, mais, un peu plus bas, le courant devient de plus en plus rapide et finit par se briser en cascades sur des rochers. Tant qu'on fut sur cette nappe tranquille, notre rameur improvisé se dirigea tant bien que mal; mais, un peu plus loin, il perdit la boussole Embarcation et équipage, tout fut emporté par le courant, et deux minutes plus tard, la barque vide flottait seule à la dérive, en aval de la cascade. Dans un endroit aussi dangereux, même pour un nageur expérimenté, ces messieurs auraient dû se briser la tête ou les membres dix fois pour une ; mais la Providence veillait sur eux. Ils parvinrent au prix de nombreuses contusions à gagner terre ; M. Desgouts sur la rive gauche, M. Fontaine du côté opposé. Mais comme les deux rives sont couvertes de hautes et épaisses broussailles ; comme de plus les deux naufragés prirent terre l'un beaucoup plus bas que l'autre, chacun d'eux, s'imagina que son confrère avait péri. M. Desgouts nous arriva le premier, ruisselant d'eau et de boue, couvert de blessures, et désolé de la mort de M. Fontaine. Pendant qu'il nous racontait son aventure, et que nous commencions à pleurer avec lui la triste fin de notre confrère, une voix nous cria de l'autre côté de la rivière : « Envoyez-moi donc une « barque. » Notre douleur s'évanouit bien vite, et fit place à la plus bruyante allégresse. On s'amusa longtemps de cette histoire; je ne la rapporte ici que pour donner, une fois de plus, au lecteur l'occasion de remercier avec nous le bon Dieu de sa paternelle sollicitude pour ses missionnaires.

Cependant les sauvages de Ko-Xam s'habituaient peu à peu à nous; ils avaient moins peur; ils croyaient moins à toutes les calomnies qu'on leur avait débitées sur notre compte. Plusieurs même venaient dans notre cabane quand ils avaient quelque chose à vendre. Nous pensâmes qu'il était temps de nous rapprocher d'eux. Pour ne pas brusquer les choses, au lieu d'aller tous ensemble nous établir au milieu du village, nous demandâmes à Hmur s'il recevrait trois d'entre nous dans sa maison, pour nous enseigner la langue. **Il y consentit avec** joie. Depuis notre arrivée chez les sauvages, nous avions toujours été réduits à vivre loin d'eux et dans la forêt. Or, comment parvenir à la connaissance d'une langue, si l'on n'a aucun moyen de l'apprendre, aucun commerce avec ceux qui la parlent? Aussi, après plusieurs mois de séjour, à peine savions-nous un mot de ba-hnar.

Il y a peu de choses en ce monde aussi difficiles que d'étudier une langue sans livres, sans dictionnaire, sans grammaire, sans interprète; et surtout lorsque ceux qui parlent cette langue sont de pauvres sauvages, à l'esprit borné, à l'intelligence nullement développée. Le sauvage vous dira bien comment on nomme tel objet visible que vous lui indiquez du doigt; mais s'agit-il de choses intellectuelles ou morales, de tout ce qui ne tombe pas sous les sens, vous restez abandonné à vous-même, il faut tout deviner. Vous saisissez au vol un mot de cette nature, puis en comparant les diverses circonstances dans lesquelles vous l'avez entendu, vous croyez en trouver à peu près le sens. Et bien souvent, au bout de quelques jours, il devient évident que ce sens est erroné ou incomplet. Or, ne demandez pas d'explications à un sauvage. Pour expliquer un mot il ne fera que vous le répéter. Vous lui dites par exemple : « Que signifie : *croire*? — Il « vous répond : cela veut dire : *croire*. — A « la bonne heure, mais encore explique-moi

« d'une autre manière ce que veut dire *croire*.
« — Mais je vous assure que cela veut dire
« *croire* ». Il est parfaitement inutile d'insister. Il s'étonnera que vous ne compreniez
pas que *croire* veut dire *croire*, et voilà tout.

Et cependant pour prêcher la religion, pour
expliquer ses dogmes sublimes dans un idiome
barbare, si pauvre en mots intellectuels, il faut
posséder cet idiome, et le posséder à fond. Aussi
un des devoirs les plus essentiels du missionnaire est d'apprendre la langue dans laquelle il doit prêcher, confesser, excercer toutes
les fonctions de son ministère. Sans doute la
foi est un don de Dieu qui seul, par sa grâce, peut
toucher et gagner le cœur; mais, dans la conduite ordinaire de sa providence, Dieu laisse au
zèle et à la persévérance de ses apôtres le soin
d'employer les moyens opportuns pour seconder
l'action de la grâce; et le premier de ces moyens
humains, c'est de bien parler la langue de ceux
que l'on évangélise. Quelquefois, quand un missionnaire commence à se faire comprendre de
ses néophytes, il est tenté de s'arrêter, d'abandonner ce travail ardu et ingrat de l'étude des
langues. Qu'on me permette de le dire en passant, ce serait là une erreur très grave et très
préjudiciable au salut des âmes.

Je reviens à mon récit. MM. Combes, Fontaine et moi, nous allâmes nous installer dans
la maison de Hmur. Le matin et le soir, seuls
moments de la journée où les sauvages sont
chez eux, nous montions à la maison commune

pour apprendre quelques mots. Chacun tenait à la main un crayon et un bout de papier, et aussitôt qu'il croyait avoir saisi la signification d'un mot, la couchait par écrit. Puis, quand les sauvages s'en allaient à leurs champs, ou se retiraient pour aller dormir, nous nous réunissions afin de comparer nos notes, et de mettre en commun ce que nous avions appris ou cru apprendre. Nous interrogions surtout le bon Hmur, qui restait souvent avec nous jusque bien avant dans la nuit. Pendant le jour, nous tâchions de confier à notre mémoire la science acquise la veille, et ainsi tous les jours. Après un mois et demi passé dans la maison de Hmur, nous possédions un assez gros cahier de mots, mais c'étaient pour la plupart les moins précieux.

En quittant Ko-Lang, nous avions laissé des gens pour garder la maison. Elle servait d'étape à nos courriers lorsqu'ils allaient chez Mgr Cuenot, ou en revenaient; quelquefois aussi, nous y faisions une courte apparition. Un des voyages que nous y fîmes, M. Combes et moi, fut marqué par un petit événement que la reconnaissance envers la bonne Vierge Marie me fait un devoir de ne pas oublier. Nous étions seuls, n'ayant pour tout bagage que nos bréviaires et le riz de notre dîner, que je portais sur mon dos dans une hotte.

Dans ces pays sauvages où il n'y a pas d'auberge, le voyageur, pour prendre son repas, n'entre jamais dans les villages à moins qu'il

n'y soit appelé par d'autres affaires ; c'est sur
le bord de l'eau qu'il mange son riz. Il est rare,
en ce pays, de marcher longtemps sans rencontrer quelque petit ruisseau, dont les eaux sont,
en général, fraîches et limpides. Le moment du
repas arrivé, on s'arrête sur le bord : quelques
larges feuilles, arrachées aux arbrisseaux d'a-
lentour, servent d'assiette, et l'on mange avec
la cuillère primitive : les cinq doigts de la main.
Quand on a soif, le creux de la main sert de
verre, et l'on puise à volonté dans le courant.
En France, les bords d'un ruisseau suggèrent
naturellement l'idée d'une verte pelouse, mais
ici, il n'y a guère d'herbe épaisse et courte ; ce
que nous nommons herbe n'est qu'un amas de
broussailles ou d'arbustes rabougris. En conséquence, on s'assied sur la terre nue. L'action
de fumer étant pour le sauvage le complément
indispensable de tout repas, et la pipe son inséparable compagnon partout et toujours,
chaque fois qu'il s'arrête quelque part pour
prendre son riz, la première chose qu'il fait,
c'est d'allumer du feu au moyen de son briquet
et d'un peu d'amadou, objets dont il est toujours pourvu. Quelquefois ce feu lui sert d'a-
bord à faire cuire le fruit de sa chasse, car le
sauvage qui ne mange que du riz sec quand il
est dans sa maison ou dans son champ, garde
pour ses voyages le peu de gibier qu'il peut
prendre. En route, il aura souvent dans sa
hotte une petite tranche de viande séchée au
feu, ou quelque poisson sec. En ce cas, avec

le sabre qui pend toujours à sa ceinture, il coupe un tube de bambou, y insère le friand morceau, et cette marmite improvisée, en se carbonisant, cuit le met au point voulu. C'est ce qu'on appelle un repas de luxe.

Ce jour-là, M. Combes et moi ne suivîmes pas le chemin ordinaire de Ko-Lang à Ko-Xam. Nous voulions aller, pour quelque affaire dont je ne me souviens plus, à un village nommé Mo-Tong. Vers midi, nous fîmes notre repas, et après avoir, en guise de sieste, récité notre bréviaire, nous nous remîmes en route. Le petit sentier que nous suivions se perdit bientôt dans un champ de maïs. Or, au milieu du champ, il y avait deux jeunes filles qui travaillaient. Nous pensâmes qu'elles étaient sur le chemin, et nous nous dirigeâmes vers elles. Aussitôt ces pauvres enfants, poussant un cri de détresse, se précipitèrent dans les bras l'une de l'autre; elles pensaient que nous voulions les enlever de force. Comment les rassurer ? Nous ne savions pas suffisamment le ba-hnar pour leur adresser la parole. Nous nous éloignâmes rapidement dans la direction opposée, au risque de perdre la route et de nous égarer.

Quelques instants après, je sentis les premiers frissons de la fièvre. Nous étions encore loin du but de notre voyage ; je tâchai de faire bonne contenance et de hâter le pas. Mais la fièvre augmentant d'intensité, mes genoux commencèrent à trembler sous moi. « Je crois « que je serai obligé de m'arrêter, dis-je à

« M. Combes, le froid a déjà saisi mon corps.

« — Et où voulez-vous donc, me répondit-il,
« trouver dans cette forêt un abri contre l'o-
« rage ? » Tout occupé de mon mal, je ne m'étais
pas aperçu que de gros nuages s'amoncelaient
au nord et se dirigeaient vers nous. Bientôt le
tonnerre gronda avec fracas. Et cependant mes
jambes me refusaient tout service ; je tombai à
la renverse sur le bord du chemin. Mon confrère, apercevant quelques pas plus loin, dans
un champ de riz, une petite hutte abandonnée,
me dit : « Faites un effort suprême pour arri-
« ver jusqu'à cette hutte ; peut-être y aura-t-il
« un recoin couvert qui vous garantira de la
« pluie. Ne voyez-vous pas que rester sur la
« terre nue par un temps aussi affreux et avec
« une pareille fièvre, c'est s'exposer à une mort
« presque assurée ! » Je me soulevai, et soutenu par lui, je fis encore quelques pas, mais
c'était le dernier effort et je retombai à la renverse. « Mon cher Père, lui dis-je, il m'est im-
« possible d'avancer, il m'arrivera ce qu'il
« plaira à Dieu ; c'est pour lui, c'est pour son
« amour que nous voyageons. » Cependant,
l'orage était arrivé sur nos têtes et une pluie
torrentielle commençait à tomber.

Alors il me vint à la pensée que dans ma
triste situation, j'avais oublié d'invoquer la
bonne Mère : « Malheureux et ingrat que je
« suis, si je m'étais souvenu de Marie, elle
« m'aurait soutenu. Pardon, ô ma Mère, par-
» don, mais il ne sera pas dit que mon ingra-

« titude l'emporte sur votre miséricorde. Plus
« tôt ou plus tard, vous consolez les affligés.
« Voici le moment de montrer votre miséri-
« corde. Calmez ma fièvre ou raffermissez mes
« genoux tremblants. » En disant ces mots, je
fis un mouvement pour marcher et je sentis que
la force m'était revenue. « O ma Mère ! ô ma
« Mère ! m'écriai-je avec transport, je suis un
« misérable, un ingrat, si je vous avais appelé
« plus tôt, plus tôt vous seriez venue. Gloire à
« vous ! » Et déjà j'étais à plus de vingt pas,
marchant d'un pas précipité que mon confrère
étonné avait peine à suivre. Je ne prétends pas
qu'il y ait là un prodige, mais la crainte de
faire sourire ne doit pas étouffer l'accent de ma
reconnaissance, et je dis aujourd'hui comme je
disais alors : « Gloire à vous ! gloire à vous ! ô
« Marie ! » La pluie qui avait été très forte pendant quelques instants, cessa tout à coup et fit
place à un ciel pur et serein. Cependant nous
étions mouillés jusqu'aux os, et quoique dans
ces premiers accès de fièvre rien ne fût plus
dangereux que de garder sur le corps des habits trempés d'eau, comme nous n'en avions
pas de rechange, nous nous contentâmes de
tordre les nôtres, en continuant notre chemin.
Soit échauffement de la fièvre, soit exaltation
de reconnaissance envers la meilleure des mères
pour une grâce si subitement accordée, je ne
pouvais m'empêcher, tout le long de la route,
de proclamer à haute voix les louanges de
Marie. Je pleurais de gratitude ; je pleurais de

confusion de me voir si misérable. Enfin je
dois ajouter que je n'éprouvai pas la moindre
fatigue le reste du chemin.

Vers le soir, nous arrivâmes à Mo-Tong, où
nous courûmes un danger sérieux. Les habitants étaient allés la veille faire la guerre à un
autre village, et ils avaient tué un homme,
accident rare dans les guerres insignifiantes
des Ba-Hnars. Ils venaient d'arriver de leur expédition. Or, comme le village attaqué le premier ne manque guère de poursuivre l'ennemi
dans sa retraite, les gens de Mo-Tong avaient
à craindre un assaut ce jour-là même, et dans
cette crainte, ils avaient hérissé de lancettes
tout le terrain autour du village. M. Combes et
moi nous en aperçûmes en arrivant à une cen-
taine de pieds de la palissade, et n'osant pas
nous aventurer sur ces dangereux engins,
nous criâmes aux gens du village de venir
nous ouvrir un sentier. A ce moment, tous,
réunis dans la maison commune, faisaient le
sacrifice au dieu de la guerre, et déjà les vapeurs
du vin de riz commençaient à troubler plus ou
moins leur raison. Ils entendirent nos voix, et
s'imaginant que nous étions l'ennemi attendu,
ils se précipitèrent, qui sur son arc, qui sur son
sabre, qui sur sa lance. Pour notre malheur,
quoique nous fussions à portée de leurs flèches,
les hautes herbes qui couvrent le terrain en dehors de la palissade, et l'obscurité de la nuit
tombante, nous empêchaient de les voir et d'être
vus d'eux. Que faire ? Fuir ? Mais c'eût été justifier

leurs soupçons, et les confirmer dans l'idée que nous étions des ennemis. Nous nous mîmes à crier à gorge déployée, déclinant nos noms qui étaient déjà connus dans le pays. A la fin, un individu moins ivre que les autres crut entendre clairement ces noms. « Arrêtez, arrêtez, s'écria-« t-il, ce sont les Annamites. — Qui êtes-« vous? — Nous sommes Bok-Be et Bok-An, « venez nous ouvrir un sentier ».

Le danger, que nous avions couru par leur imprudence, disposa d'autant plus en notre faveur ces pauvres sauvages, et ils nous traitèrent de leur mieux. Le lendemain. M. Combes partit seul pour Ko-Lang. Je fus obligé de rester une semaine entière à Mo-Tong pour attendre la fin de ma fièvre, l'une des plus violentes que j'aie eues pendant quinze ans. Mes frissons faisaient trembler la maison du sauvage qui me donnait l'hospitalité, et le délire fut très long. Mes confrères commençaient déjà à s'inquiéter, quand il me virent arriver à Ko-Xam, pâle et amaigri. « Vous souvient-il, « me dit M. Combes, du ruisseau de Ko-Lang « que vous franchissiez d'un bond? — Oui, je « m'en souviens et de mes Pyrénées aussi; cette « vilaine fièvre est tout de même bien lourde « pour la bête. — Allons donc, reprit-il, vive « la joie quand même! on vivra jusqu'à la « mort, et alors la fièvre et les autres maladies « seront radicalement et définitivement guéries. « Ainsi soit-il ».

CHAPITRE IX

LE RO-NGAO. — DIVERSES DESTINATIONS DES MISSIONNAIRES.

Nous étions fixés depuis plusieurs mois à Ko-Xam, et nous ne savions pas encore qu'il y avait, tout à côté de nous, un pays de plaines, celui-là même dont Mgr Cuenot soupçonnait l'existence, et que ses instructions nous disaient de chercher. Hmur, comme je l'ai dit, allait nous acheter du riz dans tous les villages d'alentour. Or, après un voyage fait dans ce but, à Ro-Bang, la curiosité et l'intérêt donnèrent à quelques hommes de ce village l'audace de venir jusqu'à notre maison, pour nous vendre leur riz eux-mêmes. Ils nous dirent qu'immédiatement de l'autre côté des montagnes de Ko-Xam commençait une grande plaine, qui s'étendait sur les deux rives du Bla, à plus d'une journée de chemin à l'ouest. On avait défendu à Hmur de jamais nous y conduire et cela sous des menaces si terribles, qu'il n'avait pas même osé nous parler de ce pays. Grande fut notre joie à cette découverte, quoique nous ne vissions pas encore de moyen d'en profiter et de mettre à exécution les ordres de notre évêque. Depuis ce jour, nous ne cessions de persécuter nos Koxamites pour nous faire conduire au Ro-Ngao.

A la fin, l'un d'eux, pressé par nos importunités, promit d'accéder à notre demande, et prit jour avec nous pour l'expédition. Mais la communauté l'accabla de reproches, et craignant de se compromettre sans retour avec les siens, il imagina un expédient. J'ai dit plus haut que le Bla jusqu'à Ko Xam coule du nord au sud, pour prendre ensuite brusquement la direction de l'ouest de sorte qu'à cet endroit la langue de terre, resserrée par les eaux, forme une presqu'île. Le jour indiqué, notre conducteur vint nous prendre, et nous traversâmes le Bla devant notre porte. Quel ne fut pas notre étonnement, après une demi-heure de marche, de voir notre chemin aboutir encore au Bla ! En ce lieu, il n'y avait ni village, ni barque, et les eaux étaient trop profondes pour les passer à gué. Notre individu nous dit qu'il allait chercher une barque, traversa la rivière à la nage, et disparut sur l'autre rive. Nous l'attendîmes toute la journée, l'estomac vide, et à la nuit nous dûmes revenir tristement sur nos pas. Ce pauvre garçon paya bien sa tromperie, car pendant près de deux ans, il n'osa pas paraître devant nous, et quand par hasard il nous rencontrait, il prenait la fuite d'aussi loin qu'il pouvait nous apercevoir. Nous avons su plus tard qu'on lui avait fait d'horribles menaces, et qu'en nous trompant, il avait cédé à la peur.

Durant cette longue station sur le bord de la rivière, nous nous étions baignés, et j'avais oublié sur le sable un crucifix que je portais habituellement suspendu à mon cou. Des sauvages de Ko-Xam, passant par là, le trouvèrent, et après s'être longtemps consultés pour savoir s'il pouvaient ou non le toucher sans danger, la cupidité l'emporta sur la superstition et ils le prirent. Quand je parle de cupidité, je ne veux pas dire qu'ils eurent la tentation de détourner mon crucifix; le vol est chose inconnue ou au moins extrèmement rare chez les Ba-Hnars. Mais ils ont l'habitude de faire payer par le propriétaire les objets trouvés; et ils espéraient que je rachèterais le mien fort cher. Quand ils arrivèrent auprès du village, leurs craintes superstitieuses reprirent le dessus. Cet objet étrange devait avoir quelque vertu surhumaine; cette figure était peut-être une divinité; comment oser l'introduire dans le village? Que faire? Après mûre réflexion, on suspendit le crucifix à un arbre, et l'on vint nous demander si nous voulions le racheter. Comme ils exigeaient une somme exorbitante, M. Combes leur dit que cet objet, étant une chose sacrée, ne pouvait être ni vendu ni racheté. Alors ces pauvres gens, saisis de crainte, nous conjurèrent d'aller nous-mêmes le retirer de l'arbre auquel ils l'avaient suspendu, et surtout de ne pas permettre qu'il leur arrivât malheur pour l'avoir touché de leur mains.

Quelques jours après, les sauvages de Ro-Bang, qui s'étaient bien trouvés de venir nous vendre leur riz, arrivèrent de nouveau, et consentirent à nous laisser aller jusque chez eux. Le voyage se fit en barque, sur le Bla. M. Combes et le diacre furent seuls de la partie. A leur retour, ils nous rapportèrent monts et merveilles du Ro-Ngao. « Nous voilà enfin, disaient-ils, « arrivés au but de notre expédition. Le pays « est précisément selon les désirs de Sa Gran- « deur. » Pour battre le fer pendant qu'il était chaud, on fit plusieurs voyages coup sur coup. Le résultat fut l'achat d'une maison dans le petit village de Ro-Hai, à côté de Ro-Bang. Cette maison nous coûta cinq francs, ni plus ni moins ; le propriétaire la quitta, et alla s'en construire une autre. Nous envoyâmes de suite pour l'habiter, le diacre et quelques-uns de nos annamites ; puis nous allâmes nous-mêmes à loisir nous y installer.

Nous étions depuis quelques jours établis dans notre nouvelle maison de Ro-Hai, lorsque M. Combes, le diacre et moi partîmes pour explorer le pays en suivant le cours du Bla. « L'eau de la rivière est à tout le monde, nous « disions-nous. Si les villages qui sont sur les « deux rives ne consentent pas à nous ouvrir « leurs portes, eh bien ! nous reviendrons sur « notre barque ». On prit une provision de riz suffisante, et vogue la galère ! Deux heures après notre départ, nous rencontrâmes un homme qui se disait chef de village, et qui nous invita à aller chez lui. Il était de To-Bau, à un quart d'heure dans les terres. Nous abandon- nâmes notre barque sur le rivage et le suivîmes.

Cinq minutes après nous fûmes arrêtés par une autre rencontre assez peu agréable, je veux dire celle d'une tigresse et de son petit, ce dernier de la taille d'un mouton. La tigresse suivait un sentier différent du nôtre, à une distance de cinquante pas. Notre vue ne la troubla pas. Elle s'arrêta quelques secondes pour nous considérer, puis continua son chemin sans se presser le moins du monde. C'était la première fois que je voyais distinctement un tigre en liberté, et pendant quelques instants mon cœur battit plus fort qu'à l'ordinaire. M. Combes et moi nous étions approchés prudemment de deux arbres, pour y monter au cas où la terrible bête eût manifesté des intentions hostiles; mais, grâces à Dieu, cette précaution fut inutile.

La tigresse venait de disparaître dans un fourré, quand une curiosité d'une espèce toute différente nous fit ouvrir de grands yeux. C'était une statue d'homme, en je ne sais quel métal, d'environ un mètre de hauteur, et les membres très artistement modelés. Elle était debout au pied d'un arbre, protégée, à une distance d'environ quinze pas, par un fossé en cercle, bordé dans toute sa circonférence d'un rang de grands arbres. Certainement ce n'est pas un sauvage qui a fondu cette statue. Sa présence dans la forêt, et la rencontre de quelques autres objets sortis de mains beaucoup plus habiles que celles d'un Ba-Hnar, feraient croire que ce pays a été autrefois habité par une race plus avancée en civilisation que les sauvages actuels.

Le sauvage qui nous avait trouvés sur la rivière et amené à To-Bau, s'appelait Piunh. Il nous reçut dans sa propre maison, et nous traita assez bien. Le lendemain, il s'offrit à nous conduire par eau jusqu'à Po-Ley-Krong, gros village au confluent du Bla et du Po-Ko. Le Po-Ko est une rivière de la grandeur du Bla, qui, avant sa jonction avec celui-ci, coule du nord au sud. Leurs eaux réunies forment une assez forte rivière, qui se dirige ensuite au sud-ouest, et va se jeter dans les eaux du fleuve Mé-Kong, après s'être grossie encore des eaux de la rivière des Bo-Nong. C'est à Po-Ley-Krong que se termine la plaine du Ro-Ngao. Entre cette plaine et celles qui s'étendent à l'ouest jusqu'au Laos, il y a une chaîne de montagnes, occupant un assez vaste pays du nord au sud, dans une direction parallèle à celles des montagnes des Ba-Hnars. Une assez forte fièvre m'ayant saisi pendant la nuit que nous passâmes à To-Bau, je ne pus pas accompagner M. Combes et le diacre dans cette nouvelle exploration, et je demeurai chez Piai, frère de Piunh.

Je veux raconter une petite histoire qui m'arriva la nuit suivante. Le bon Dieu la permit pour ne pas me laisser oublier qu'un missionnaire doit toujours se confier dans la Providence, qui connaît le nombre des cheveux de sa tête, et qui n'en laissera pas tomber un seul à terre sans une permission particulière. Donc, après une journée passée dans cette lassitude et ce dégoût qui suivent un accès de fièvre, je me reposais, auprès du feu, étendu sur une natte. A côté de moi se trouvait la petite hotte que je portais sur mon dos dans les voyages, et qui pour lors contenait un pantalon, un habit, avec quelques chapelets en verroterie et quelques feuilles d'étain. Ces derniers objets nous servaient de monnaie pour nous procurer notre riz de chaque jour. Or, quelques jeunes gens et un homme âgé fumaient et conversaient accroupis auprès du même feu. Comme je tenais les yeux fermé pour chercher le sommeil qui me fuyait osbtinément, ils s'imaginèrent que je dormais, et voici les paroles que j'entendis : « Que peut-il y avoir dans cette hotte? Si c'est « quelque chose de précieux, il nous serait fa- « cile de nous défaire de cet étranger. Il dort : « il ne nous voit pas. Examinons un peu ». Là-dessus, un jeune homme s'approche sans bruit, prend la hotte et la vide devant les autres. Ils furent médiocrement satisfaits de mon mobilier. « Remettez ces effets dans la hotte, « dit le plus âgé de la compagnie, ce n'est pas « la peine de faire du mal à un homme pour si « peu de chose. D'ailleurs, cet étranger, qui « sait ce qu'il est, et de quoi il est capable ? » Ainsi fut prononcée ma sentence d'absolution, et ma respiration, plus ou moins gênée durant quelques minutes, reprit librement son cours ordinaire. Quand le jour fut venu, le souvenir de ce qui s'était passé m'enleva tout désir de faire dans ce village un plus long séjour, et quoique mes confrères ne fussent pas encore de retour de leur excursion, je repris seul le chemin de Ro-Hai, au risque de retrouver la tigresse et son petit, au risque aussi de ne pas rencontrer de barque qui consentît à me remorquer. Le bon Dieu y pourvut, et je pus regagner le logis sans accident.

Nous sûmes dans la suite que ce village de To-Bau était un village à part, dont les habitants, gens de sac et de corde, ressemblaient assez peu aux autres sauvages. C'était, comme la cité primitive de Romulus, une réunion d'hommes endettés ou compromis, de vagabonds, venus des quatre points cardinaux. Et cependant comme le bon Dieu ne laisse subsister les méchants que pour l'avantage des bons, ce village nous a rendu des services importants, et notre générosité à son égard nous a valu de sa part un dévouement utile, dans un temps où les autres villages osaient à peine avoir commerce avec nous. Le diacre contracta amitié avec Piunh, selon le rite accoutumé, et cette amitié dont nous aurions rougi, et que nous n'aurions certainement pas formée, si nous avions connu les faits et gestes de cet homme et de ses compagnons, nous a été d'un grand secours. Ce fait, comme tant d'autres que j'ai déjà cités, ou que je raconterai plus loin, montre comment la Providence nous a toujours aidés dans le besoin, souvent à notre insu, et quelquefois presque malgré nous.

M. Combes rentra à Ro-Hai un jour après moi; son voyage avait été fécond en découvertes. Nous repartîmes bientôt, et quelques excursions sur le Bla, à travers le Ro-Ngao, nous firent connaître les différentes peuplades qui occupaient les terres au nord et au sud.

Bien que connues aussi sous la dénomination générale de Ba-Hnars, chacune de ces tribus a un nom spécial. Au nord; c'est celle des Se-Dang. Ces sauvages sont, en général, plus grands, plus grossiers et moins traitables que les Ba-Hnars proprement dits, lesquels sont doux et polis ; plus laborieux et plus stricts observateurs de pratiques superstitieuses que les Ro-Ngao, qui sont paresseux et indifférents. Outre le travail des champs, occupation universelle de tous les sauvages de ces contrées, les Se-Dang travaillent le fer, pendant quelques mois de l'année. Dans les montagnes qu'ils habitent, les mines de fer abondent. et, si l'on en juge par la quantité et la qualité du fer qu'ils se procurent presqu'à fleur de terre, et à l'aide des instruments les plus primitifs, ces mines doivent être très riches. Tous les sauvages que je connais tirent exclusivement, du pays des Se-Dang, leurs outils et leurs armes. Pour le dire en passant, le fer, les toiles de coton, le sel, voilà les trois branches de commerce ordinaire des sauvages. Les Se-Dang ont le monopole du fer; les Ro-Ngao ainsi que les Ba-Hnars de l'ouest cultivent le coton et tissent les toiles ; les Ba-Hnars de l'est, près d'Annam, qui n'ont ni coton ni fer, trafiquent avec le sel qui leur vient en abondance de Cochinchine. A l'époque dont je parle, un vaste terrain, au sud du Bla, était occupé par la tribu des Ja-Raï qui, depuis, s'est dispersée par crainte des Ha-Drong, et est allée se fondre dans d'autres tribus.

Nous avions tenu Mgr Cuenot au courant de nos découvertes, et lui avions fourni tous les renseignements qu'il nous avait été possible d'acquérir. Une lettre de Sa Grandeur nous fit bientôt connaître nos destinations respectives. M. Fontaine devait aller se poster chez les Ja-Raï ; M. Combes, nommé supérieur de la mission avec le titre de pro-vicaire apostolique, devait continuer à s'occuper des Ba-Huars ; et moi j'avais à me rendre chez les Vulcains du Se-Dang. Quant au Ro-Ngao, le diacre devait s'y établir avec M. Desgouts et le gros de nos gens. L'intention du prélat était de former peu à peu en ce beau pays une ferme modèle, qui serait à la fois une espèce de place forte contre toute éventualité hostile de la part des sauvages, un point central de ralliement, et une procure pour tous les missionnaires du pays. Enfin Sa Grandeur n'avait pas encore alors renoncé à l'idée d'y fonder son séminaire, et c'est pour cela que notre vieux confrère demeurait aumônier de la maison du Ro-Ngao, en attendant que le développement futur de cette maison le mît à même d'exercer toutes ses autres dignités, fonctions et prérogatives. Nous connaissions donc la volonté de Dieu par les ordres de notre évêque. Il ne s'agissait plus que de prendre les moyens de nous installer chacun à notre poste. M. Combes n'avait aucune démarche à faire; il se trouvait déjà à l'endroit voulu. Quant au vieux Père, il n'avait qu'à monter en barque et se laisser couler de Ko-Xam jusqu'à Ro-Hai. Pour M. Fontaine et moi c'était un peu plus difficile.

Un jour que M. Combes était descendu à Ro-Hai, se présenta dans notre maison un des principaux personnages de Kon-Trang. On nomme ainsi un gros village au nord du Ro-Ngao, à l'entrée du territoire de la tribu des Se-Dang, à laquelle il appartient et dont il parle la langue. J'ai oublié de dire que les Se-Dang et les Ja-Raï parlent des langues différentes du ba-hnar, et différentes entre elles. L'individu en question s'appelait Ba-Nang. Le village de Trang est un centre de commerce entre le Ro-Ngao et les Se-Dang. Les Laociens y arrivent aussi parfois pour vendre leurs buffles, acheter des esclaves, ou se procurer de la poudre d'or que la rivière Po-Ko, et beaucoup de ruisseaux de moindre grandeur, roulent en assez grande abondance. Les habitants de ce village, habitués aux visites des Laociens, devaient naturellement éprouver moins de frayeur que les autres sauvages à la vue des étrangers ; et M. le pro-vicaire pensa que je devais essayer de me faire accepter par eux. Sur la proposition qu'il fit à Ba-Nang de me conduire chez lui, celui-ci consentit sans difficulté, et retarda son retour de deux jours pour m'attendre et m'emmener avec lui. Un catéchiste annamite m'accompagnait. M. Combes vint m'installer à Kon-Trang, y passa la nuit avec moi, et le lendemain me laissa seul dans mon nouveau poste.

Quelques jours plus tard, M. Fontaine alla, de son côté, s'établir chez les Ja-Raï au village de Po-Ley-Chu. Nous formions ainsi un triangle dont les trois angles étaient Ko-Xam, Kon-Trang et Chu ; Ro-Hai se trouvant presque au centre. M. Fontaine et moi étions éloignés de Ro-Hai, chacun d'une bonne journée de marche; M. Combes d'une demi-journée seulement. Quand, après une année d'acclimatement, j'eus recouvré pour quelque temps la meilleure partie de mon ancienne vigueur, je pouvais, en partant de chez moi de grand matin, arriver le même jour à Ko-Xam, au soleil couchant.

CHAPITRE X

PREMIÈRE ANNÉE DE SÉJOUR A KON-TRANG

Le jour où M. Combes me laissa à Kon-Trang était le premier de l'an 1852. A peine ce cher ami m'eut-il quitté, que je fus saisi d'une affreuse tentation de tristesse. Je me voyais seul, séparé de tous mes confrères, au milieu de sauvages dont je ne connaissais pas la langue; car, comme je l'ai déjà dit, la langue se-dang est différente du ba -huar. Quoique je fusse loin de savoir ce dernier, je pouvais au moins m'en servir pour les choses les plus nécessaires; maintenant, tout était à recommencer. J'étais installé dans une maison de sauvage, et cette maison contenait une cinquantaine de personnes, hommes, femmes, enfants, vieillards, réunis pêle-mêle dans une salle commune. Je voulais prier et me recueillir : les éclats de rire des jeunes gens, les cris des enfants, les bruyants entretiens, multipliaient mes distractions, et rendaient le recueillement impossible. L'avenir m'apparaissait sombre, vide, insupportable ; le découragement envahissait mon âme tout entière. L'année précédente à pareil jour, si l'on s'en souvient, M. Desgouts et moi, après une nuit passée sur la terre nue et humide de la forêt, nous nous étions à peine mis en marche que notre diacre se blessait cruellement au pied. Et, alors nous nous étions consolés ensemble, dans l'espérance qu'une année commencée sous les auspices de la croix serait nécessairement bonne et heureuse. Cette fois encore la croix se présentait à moi, dès les premières heures de l'année, mais elle paraissait plus lourde, maintenant que je me croyais seul pour la porter. Mais non je n'étais pas seul ! Oh ! béni soit Celui qui, après avoir bu lui-même jusqu'à la lie le calice d'amertume, mêle toujours quelque douceur dans celui qu'il nous présente à boire !

Vers le soir, j'étais étendu dans un coin, sur une pauvre natte, et, le cœur gros, je tâchais d'offrir au bon Dieu les peines de cette journée et toutes celles qu'il voudrait m'envoyer encore, lorsque je m'aperçus que des sauvages en grand nombre entraient dans la maison et se dirigeaient vers un même endroit à l'extrémité opposée. Quand ils s'en retournaient, leur visage était triste. Je demandai en ba-hnar, à une femme qui savait quelques mots de cette langue de quoi il s'agissait, et je crus comprendre que quelqu'un se mourait. Je me levai aussitôt, et suivis les visiteurs. Quelle ne fut pas mon émotion en voyant un enfant à la mamelle qui n'avait plus qu'un souffle de vie ! Vite, je me saisis d'une gourde d'eau qui me tomba sous la main, et je baptisai le petit mourant. L'heureux enfant ! il n'attendait que cette grâce pour expirer ; une ou deux minutes plus tard, son âme s'envolait au ciel. « Bon voyage, « lui dis-je, ô petit ange ; mais du moins là-« haut, souviens-toi de moi ! » Est-il nécessaire d'ajouter que ma tentation avait disparu ? Je regagnai ma natte, et mes yeux versèrent un torrent de larmes, larmes de bonheur et de reconnaissance. « J'ai sauvé une âme, me répé-« tais-je, j'ai sauvé une âme, rachetée par « tout le sang de Jésus-Christ. » Et je pensais à la France, à ma mère, à mon père, à mes frères et sœurs, à toutes les tribulations par lesquelles j'avais déjà passé sur terre et sur mer, et je me disais : « Toutes mes peines sont

« bien payées ; j'ai sauvé une âme ! Soyez béni,
« ô mon Dieu, oui, soyez éternellement béni ! »

Cette année, la récolte du riz avait manqué, de sorte que, peu de temps après mon arrivée à Kon-Trang, les habitants n'en avaient déjà plus. En France, la disette de blé mettrait la désolation dans le peuple, parce que chez nous si le blé manque tout à fait, la famine arrive avec toutes ses horreurs. Mais dans ces pays sauvages, la perte de la moisson effraye médiocrement la population. En cas de pénurie, la forêt devient leur ressource. Une foule de lianes et de petits arbrisseaux ont des racines farineuses qui rappellent un peu la pomme de terre. Quoique très fades et sans grande valeur nutritive, ces racines suffisent à la rigueur pour entretenir non seulement la vie, mais même la santé et les forces. Kon-Trang donc n'avait presque pas de riz ; mais non loin de là, sur la rivière Po-Ko, il y a un grand village nommé Ha-Mong qui, cette année, avait fait bonne récolte. Il fut mon grenier d'abondance. J'y allais de temps en temps ; j'achetais du riz déjà pilé et tout prêt à cuire, et je l'apportais sur le dos, dans ma hotte. Une vieille femme de la maison cuisait chaque jour mon riz, et pour la récompenser de ce petit service, je la nourrissais. Cette pauvre femme qui, comme les autres, souffrait de la faim, et qui n'avait plus guère la force de creuser la terre de la forêt pour se procurer des racines, était tout heureuse de cette bonne fortune. Elle s'attacha à moi, et m'affectionna comme son propre fils. Plus tard, quand je sus assez la langue pour me faire comprendre, je lui parlai du bon Dieu et elle se fit chrétienne.

L'étude du se-dang fut mon occupation ordinaire pendant la première année. Tous les matins et tous les soirs, à l'heure où les sauvages sont rarement absents, je montais à la maison commune pour tâcher de recueillir quelques mots nouveaux et m'exercer à employer ceux que je connaissais déjà. Tout ce que j'ai dit plus haut des difficultés de l'étude du ba-hnar, je puis le dire à plus forte raison de celle du se-dang, car à Ko-Xam nous étions plusieurs à lutter ensemble contre ces difficultés et nous pouvions nous entr'aider, tandis qu'ici j'étais tout seul. Le jour, pendant que les sauvages étaient dans leurs champs, je m'en allais errer, dans la grande forêt qui environne Kon-Trang. Mes réflexions, dans ces promenades solitaires, prenaient quelquefois, je l'avoue à ma honte, une couleur assez sombre. Sauf un jour ou deux de chaque mois que j'allais passer avec mes confrères, j'étais tout le reste du temps seul, sans messe, sans rien d'extérieur qui me rappelât un peu Jésus-Christ et son service. J'ai pleuré plus d'une fois : que le bon Dieu me le pardonne ! Mais cette tristesse ne durait jamais longtemps, et ces larmes n'étaient pas sans consolation. La pensée que toutes mes peines n'étaient qu'un apanage de ma belle vocation revenait me fortifier, et puis mon bréviaire, mon seul et dernier compagnon, ne m'abandonnait jamais. Je le récitais au pied de quelque gros arbre de la forêt, et la joie retrouvait le chemin de mon cœur.

Le maître de cette grande maison où je logeais s'appelait Lam. C'est un des sauvages les plus intelligents que j'aie jamais rencontrés. Il avait deux fils nommé Ngam et Ngui. Dans les maisons des sauvages, il n'y a d'appartements sparés que pour les gens de la famille qui sont mariés. Mais Lam était veuf. Aussi, la nuit, nous nous placions sur deux nattes aux côtés opposés du même feu, et il m'enseignait la langue se-dang. Souvent quand je récitais mes prières, que je faisais ma méditation, ou quelque lecture pieuse, je le surprenais à me considérer attentivement avec un certain air de respect. Je priais alors le bon Dieu, du fond de mon cœur, d'éclairer cette pauvre âme. Ses deux fils, surtout Ngui le plus jeune, semblaient également attentifs à tout ce que je faisais. Quelques mois après mon arrivée à Kon-Trang, lorsque je commençais à parler un peu sa langue, Lam m'interrogeait souvent sur mon pays, sur mes parents, sur le but que je m'étais proposé en m'éloignant de tout ce qui m'est cher. « Avez-« vous encore votre père et votre mère? — Oui. — « Avez-vous encore des frères et des sœurs? — « Oui. — Mais alors pourquoi les avez-vous aban-« donnés? — Pour venir vous instruire, vous « faire éviter l'enfer, vous aider à monter au « ciel. — Mais plus tard retournerez-vous dans

« votre pays. — Je veux rester ici jusqu'à la mort.
« — Mais alors vous êtes un ingrat ! Vous n'ai-
« miez pas votre mère. — Maintenant tu ne
« comprends pas ces choses. Quand je saurai
« assez la langue et que je te ferai connaître le
« bon Dieu, alors tu comprendras ce qui main-
« tenant est un mystère pour toi. Seulement ne
« me dis plus que je n'aime pas ma mère, parce
« que cela me fait mal au cœur. » Il se taisait
alors, mais sa mine étonnée semblait dire :
« Que signifie tout cela, c'est bien étrange. »

Dès que je fus assez savant pour me faire à
peu près comprendre, je me mis à accompagner
les sauvages, dans les voyages que leur petit
commerce les oblige de faire chez les Se-Dang
forgerons, car, bien que Kon-Trang appar-
tienne à cette même tribu, ses habitants ne
s'occupent ni d'extraire le fer ni de le forger.
Je veux raconter ici un petit voyage que je fis
à un village nommé To-Proh. Mais auparavant il faut qu'on sache que, parmi les innom-
brables superstitions des Se-Dang, l'une des
plus enracinées est la croyance au chant des
oiseaux. Ce ne sont pas indifféremment tous
les oiseaux qui ont un chant prophétique; il
n'y a guère qu'une espèce dont la voix ait la
vertu de pronostiquer les événements. Ces petits
devins ailés sont toujours cinq ou six ensemble,
et leur chant est tout à fait curieux. Chacun
d'eux crie de son côté, sur un ton différent, et
en parfait désaccord avec les autres, de sorte
que leurs voix réunies forment une insuppor-

table cacophonie. Suivant qu'ils chantent devant ou derrière le voyageur, à sa gauche ou à sa droite, etc., etc., cela signifie : ou qu'on est menacé d'un malheur si l'on continue son chemin, ou qu'on tirera un grand profit de son voyage, ou enfin d'autres choses infiniment variées.

Donc un jour je me joignis à cinq ou six sauvages, qui allaient à To-Proh. Pendant la route, mes hommes furent enchantés des présages heureux que les oiseaux annonçaient. Nous les entendîmes très souvent le long du chemin, et leur chant, par un hasard assez rare, ne démentit pas une seule fois l'heureuse fortune qu'il avait pronostiqué d'abord. On va voir comment notre voyage fut en effet des plus agréables. Nous arrivâmes à To-Proh un peu avant le coucher du soleil. La première chose que les habitants nous crièrent de l'intérieur de la palissade, c'est qu'ils étaient *dieng* et que nous ne pouvions pas entrer. «Mais, dit un de « mes compagnons, nos oiseaux ont été très « favorables. — C'est fort extraordinaire, « répondirent-ils; mais le fait est que nous « sommes *dieng* et très grandement *dieng*. « Non seulement vous ne pouvez pas entrer, « mais nous ne pouvons pas même vous donner « du riz, et de plus nous sommes *dieng* pour « trois jours. » Mes hommes n'y comprenaient rien, et grande était leur stupéfaction, mais ils avaient bien le temps de s'étonner encore, car nous n'étions pas au bout de nos peines.

Voyant que nous ne pouvions pas être reçus dans ce village, et qu'il était parfaitement inutile d'attendre, le ventre creux et logés à la belle étoile, puisque la défense d'entrer devait durer trois jours, notre bande vira de bord et revint sur ses pas, pour demander l'hospitalité à l'un des villages sur la route.

A l'entrée de la nuit nous frappions à la porte de Ho-Gang. « Nous sommes *dieng*, » nous répondit-on sans ouvrir la palissade. La pluie commençait à tomber ; nous marchâmes encore au moins une heure et demie avant d'arriver à Ko-Dem. Nouvelle déception ; Ko-Dem aussi était *dieng*. La pluie augmentait et nous étions mouillés jusqu'aux os. Ajoutez que la nuit était très obscure, et que, tout ce pays étant rempli de sangsues, nos pieds, nos jambes, et bientôt nos corps tout entiers furent couverts de ces cruelles buveuses de sang. Pour comble de bonheur, la pluie déjà forte devint torrentielle ; nos torches de bois sec s'éteignirent ; des éclairs redoublés nous éblouissaient au point de nous aveugler. — Impossible de continuer notre marche. Nous étions arrêtés depuis quelques instants lorsqu'à la lueur des éclairs, un de mes compagnons aperçut la hutte à moitié détruite d'un champ abandonné. Un coin seulement était encore couvert de chaume ; nous nous y blottîmes comme nous pûmes. J'étais tellement harassé que, malgré mes habits trempés d'eau, malgré les sangsues qui me dévoraient tout le corps, je m'endormis. Après une ou deux heures d'un lourd sommeil, le froid me réveilla. Mes compagnons avaient allumé du feu dans le coin abrité de la hutte, et étaient occupés à cuire une grosse citrouille, que le pied de l'un d'entre eux avait heurté à quelques pas de la hutte. Ils me dirent que le tigre était venu nous visiter, mais que notre feu lui avait fait peur. Je donnai un coup de dent à ma part de citrouille. Elle était à peine mangeable, mais l'appétit fait passer sur bien des objections. Enfin le jour parut, et nous pûmes nous remettre en route. Un grand ruisseau que nous avions à traverser faillit nous engloutir tous, tant la pluie en avait grossi les eaux. Il était dix heures du matin quand nous arrivâmes à Kon-Trang. Depuis lors, chaque fois que je rencontrais un de mes compagnons d'infortune, je lui disais : « Eh bien, crois-tu encore à la science des « oiseaux? Pour moi je n'y croyais pas autre- « fois; mais vraiment, depuis notre voyage à « To-Proh, je suis tenté d'y ajouter foi. »

A la suite de cette expédition, j'eus une dyssenterie qui faillit m'emporter en quatre ou cinq jours. La maison de Lam contenait, comme je l'ai dit, une cinquantaine de personnes, installées pêle-mêle, et je n'avais pas un coin à moi. J'étais condamné à passer tout le jour et la nuit au milieu de ces pauvres sauvages, et constamment sous leurs yeux. On peut se faire une idée de ma pénible situation, tant que dura la maladie. Un jour, j'eus besoin de sortir une quarantaine de fois. Or, à chaque fois, pour ne pas choquer grossièrement **les convenances** telles que les comprennent nos sauvages, il me fallait, malgré mon extrême faiblesse, me traîner hors du village jusque dans la forêt. Enfin, à bout de forces, je ne pus regagner le logis, et je passai une journée dans les bois, étendu sur la terre, et sans une goutte d'eau. Quant à la nourriture, non seulement je n'en sentais pas le besoin, mais encore j'en avais horreur. Les sauvages, me voyant dans cet état, pensèrent que j'allais mourir et furent saisis d'épouvante. Ils croient aux revenants, et en ont une frayeur extrême ; mais un étranger si extraordinaire, mourant chez eux, serait sans aucun doute un revenant bien plus terrible que les autres. Dans cette inquiétude, ils vinrent à plusieurs reprises, et en grand nombre me conjurer de ne pas leur en vouloir après ma mort. « Nous sommes bien « affligés de votre maladie, me dirent-ils, mais « si elle vous emporte, ayez pitié de nous, ne « nous faites pas peur. » Je pouvais à peine respirer, et cependant j'étais obligé d'écouter leurs puériles supplications et de les rassurer de mon mieux. Mais au fond de l'âme, une pensée bien différente m'occupait : je me sentais mourir, et j'allai mourir seul, sans l'assistance d'un prêtre ! Je renouvelai, du fond de mon âme, un acte de résignation absolue à la volonté divine, et le bon Dieu eut pitié de moi.

Aucun de mes confrères ne savait que je fusse malade, et néanmoins, au moment où je me

croyais à l'extrémité, où j'avais perdu **tout**
espoir de guérison, je vis arriver M. Combes.
Son ange gardien lui avait dit sans doute que
j'avais besoin de lui, et il était venu sans autre
intention que celle de visiter un confrère qu'il
croyait bien portant. Je ne puis exprimer l'impression que sa vue produisit en moi ; c'est cette
impression, j'en suis persuadé, qui causa ma
subite guérison. En voyant mon état il ne put
retenir ses larmes, et comprenant la cause de
mon émotion, ému lui-même, il s'écria : « Oh !
« mon Dieu, que vous êtes bon ! — Oh ! oui,
« répondis-je, Dieu est bon ! » Depuis cinq ou
six jours je n'avais pris aucune nourriture.
M. Combes fit un bouillie de farine de riz. Je
mangeai avec appétit, et le lendemain j'étais
bien portant.

Je ne finirais pas si je voulais raconter tant
d'autres circonstances, où la toute aimable
Providence m'a assisté, secouru, sauvé, consolé,
réjoui. Encore un petite histoire cependant
avant de finir ce chapitre. Dans les premières
semaines de mon séjour à Kon-Trang, on me
dit que l'eau que nous buvions venait d'un très
joli étang, situé à peu de distance dans la
forêt, et j'eus la curiosité d'aller le voir. J'ignorais que les sauvages avaient dressé des pièges
tout autour de cet étang, comme ils ont l'habitude de le faire auprès des eaux fraîches et
limpides, pour prendre les cerfs qui viennent
s'y désaltérer. Inutile de décrire en détail ces
pièges à cerfs. Je dirai seulement qu'on enferme

l'étang d'une haie assez épaisse, en laissant de distance en distance des ouvertures ou portes pour le passage de ces animaux. A chacune de ces portes, on place horizontalement un fil presque invisible à l'œil, de manière qu'il soit très difficile d'entrer ou de sortir sans le heurter. Ce fil à peine touché fait partir un ressort, qui lance avec violence un bambou aiguisé, capable de traverser de part en part le corps d'un gros buffle. A côté de ces pièges les sauvages placent des signaux qui en indiquent la présence ; et chacun étant ainsi averti du danger, rarement quelqu'un y tombe. Mais moi qui ne connaissais pas encore leurs usages, ni la signification de leurs signaux, je m'engageai dans le péril avec la plus grande sécurité. J'entrai par une des ouvertures, et après avoir considéré l'étang à loisir, je repassai encore par le même chemin. J'étais à peine sorti qu'un sauvage, tout haletant et le visage décomposé, se présente à moi. C'était lui qui avait préparé les pièges. Une femme qui m'avait vu marcher dans cette direction, n'osant pas me parler, avait couru lui dire que j'étais à me promener près de l'étang : « Êtes-vous arrivé jusqu'à « l'eau ? me demanda-t-il. — Mais oui, et pour- « quoi pas ? — Venez voir » ; et il me conduisit jusqu'à l'endroit qui m'avait servi de porte. Il toucha le fil du bout d'un bâton ; le bambou partit et je devins pâle de frayeur. Comment avais-je fait pour passer et repasser par là sans y laisser la vie ? Tant pis pour ceux qui ne ver-

raient en ceci qu'un coup de hasard ; je les
plains. Pour moi, j'y ai vu le doigt de Dieu, je
l'en ai remercié et le remercie encore de tout
mon cœur.

CHAPITRE XI

M. COMBES A KO-XAM. — UNE JOURNÉE DE BÉNÉDIC-
TIONS. — ARRIVÉE DE M. ARNOUX.

Sur quatre missionnaires que nous étions
alors au pays des Ba-Hnars, deux seulement
jouissaient de la précieuse faveur de célébrer
chaque jour la sainte messe : M. Combes à Ko-
Xam et M. Desgouts à Ro-Haï. M. Fontaine et
moi, réduits, chacun de notre côté, à vivre jour
et nuit dans les maisons de sauvages infidèles,
n'avions ce bonheur qu'une fois par mois, alors
que nous allions nous confesser. Souvent, dans
ma solitude, je trouvais ce mois bien long : je
comptais les jours, et je me répétais : « Encore
« tant de jours, et je monterai au saint autel, et
« je verrai mes confrères. » Ro-Haï, comme point
central, était ordinairement le lieu de notre
réunion. C'est là que nous nous racontions nos
peines, nos travaux, nos études, nos espérances.
C'est là aussi que nous faisions provision de
force et de courage, afin de mieux supporter

les croix du mois suivant.Pourmoique la vertu
et la douce bonté de M. Combes attachaient à
lui d'une manière toute particulière,rarement
Ro-Haïétait le terme de mon voyage; et je pous-
sais ordinairement jusqu'à Ko-Xam,et je suivais avec un vif intérêt les progrès lents,il est
vrai, mais néanmoins sensibles de l'œuvre de
Dieu dans ce village.

Lorsque M.Combes sut passablement parler
ba-hnar, ce qui fut l'affaire de quelques mois,
les sauvages commencèrent à avoir un commerce de plus en plus assidu avec lui.Ils ne
furent pas longtemps sans reconnaître la fausseté des calomnies que le fameux Diong-Dia
avait débitées sur notre compte.Plus on avait
eu peur de nous,et plus alors on eut confiance,
à ce point que les habitants de Ko-Xam invi-
tèrent d'eux-mêmes M. Combes à abandonner
notre maison de la forêt,pour venir s'installer
au milieu du village. Le bon Hmur triomphait
en voyant ses compatriotes partager enfin ses
sentiments à notre égard.M.Combes pensa que
le moment était venu de mettre à exécution le
vœu qu'il avait fait jadis sur mer. Lorsque les
pirates chinois attaquèrent sa jonque,et lui as-
sénèrent un coup de sabre dont il porta toujours la cicatrice,il avait promis,s'il échappait
à la mort,de dédier sous le vocable de *Notre-
Dame de la Délivrance*, la première mission
qu'il fonderaitchez les sauvages.Il s'était muni
à cet effet de l'autorisation de Mgr Cuenot.Lors
donc que les habitants de Ko-Xam lui bâtirent

eux-mêmes une maison dans l'enceinte de leur village, il tint sa parole, et mit solennellement la maison et le village sous la protection de la sainte Vierge. Depuis lors, Ko-Xam porte le nom de Mission de Notre-Dame de la Délivrance. Il n'y avait pas encore d'adorateurs du vrai Dieu dans ce cher village, mais c'était à tout le moins une prise de possession. C'était le moyen de faire une sainte violence à la Mère de Dieu, de la forcer, pour ainsi dire, de se créer des serviteurs dans cette mission qu'on lui donnait. Ceci se passait vers le milieu de l'année 1852. A cette même époque, Mgr Cuenot appela le diacre Do en Annam, afin qu'il se préparât au sacerdoce. Il resta à peu près un an chez Sa Grandeur, et revint prêtre chez les sauvages, où nous le retrouverons.

J'ai dit ailleurs que la distance de Kon-Trang à Ko-Xam est d'une forte journée de marche; encore faut-il avoir les jambes solides pour parcourir cet espace de terrain en un jour. J'en venais généralement à bout, car, après la dysenterie qui faillit me coûter la vie, je n'avais plus la fièvre que de loin en loin, et j'avais recouvré une partie de mes anciennes forces. Qu'on ne s'imagine pas cependant que ces voyages à travers les forêts, par des sentiers à peine visibles, sont des parties de plaisir; ils sont toujours très pénibles, et peuvent devenir dangereux lorsqu'on les entreprend seul et sans compagnon. Il y a d'abord les blessures qu'on se fait toujours en chemin, quelque précaution que l'on prenne. Je puis assurer que, pendant plusieurs années, mes pieds et mes jambes n'ont pas été un jour sans plaies, car sous ce climat humide et malsain, la moindre égratignure devient de suite une plaie, et celle-ci n'est pas encore guérie qu'on se blesse de nouveau. Ensuite vient le chapitre des accidents. Un jour, par exemple, j'allais voir M. Combes, lorsque vers midi, en un endroit éloigné de tout village, je me donnai une entorse. Pendant quelques instants, je pus encore marcher un peu, mais après un quart d'heure d'arrêt à côté d'un filet d'eau pour prendre mon repas, je voulus inutilement me remettre en chemin. Que faire ? me reposer en attendant la guérison ? mais cela pouvait être une affaire de huit jours aussi bien que de deux heures ; d'ailleurs je venais de manger mon dernier grain de riz. La nécessité rend industrieux. Je barrai le ruisseau, et j'y plaçai un morceau de bambou de façon à former une petite chute d'eau ; je me traînai dessous, et là, assis dans la boue, pendant plus d'une heure et demie, je soutins mon pied malade sous l'eau qui tombait en forme de douche. La douleur était presque insupportable, mais l'expédient réussit ; les nerfs reprirent leur élasticité, et je pus continuer mon chemin.

Je ne songe nullement à raconter tous les accidents qui me sont arrivés. Cependant, au risque d'ennuyer le lecteur, je parlerai encore d'une autre journée de voyage qui fut vraiment une journée de bénédictions, car elle fut remplie de ces croix que le bon Dieu nous envoie dans son amour. Elle fait date dans ma vie, et tous les détails en sont restés vivants dans ma mémoire.

Il y avait un mois que je vivais solitaire, et le moment était venu d'aller visiter mes confrères. A peine le jour commençait-il à poindre, que j'étais déjà prêt à me mettre en route. Dans la maison, tous dormaient encore d'un profond sommeil. Attendre leur réveil et déjeuner avant de partir eût été plus sage, mais mon impatience ne put s'y résoudre. Au fond d'une écuelle, il y avait quelques grains de riz, restes du dernier repas ; j'en pris plein la main, et je les mangeai en traversant la place publique du village. « J'aurai peut-être un peu faim, pensai- « je, mais l'idée que je vais voir mes confrères « me donnera des jambes, » et me voilà parti. J'étais à cette époque redevenu fort, les courses d'une ou de deux journées ne m'effrayaient guère, et d'ailleurs je comptais arriver vers midi. Pendant la première partie de la matinée, tout alla bien ; j'arpentais le terrain à ravir. Vers les dix heures du matin, j'arrivai dans un endroit où les sauvages venaient d'abattre la forêt, précisément sur le chemin que je suivais d'ordinaire. Quand je parle de chemins, cela doit s'entendre de sentiers presque invisibles à l'œil nu, et tels que si l'on cesse de quinze jours de les fréquenter, ils n'existent plus. En faisant le tour de cet abatis, je risquais de ne plus retrouver mon sentier. Pour plus de sûreté,

je voulus continuer à le suivre à travers l'abatis
même. Me voilà donc engagé dans un labyrinthe
de gros arbres renversés, m'ouvrant un passage
entre leurs branches, en escaladant leurs troncs
superposés. En m'aidant des pieds et des mains,
je parvins à en sortir, mais malgré toute mon
attention, j'avais perdu de vue mon chemin.

Dans une forêt qu'on ne connaît pas bien, rien
n'est dangereux comme de s'éloigner du sentier.
On est sûr de ne savoir plus ensuite s'orienter
et de marcher à l'aventure. C'est ce qui m'arriva. Je fis bien des pas inutiles, et après avoir
perdu deux heures précieuses, j'eus la bonne
fortune de me trouver près d'un ruisseau, sur
les bords duquel, dans un précédent voyage, je
m'étais arrêté pour manger mon riz. Mais cette
fois, grâce à l'impatience qui m'avait fait partir
trop tôt, je n'eus pour toute nourriture à midi
que ce soulagement intérieur qu'on éprouve à
se retrouver dans le bon chemin après l'avoir
perdu; soulagement délicieux, il est vrai, mais
nourriture excessivement légère. Après quelques instants de repos, je me remis en marche,
et vers les deux heures après midi, j'étais
arrivé au village de Ho-Ngo. Il ne me restait
plus à faire qu'environ un quart du chemin
total de Kon-Trang à Ro-Hai. La faim commençait à se faire vivement sentir, mais je me
disais que je souperais avec bien plus d'appétit;
et je pensais au plaisir de revoir mes confrères.

Un peu plus loin, mon chemin se bifurquait.
Je réfléchis, j'examinai, je rassemblai mes

souvenirs, je finis par me convaincre qu'il fallait appuyer à droite. J'avais déjà marché longtemps dans cette direction, lorsque je reconnus mon erreur. Que faire? revenir sur mes pas? la pensée de refaire un aussi long chemin m'effraya. « Il vaut mieux, pensai-je, « prendre à la traverse, pour retrouver le vrai « sentier à cette hauteur; aussi bien, il ne doit « pas être très loin d'ici. » Mauvais calcul, je l'ai reconnu alors et bien des fois depuis. Le plus court chemin, c'est celui qu'on sait le mieux. Enfin, le bon Dieu permettait que pendant toute cette journée je ne fisse qu'erreur sur erreur. A l'endroit où je quittai le sentier, la forêt était très belle; point de broussailles, de grands arbres clairsemés. Mais à quelque distance, je vis se lever devant moi une barrière de hautes herbes entrelacées de ronces et d'épines. Je m'y enfonçai tête baissée. J'avançais comme je pouvais, tantôt debout, tantôt en rampant. Soudain je fus saisi d'une vive frayeur; je venais de m'apercevoir que, tout autour de moi, le terrain était semé de pièges à sanglier. « Mon Dieu, venez à mon secours! « ô ma Mère! ô Marie! Sauvez-moi du danger! » Telles furent les invocations que je répétai pendant un quart d'heure, tout en continuant mon chemin, et jetant les yeux de tous côtés afin d'apercevoir les pièges à temps. Dans un moment où, les genoux à terre, et m'aidant de la tête et des mains, je m'ouvrais un passage à travers un fourré plus épais, j'entendis un gros animal qui se levait à quelques pas de moi, pour fuir. Etait-ce un sanglier ou un tigre? Je n'en sais rien. Mais je crus reconnaître que c'était l'un ou l'autre à sa manière de prendre le large.

Environ une heure après, j'eus la joie de trouver le bon chemin, et d'arriver au village de Ro-Bang. Il était quatre heures du soir. « Encore une heure de marche, me disais-je, « et je me reposerai. » Depuis midi, je n'avais pas rencontré une seule goutte d'eau; ma soif était dévorante. Je m'approchai d'une maison de Ro-Bang, et voyant une femme sur la porte, je lui demandai un peu d'eau. Elle refusa. Ce refus me fit du bien, car il me fit penser à la soif de Jésus-Christ, et le souvenir des souffrances de Notre-Seigneur est toujours une force et un encouragement. Après avoir passé Ro-Bang, je m'égarai encore, et cette fois pour tout de bon, car, non seulement je perdis tout chemin, mais je ne savais même plus quelle direction suivre; j'étais absolument désorienté. Je marchai sur des terrains de toute espèce : bois de haute futaie, grandes herbes, broussailles, marais à m'embourber jusqu'à la ceinture. Cependant le soleil baissait. Mes genoux tremblaient sous moi; j'étais trempé de sueur, d'eau et de boue, et j'avançais toujours sans savoir où j'allais. Je voulus grimper sur un grand arbre pour m'orienter un peu; vains efforts, j'étais trop faible. Je m'arrêtais pour écouter, mais je n'entendais rien que le silence solennel de la forêt.

et, vers le coucher du soleil, quelques tourterelles solitaires qui roucoulaient leur prière du soir.

Enfin les ombres s'épaissirent sur la forêt, la nuit était venue. Il y avait à côté de moi un arbre déraciné et couché par terre, je m'assis tout auprès. « Si j'avais au moins, pensai-je, un peu « de feu pour sécher mes habits, et empêcher « mon corps en sueur de se glacer ! Oh ! mon « Dieu ! mon Dieu ! si j'avais un peu de feu ! » Dans ma hotte se trouvaient mon bréviaire, ma pipe, mon briquet et un petit morceau d'amadou. Je ramassai avec soin quelques feuilles sèches, je les broyai bien menu, et tremblant de ne pas réussir, car j'étais encore alors novice dans le métier, je battis le briquet. L'amadou prit feu, mais il était en trop petite quantité, et il se consuma avant d'avoir pu communiquer le feu à mes feuilles. Avec la dernière étincelle s'évanouit ma dernière espérance. Alors en voyant que tout me faisait défaut, je ne sais quel transport de joie surnaturelle s'empara de tout mon être. Ne pouvant contenir mon bonheur, je me levai et me mis à chanter de toutes mes forces :

<blockquote>
Bénissons à jamais
Le Seigneur dans ses bienfaits !
</blockquote>

et les echos répétèrent : « ..... à jamais..... ses bienfaits. » J'invitai tous mes compagnons de la forêt, les animaux sauvages, à s'unir à moi pour louer Dieu, parce que sa miséricorde est

éternelle. « O mon Dieu ! répétai-je plusieurs
« fois, dans cet absolu dénûment me recon-
« naissez-vous un peu pour votre mission-
« naire ? » J'ajoutai une foule d'extravagances
qu'il est inutile de rapporter, et je pleurai de
bonheur. Ma prière du soir fut courte ; je n'en
pouvais plus de fatigue. Étendu tout de mon
long sur le dos, je contemplai un moment le
ciel qui, cette nuit-là, était couvert de bril-
lantes étoiles ; je dis à la bonne Mère de défendre aux tigres d'approcher trop près de moi,
et je m'endormis auprès de l'arbre déraciné.

Mon sommeil fut troublé par des rêves sinis-
tres, et je me réveillai de bonne heure. Quand
je voulus me relever, mes membres étaient
raides comme du bois sec ; à peine pouvais-je
mettre une jambe devant l'autre. Mais cet en-
gourdissement disparut peu à peu, à mesure
que le mouvement du corps fit circuler le sang.
Le matin, le bon Dieu me donna à déjeuner.
Une citrouille, à moitié rongée par quelque
singe, me tomba sous la main. Je ne l'aurais pas
donnée pour son pesant d'or. Je la dévorai avi-
dement, peau, pulpe, graines, etc... même les
bords grignotés par les dents du singe et à
moitié pourris. Mon déjeuner terminé, j'examinai la situation. J'avoue que mon enthousiasme de la veille avait considérablement
baissé. J'étais triste, mais non découragé ; j'é-
tais affligé, et cependant je me sentais auprès
du bon Dieu. Ne sachant pas où je me trouvais,
je me mis en marche au hasard en disant à

haute voix : « A la garde de Dieu et de la
« vierge Marie sa mère ! »

Depuis longtemps déjà, je marchais à travers
les broussailles, quand, à mon grand désappointement, je me retrouvai au point de départ,
à l'arbre déraciné près duquel j'avais passé la
nuit. On parle quelquefois de cercle vicieux, en
voilà un s'il en fut jamais. J'essayai de nouveau de monter sur un arbre, et cette fois je fus
plus heureux que la veille ; arrivé au sommet,
je reconnus que j'avais dépassé le but de mon
voyage, et que j'étais à l'est de Ro-Haï. Quelques instants après, je trouvai un petit sentier
et la trace encore fraîche des pas d'un homme.
Ce petit sentier me conduisit à un étang où
deux sauvages pêchaient à la ligne, mais dès
qu'ils me virent sortir de la forêt, ils s'enfui-
rent à toutes jambes. Je les appelai à plusieurs
reprises. L'un d'eux ralentit sa marche, puis
s'arrêta, et quand je l'eus atteint, consentit à
me guider jusqu'à notre maison de Ro-Haï où
j'arrivai plus mort que vif, vers les neuf heures
du matin. C'était un dimanche de carême.

Que Dieu est bon ! que Dieu est bon ! Toutes
les misères que je venais d'éprouver, il les
avait permises pour me faire apprécier plus
vivement la grande joie qui m'attendait. A mon
arrivée, je ne rencontrai à la maison aucun de
mes confrères. Je m'étendis sur une natte, et
comme nos jeunes gens annamites qui gardaient le logis, intrigués de me voir paraître
de si bonne heure, me demandaient où j'avais

passé la nuit ; je leur racontai tout au long mes aventures. J'avais à peu près fini ma narration, quand il me sembla entendre fredonner très bas l'air connu : « *Par la voix du canon d'alarme !* » Étonné, je me mis sur mon séant et j'ouvris l'oreille ; la voix s'était tue. « Quelle « étrange illusion ! » me dis-je, et je me laissai retomber sur la natte. Un moment après, j'entendis de nouveau et plus distinctement : « *Par* « *la voix du canon d'alarme !* — « Pour le coup, « m'écriai-je, ce n'est pas une illusion, » et d'un bond malgré ma faiblesse, je sautai jusqu'à la porte de l'unique chambre qui composait la maison, et j'aperçus : qui ? M. Arnoux que je ne savais pas encore venu chez les sauvages. Il était arrivé d'Annam la veille, et notre provicaire me l'envoyait pour compagnon. Je l'avais beaucoup connu à Paris, au séminaire des Missions-Étrangères.

Dire le bonheur que j'éprouvai en ce moment n'est pas possible. J'oubliai soudain toutes mes peines et toutes mes fatigues. En nous quittant à Paris et en nous embrassant, nous nous étions dit : « Au revoir chez les sauvages. » Et maintenant nous nous embrassions sur la terre des sauvages. « Je n'ai pas voulu troubler « votre narration, me dit-il en riant de tout « son cœur, j'étais charmé d'écouter jusqu'au « bout l'histoire de vos exploits. Mais je crois « que M. Combes m'adresse mal ; si vous ne « savez pas mieux trouver votre chemin, vous « serez un assez mauvais guide. Vous n'avez

« pas oublié que si un aveugle conduit un
« autre aveugle, tous deux tombent dans le
« fossé. Cependant vive la joie ! et laissez-moi
« vous raconter à mon tour quelques fraîches
« histoires de la France. » Nous nous assîmes
sur la même natte, et commençâmes une longue
conversation.

CHAPITRE XII

M. ARNOUX COMPAGNON DE M. DOURISBOURE A KON-
TRANG. — SON DÉPART. — MM. FONTAINE ET
DESGOUTS SONT ENVOYÉS DANS LE SUD.

M. Arnoux était de Besançou, diocèse riche
en hommes apostoliques, et qui a toujours
fourni un large contingent d'ouvriers à la Société des Missions-Étrangères. Il était compa-
triote, et je crois même, parent éloigné de
notre vicaire apostolique, Mgr Cuenot. Pendant son séjour au séminaire des Missions, il
avait été, d'avance, destiné à la mission des
sauvages, et comme il avait une aptitude particulière pour les mathématiques et les sciences
naturelles, les directeurs du séminaire demandèrent pour lui l'autorisation de suivre les
cours de l'école des Mines. Le pays qu'il devait
évangéliser étant complètement inconnu des

Européens, on voulait, par des études spéciales, le mettre à même de rendre plus tard des services sérieux à la science. Ses professeurs charmés de son talent, voulurent souvent l'attacher d'une manière définitive à des études où ils le voyaient capable de faire les plus grands progrès. Ils lui firent des offres flatteuses, et lui laissèrent entrevoir un brillant avenir dans le monde; mais, à leur grand étonnement, le jeune missionnaire ne fut pas un instant ébranlé dans sa résolution. Ces savants ne connaissaient pas le don de Dieu, ni le victorieux amour de celui qui dit à ses apôtres : « Suis-moi. »

M. Arnoux et moi étions de vieux amis. Arrivés tous les deux, encore laïques, au séminaire des Missions-Étrangères en 1846, nous y avions passé trois ans ensemble. Il y demeura un an de plus pour suivre les cours dont je viens de parler. A son arrivée au pays des sauvages, notre bon provicaire eut la charité de me le donner pour compagnon, et Dieu sait avec quelle joie je l'amenai à Kon-Trang. Il se mit de suite avec ardeur à l'étude de la langue, et à l'aide des quelques renseignements que je pouvais déjà lui donner, il fit de rapides progrès. Nous étions toujours logés dans la grande maison de Lam, et une seule et même natte nous servait de couche. Nous récitions ensemble notre bréviaire dans la forêt, et les peines inséparables de notre position nous semblaient légères, étant portées à deux.

Je profitais de nos promenades à travers les

bois pour le façonner à la vie sauvage, et lui
communiquer le peu d'expérience que j'avais
acquise avec tant de difficultés. Je lui faisais
connaître les diverses plantes, herbes et feuilles
d'arbres qui, en cas de besoin, peuvent servir
de nourriture. La leçon était de première utilité, car si l'on n'a pas une certaine habitude
de la chose, on court grand risque de se tromper
et de s'empoisonner. Pour les mets empruntés
au règne animal, il n'y a pas le même inconvénient ; la règle est très simple. Un jour que
je demandais à un sauvage de m'énumérer les
divers animaux dont lui et ses compagnons se
nourrissent, il se mit à rire et me dit : « J'aurai plus tôt fait de vous nommer ceux que nous
« ne mangeons pas. » Et il m'en nomma quatre.
« A part ces quatre, ajouta-t-il, nous man-
« geons tout ce qui bouge et se remue dans
« l'air, sur terre et dans l'eau. » Qu'on n'imagine pas cependant que, par là, il faille toujours entendre un animal vivant que l'on tue
au moment de le préparer, car qu'une bête
meure de maladie, qu'elle soit tuée par une
autre, qu'elle soit depuis longtemps en putréfaction, le sauvage la mange tout de même. Un
jour, je passais par la forêt ; un sauvage du
village de Dak-Ro-Ting, qui me connaissait,
m'appela de loin et m'invita très poliment à
partager son dîner ; il voulait me régaler, disait-il. Je me détournai de mon chemin et m'approchai de lui. Il était occupé à faire cuire son
repas dans un tube de bambou posé sur un

grand feu. Or, quel mets préparait-il ainsi ?
Ce fortuné mortel avait eu la chance de tomber
sur les restes d'un cerf en putréfaction. Il avait
délicatement ramassé un à un les vers qui pul-
lulaient dans cette pourriture infecte, et il en
avait rempli son tube, pour se procurer un
festin qui, à son goût, devait être un festin de
roi.

Au reste, ce que les sauvages mangent, nous
missionnaires, nous le mangeons aussi, à la
longue. Le plaisir de leur être agréable, la
compagnie, l'exemple, et surtout l'absence
complète de meilleurs mets, tout contribue à
détruire les préjugés de l'estomac et de l'éducation. Si l'on veut connaître quelques-unes
de ces raretés qui, de temps en temps, relèvent
le goût un peu fade de notre riz, je nommerai
les chiens, les rats, les souris, les singes, les
serpents et reptiles de toute espèce, les scor-
pions, les crapauds, etc... — Quoi ! même les
crapauds ! — Oui, certes, et, je vous le dirai
tout bas entre nous, c'est un mets excellent.
Enlevez le ventre pour ne pas manger les œufs
qui vous empoisonneraient, puis arrachez la
peau qui est couverte d'une liqueur vénéneuse,
et, ces précautions prises, mangez hardiment,
je vous assure que c'est exquis. — Cela prouve
simplement, dira peut-être le lecteur, que vous
êtes devenu aussi sauvage que vos néophytes.
— Au fait, c'est bien possible.

Mais je m'aperçois que ces appétissants détails sur l'art culinaire de nos sauvages m'ont

entraîné loin de mon sujet. J'y reviens. Les premiers mois de son séjour chez les Se-Dang, M. Arnoux paraissait être d'une santé très solide. Dans les courses que nous fîmes ensemble non seulement autour de Kon-Trang, mais même assez loin vers le nord, pour visiter les villages Se-Dang, il pouvait lutter avec moi pour la marche. Et ce n'est pas peu dire, car alors j'avais la réputation bien méritée de mettre aux abois tous mes compagnons de route. Nous nous égarâmes plus d'une fois dans la forêt, et lui qui s'était amusé sur mon compte, à propos de mon aventure la nuit de son arrivée, put, en pénitence, jouir à son aise des misères et des fatigues qui assaillent inévitablement le voyageur lorsqu'il perd son chemin. Pendant quelque temps, je le répète, mon confrère parut assez robuste, mais son estomac ne put résister au genre de nourriture auquel nous étions réduits. L'appétit disparut, et bientôt les forces l'abandonnèrent tout à fait. A peine avait-il pris quelques aliments, qu'il ressentait un violent malaise, souvent terminé par le vomissement. A cela vint ensuite se joindre la dysenterie, qui dura plusieurs mois, et le laissa dans un état pitoyable. J'admirais son courage, sa résignation, son abandon à la sainte volonté de Dieu. Il me dit un jour : « Je « n'en ai pas pour longtemps, et je crois bien « que, dans quinze ans d'ici, aucun des con- « frères qui sont à présent chez les sauvages « ne sera plus en vie. Je mets quinze ans uni-

« quement à cause de vous qui êtes très robuste,
« car les autres, et moi surtout, nous serons
« tous morts avant quelques années. »

Pauvre Père Arnoux ! sa prédiction s'est bien
vérifiée. Il est mort ; MM. Combes et Desgouts
sont morts ; quatre ou cinq autres missionnaires venus plus tard, morts aussi. M. Fontaine, se sentant mourir, a dû quitter le pays
des sauvages. Les quinze ans sont passés depuis longtemps, et je suis le seul survivant, et
mes infirmités de plus en plus multipliées, de
plus en plus graves, me font présager que moi
aussi je verrai bientôt la fin de mon pèlerinage. A la garde de Dieu !

M. Arnoux se remit un peu de cette première
maladie, mais il ne put jamais recouvrer entièrement la santé. Pendant l'année qu'il passa à
Kon-Trang, il fit de continuelles rechutes, et
à la fin son état empira tellement, qu'il fut
forcé de s'éloigner de moi. Avant de regagner
l'Annam, il voulut tenter une nouvelle expérience, et voir si son mal était ou non guéris-
sable dans le pays des sauvages. Dans ce but,
il séjourna quelques mois à Ko-Xam avec
notre provicaire, M. Combes. Ce ne fut qu'a-
près avoir perdu tout espoir de guérison qu'il
quitta cette terre des Ba-Hnars qu'il aimait
déjà tendrement, et nous dit un dernier adieu.
Nous ne devions plus le revoir en ce monde.

M. Combes avait alors auprès de lui un acolyte nommé Bao, son fidèle compagnon depuis
le premier voyage chez les sauvages. C'est à

lui qu'il confia le soin de reconduire M. Arnoux
en Cochinchine, auprès de Mgr Cuenot. Trois
ou quatre de nos Annamites les accompagnaient. Cet acolyte, devenu prêtre, a partagé
longtemps avec moi les travaux du saint ministère, et m'a souvent raconté les détails de cette
expédition, qui fut très longue et très pénible.
Sans parler des fatigues, des contre temps,
des accidents de toute sorte qu'ils éprouvèrent
dans les montagnes des Ba-Hnars, — alors que
M. Arnoux, à moitié mort, tantôt porté sur le
dos d'un sauvage, tantôt se traînant hors d'ha-
leine, et laissant échapper malgré lui des gémissements douloureux, fut pendant bien des
jours pour ses compagnons une continuelle
cause d'anxiété, — il est difficile d'imaginer
une position plus périlleuse que celle où ils se
trouvèrent en entrant dans la province de Binh-
Dinh, et lorsqu'ils se croyaient hors de danger.

Ils étaient arrivés à Tràm-Gô, en territoire
annamite, et par conséquent ne pouvaient plus
voyager de jour, à cause de la persécution.
Quand la nuit fut noire, ils se mirent en route
pour gagner la rivière où une barque les attendait; mais au moment de la rejoindre, ils se
trouvèrent cernés par deux bandes d'éléphants
à la fois. Il y avait en cet endroit un large
champ de riz presque mûr, et les éléphants,
attirés par l'appât du festin, s'y étaient donné
rendez-vous. Vers le milieu du champ, sur un
grand arbre, était perchée la hutte des gardiens, qui, à l'approche de ces terribles ani-

maux, cherchèrent à les effrayer en frappant leurs tam-tams. Nos voyageurs, réfugiés au pied de ce même arbre, osaient à peine respirer, car la compagnie du pauvre Père Arnoux, marchandise de contrebande s'il en fut jamais, leur faisait, en cette circonstance, redouter les hommes autant que les bêtes. Les éléphants sentirent bientôt qu'ils n'étaient pas seuls, et les deux bandes, se dirigeant chacune de son côté vers le lieu que leurs trompes leur indiquaient, se rapprochèrent l'une de l'autre. Grande alors fut la terreur de notre petite troupe. Les uns coururent se précipiter dans la rivière, celui qui portait le paquet de lettres le laissa tomber en fuyant. M. Arnoux trouva heureusement à se blottir dans une haie de ronces. Il paraît qu'un éléphant devina sa présence; mais sa trompe ayant rencontré des épines, il renonça à une proie qui devait lui coûter quelques piqûres. Cependant les gardiens frappèrent leurs tam-tams à coups si redoublés, qu'à la fin, les éléphants s'éloignèrent. Nos pauvres voyageurs étaient loin d'être sauvés. La nuit était d'une obscurité affreuse; ils s'étaient dispersés et ils n'osaient pas s'appeler réciproquement, les gardiens du champ les auraient entendus. Par un de ces coups providentiels qui sont toujours au service des missionnaires, M. Arnoux et l'acolyte, s'avançant à tâtons, vinrent se heurter l'un contre l'autre. On chercha pendant près d'une heure le paquet de lettres; le bon Dieu le fit retrouver aussi. Il était temps, car l'aurore commençait à poindre, et le grand ennemi des prêtres européens dans ces contrées, le soleil annamite, allait paraître. Lorsqu'il se montra à l'horizon, le missionnaire et ses compagnons de voyage étaient sains et saufs, cachés dans leur barque.

M. Arnoux arriva enfin, plus mort que vif, auprès de Mgr Cuenot, dont les soins empressés ne purent lui rendre la santé. On l'envoya à Singapour, où d'habiles médecins européens parvinrent à le rétablir ou à peu près. De là il se rendit en Basse-Cochinchine, et réussit à fonder un grand orphelinat pour les enfants des sauvages de cette mission. C'est à cette œuvre qu'il a consacré dix ou douze années d'une vie languissante et maladive, jusqu'au jour où il est allé s'éteindre d'épuisement à notre procure de Hong-Kong.

Quelque temps avant le départ de M. Arnoux, M. Fontaine reçut de Mgr Cuenot l'ordre de se rendre dans les missions que deux Pères annamites avaient commencées, beaucoup plus au sud, chez les sauvages Bo-Nong, et dans la partie méridionale de la tribu des Ja-Raï. Le nombre des conversions était très considérable, et ce pays donnait les plus belles espérances. Mais le triste état de la santé de M. Fontaine ne lui permit pas d'y demeurer. Il dut passer au Cambodge, de là à Siam, et enfin, réduit à la dernière extrémité par la dysenterie, il alla se rétablir en France. Depuis son retour, il est

resté en Basse-Cochinchine, maintenant la Cochinchine française (1).

M. Desgouts qui, depuis le départ du diacre
Do pour Annam, demeurait seul dans la maison
de Ro-Haï, avec le gros de la communauté, dut
aussi nous quitter, peu après M. Fontaine. Monseigneur savait que les élèves du bon Père passaient beaucoup plus de temps à soigner leur
gale, leurs fièvres et autres maladies qu'à étudier le latin ; d'un autre côté, toutes les nouvelles
des missions des Pères annamites faisaient
croire à l'établissement prochain d'une chrétienté florissante, où le séminaire aurait beaucoup plus de chances de succès. En conséquence,
ordre vint à M. Desgouts de partir pour le pays
des Bo-Nong, et d'emmener ses élèves avec lui.
Mais sa santé, profondément altérée, n'était
plus de force à subir un nouvel acclimatement,
et depuis lors jusqu'à sa mort, sa vie ne fut
qu'une agonie prolongée. Les fièvres et la
dysenterie le forcèrent d'aller chercher à Singapour les soins de médecins européens. Leur
science fut inutile, et peu de temps après, ce
cher confrère quitta définitivement la terre
d'exil pour la véritable patrie.

M. Combes et moi restions seuls dans la mission des sauvages. J'étais retombé dans l'isolement, mais les habitants de Kon-Trang consentirent enfin à me construire une maison, et

______

(1) M. Fontaine, retombé malade, rentra de nouveau
en France vers la fin de 1870, et mourut à Laval en
février 1871. (*Ed.*)

j'eus la consolation de dire régulièrement la
sainte messe. Ma vie devint beaucoup plus
supportable. Je n'avais plus la compagnie d'un
confrère, mais j'avais chaque jour la visite de
Jésus-Christ, et ceux-là seulement qui se sont
trouvés dans une situation semblable à la
mienne, savent quel baume délicieux pour les
peines de l'âme se trouve dans cette simple
pensée : « Demain je monterai au saint autel,
« et mon Dieu sera avec moi. » M. Combes envoya à Kon-Trang un jeune Annamite, nommé
Luk, pour me cuire le riz de chaque jour, et
pour me rendre les autres services en son pouvoir. Ainsi ma solitude, tout en restant solitude,
avait pourtant changé de nature. Auparavant
je me trouvais solitaire dans une maison pleine
de sauvages, et au milieu d'un vacarme inces-
sant ; maintenant je me trouvais solitaire dans
la paix, dans le silence, et je pouvais mieux
entendre la voix du bon Dieu.

CHAPITRE XIII

NGUI ET PAT, PREMIERS CATÉCHUMÈNES SE-DANG.
— HMUR, PREMIER CATÉCHUMÈNE BA-HNAR.

Je commençais à connaître passablement la
langue qu'on parle à Kon-Trang. M. Combes
avait composé en ba-hnar un petit catéchisme,

et avait traduit en cette langue les prières que tout chrétien doit savoir et réciter. Je traduisis à mon tour en se-dang son petit travail. Depuis surtout que j'avais le bonheur de dire la sainte messe, je demandais tous les jours au bon Dieu par le sang de la grande Victime, la conversion de mes pauvres sauvages, et la toute-puissante prière de Jésus-Christ fut exaucée.

La grâce du bon Dieu éclaira tout d'abord deux enfants, l'un d'environ douze ans et l'autre de huit ou neuf ans. Le premier s'appelait Ngui, c'était le dernier des enfants de Lam, le maître de la grande maison que j'avais habité si longtemps. J'ai dit plus haut que cet enfant venait parfois se mettre près de moi quand je récitais mon bréviaire ou faisais ma méditation. Debout et pensif, il me considérait quelques instants, et puis s'en allait sans avoir dit un mot. Ngui était d'un caractère violent, mais il avait le cœur bon et même sensible, qualité assez rare ou assez peu développée chez les sauvages. Quand j'eus quitté la maison de son père pour habiter la mienne, il vint souvent me voir chez moi, et, en fort peu de temps, me devint très attaché. Je tâchai de lui rendre cette affection profitable. Chaque fois qu'il venait me trouver, après avoir parlé de choses indifférentes, je faisais peu à peu tomber la conversation sur les vérités de notre sainte religion. La pensée de l'enfer surtout, dès qu'il fut instruit de son existence, produisit sur lui la plus vive impression. Je lui faisais apprendre les quelques prières que j'avais traduites. Dès qu'il les eut gravées dans sa mémoire, il prit l'habitude de les réciter souvent. Enfin il y avait à peine deux mois que je le voyais ainsi presque tous les soirs, et le bon Dieu lui avait déjà donné le don de la foi ; il croyait fermement toutes les vérités que je lui avais enseignées.

Dès ce moment, il prit en pitié toutes les croyances superstitieuses des Se-Dang. La foi avait tellement éclairé son esprit, naturellement ouvert et sagace, que dans les conversations des sauvages, il discernait de suite les paroles sensées d'avec les assertions superstitieuses, vaines ou ridicules. En effet, comme je l'ai remarqué alors et cent fois depuis, rien ne rectifie le jugement et ne développe la raison même naturelle, comme la connaissance de la véritable religion. Quand je le vis bien croyant, j'eus la curiosité de savoir quel avait été en lui le travail de la grâce, et comment elle l'avait peu à peu conduit jusqu'à la foi. Je lui dis donc un jour : « A présent, tu crois au bon Dieu, « comme moi, tu crois au ciel, tu crois à l'enfer, « tu crois à la résurrection. Cependant moi, qui « t'ai fait connaître ces choses-là, je ne te les « ai pas fait voir. Tu n'as pas vu le bon Dieu, « tu n'as pas entendu les cris des damnés, tu « n'as pas assisté au concert des anges. Com- « ment se fait-il que tu crois maintenant toutes « ces choses comme moi qui ne les ai pas, il « est vrai, vues plus que toi, mais qui les ai

« apprises dès mon enfance ? — Quand je suis
« venu, me répondit-il, vous écouter pour la
« première fois, je ne suis venu que pour passer
« le temps, et j'étais loin de soupçonner ce que
« c'est que le bon Dieu et sa religion. Lorsque
« vous me parliez, je ne vous croyais pas d'a-
« bord, peu à peu j'ai commencé à être ébranlé,
« mais j'avais beaucoup de doutes ; ces doutes
« ont ensuite disparu à leur tour, et sans savoir
« pourquoi, je me trouve croyant, et tellement
« croyant, que ce bon Dieu, cet enfer et ce ciel
« que je n'ai pas vus, j'y crois aussi fermement
« que si je les avais vus. »

L'autre enfant que j'instruisais en même
temps que Ngui, se nommait Pat. Les jugements du bon Dieu sont impénétrables, et les
privilèges de sa grâce bien gratuits ! La famille
de Pat demeurait dans les environs de Ko-
Xam, au village de Kon-Xo-Kou, dont les
habitants étaient en guerre depuis de longues
années avec ceux de Ho-Jol. Or, un jour les
gens de Ho-Jol, ayant appelé à leur secours
plusieurs villages Se-Dang, vinrent attaquer
Kon-Xo-Kou en plein midi. Toutes les autres
familles étaient absentes et travaillaient à leurs
champs ; seule, celle de Pat se trouvait dans le
village. Son grand-père, sa grand'mère, ses
frères et ses sœurs furent les uns massacrés,
les autres garrottés et emmenés pour être
vendus au Laos. Son père voulut vendre chère-
ment sa vie ; il prit sur son dos, à la manière
des sauvages, le petit Pat qui pouvait à peine

marcher, et se jeta au milieu des ennemis le
sabre à la main; mais il tomba bientôt percé
de coups. Les vainqueurs emportèrent Pat, le
nourrirent pendant quelques années, afin qu'il
valût plus cher, et vinrent le vendre à Kon-
Trang, à l'époque où je m'installais dans ma
nouvelle maison. Il avait alors huit à neuf ans ;
je l'achetai et le gardai avec moi.

C'est cet enfant de la Providence que je pré-
parai au saint baptême en même temps que
Ngui. Celui-ci aimait beaucoup son petit cama-
rade, et je suis persuadé que les bonnes paroles qu'il lui adressait firent sur ce jeune
esprit au moins autant d'impression que les
miennes. Un jour qu'ils étaient tous les deux
étendus sur une même natte, et que moi-même
j'étais occupé à lire, séparé d'eux par un
treillis de bambou qui servait de muraille, j'entendis Ngui dire à Pat : « Il faut avouer que le
« bon Dieu t'aime bien. Si autrefois, quand
« l'ennemi t'a pris, quelqu'un t'eût vu porter
« au marché pour être vendu, celui-là aurait
« dit : Pauvre enfant, il n'a pas de bonheur ! A
« peine né, et déjà réduit en esclavage ! Ce-
« pendant si tu étais resté dans ta maison avec
« tes parents, aurais-tu connu le bon Dieu?
« Personne n'enseigne la religion chez vous.
« Tu serais donc tombé en enfer. Penses-tu un
« peu à l'enfer, et combien c'est terrible d'y
« rester toujours? Oui, le bon Dieu t'a bien
« aimé. » Une autre fois, il lui disait en confidence : « Le soir, quand je me couche, j'ai

« toujours peur de mourir la nuit. Oh! que je
« voudrais être baptisé! »

La conduite de Ngui se ressentit bientôt des
saintes vérités qu'il avait appris à croire. Lui,
naturellement colère, devint en peu de temps
d'une douceur dont son père, encore païen, fut
vivement frappé. Ses lèvres, habituées, comme
celles de tous les sauvages, à proférer sous
forme d'imprécation des paroles d'une obscénité
révoltante, contractèrent des habitudes diamé-
tralement opposées. Et dès lors, quand il se
blessait, que son pied heurtait contre une
pierre, ou qu'il éprouvait quelque autre accident, il répétait invariablement ces belles paroles : « Mon Dieu, je vous offre cette petite
« douleur. » S'il lui arrivait de se mettre en
colère, il venait me raconter la chose, quelquefois les larmes aux yeux. Le petit Pat, à peine
arrivé à l'âge de raison, n'avait encore aucun
vice, et le bon Dieu, en le plaçant auprès de
Ngui, lui accordait la grâce inestimable de
faire son apprentissage de la vie humaine,
dans les meilleures conditions possibles.

M. Combes, de son côté, avait des consolations
analogues. Il avait dit autrefois : « Hmur sera
« mon premier catéchumène, » et sa prédiction
se réalisait. Souvent, en pensant à Hmur, si
droit, si juste, si ennemi du mensonge, si
porté à rendre service, je me suis souvenu de
cet homme dont parle le Docteur angélique et
qui pendant toute sa vie aurait observé les
préceptes de la loi naturelle. Saint Thomas

assure qu'à un pareil homme Dieu enverrait un apôtre, plutôt que de le laisser mourir sans baptême. Or, Hmur était dans ce cas. Haïr l'injustice, être naturellement véridique et généreux, n'est pas chez les païens chose si rare qu'on n'en trouve d'assez nombreux exemples. Mais conserver la pureté des mœurs, même dans le secret de la solitude, détourner de son esprit les pensées mauvaises et de son cœur les affections coupables, c'est là un phénomène qui ne se rencontre guère parmi ceux que n'a pas éclairés la lumière de la foi. Or, sur cet article, voici les paroles de Hmur, que je tiens mot pour mot de la bouche de M. Combes. Ce cher confrère, expliquant un jour à son disciple le sixième précepte du Décalogue, s'étendait un peu longuement sur les obligations qu'il renferme, sur les actions, paroles, pensées ou affections qu'il condamne comme coupables; le disciple l'arrêta tout court et lui dit : « O mon « grand Père, sur ce point je sais depuis long- « temps ce qu'il est permis de faire ou de pen- « ser. Autrefois, quand j'étais jeune homme, « et que j'allais quelque part, si sur mon che- « min je rencontrais une jeune fille, je détour- « nais mes regards pour ne pas la voir et ne « pas éprouver de mauvais désirs. » Voilà quelles étaient les mœurs de Hmur encore païen. Faut-il s'étonner que le bon Dieu l'ait choisi parmi tous les autres pour l'appeler le premier? Et cependant, la grâce ne triompha dans son cœur qu'après une lutte longue et difficile.

Il y avait chez Hmur, malgré toutes ses bonnes qualités, et à cause même de ses vertus naturelles, un grand obstacle à la conversion : il était attaché du fond de l'âme aux superstitions dans lesquelles il avait été élevé, et qui lui servaient de religion. C'était un païen très religieux et très dévot. Il observait avec la plus minutieuse exactitude les pratiques les plus ridicules; il s'en acquittait avec une rare gravité, et, qu'on me passe l'expression, avec un véritable esprit de foi. Or, difficilement on se ferait une idée de la quantité de sottes observances, de prohibitions vaines, de privations puériles, de cérémonies quelquefois odieuses, dont le démon a composé le code religieux des Ba-Hnars, et auxquelles ils restent fidèles par une superstitieuse terreur. On en a fait bien des fois la remarque, mais il n'est pas inutile de la rappeler ici : la vraie religion seule fait aimer Dieu. Seule elle a des lois, des préceptes, des cérémonies, un culte, fondés sur l'amour de Dieu, et trouvant dans cet amour leurs motifs, leur but, leur sanction. Le démon, singe de Dieu, a aussi ses lois, ses cérémonies, son culte ; mais en vertu de la haine inextinguible qui, depuis sa révolte, est devenue pour lui une seconde nature, il ne sait et ne peut leur donner, dans le cœur de ses esclaves, d'autre sanction que la crainte. Si le païen sacrifie, s'il fait tout autre acte de religion, c'est toujours pour détourner un malheur, pour apaiser la colère d'un Esprit qu'il redoute, jamais pour rendre des actions de grâces, jamais pour mériter un regard bienveillant d'un Esprit qu'il aime. Quand nous montrons aux sauvages la vanité de leurs observances, quand nous voulons leur faire abandonner des superstitions nuisibles, ils nous répondent infailliblement : « Mais il m'arrivera tel malheur, « telle perte, telle maladie; mais ma récolte « sera ruinée, mes enfants mourront, je périrai « misérablement. » etc., etc.

Quand Hmur entendit parler de notre sainte religion, quand le bon Père Combes lui expliqua en détail la doctrine catholique, ce brave homme la trouva vraie et admirable, et voulut de suite l'embrasser, mais lorsqu'il sut que toutes ses anciennes superstitions étaient incompatibles avec la foi nouvelle, il resta terrifié. Il avait cru, il croyait encore à toute sa religion païenne, et il était persuadé qu'il ne pouvait pas omettre certaines observances sans se vouer à une mort inévitable. M. Combes lui indiqua le meilleur moyen de délivrer son esprit de ces vaines terreurs. « Prie beaucoup et demande au bon « Dieu d'avoir pitié de toi. » Il suivit docilement ce conseil. Quelque part qu'il se trouvât, en public ou en particulier, le matin et le soir, il faisait gravement son signe de croix, et récitait à voix haute les prières qu'il savait. Loin d'éprouver le moindre respect humain, il ne perdait jamais occasion de parler du bon Dieu, du jugement dernier, de l'enfer. La grâce triompha peu à peu de ses habitudes superstitieuses, mais il dut faire, surtout dans les commencements de sa conversion, plusieurs actes héroïques. « Que ton esprit subisse « ou non quelques restes de tes anciennes « croyances, lui disait le Père, au moins, fais « en sorte de ne jamais agir par suite de ces « erreurs. » Et il omettait certaines pratiques en tremblant, encore à moitié convaincu que quelque grand malheur ou la mort même allait s'ensuivre. A mesure qu'il remportait des victoires, et qu'il ne voyait pas d'accident lui arriver, sa foi se raffermissait, et la superstition faisait de moins en moins impression sur son esprit.

Je citerai ici un petit exemple entre cent autres. L'année de sa conversion, la récolte ayant manqué, Ko-Xam et les villages environnants souffraient de la famine. Au retour de la saison des pluies, le meilleur moyen de sortir d'embarras était évidemment de semer le maïs de bonne heure, afin d'avoir bien vite une nourriture quelconque, en attendant la récolte du riz nouveau.

Mais, d'après les superstitions du pays, on ne peut pas semer quand on veut. Le temps a beau être propice pour les semailles, il faut attendre tel ou tel présage, telle ou telle lune, etc., attendre souvent longtemps, et en attendant mourir de faim. Hmur, d'après les conseils de M. Combes, se décida à passer par-dessus les anciennes pratiques, et à semer son maïs, bien avant l'époque fixée. Quand ses parents d'un village voisin furent instruits de ses intentions, ils vinrent en grand nombre le détourner de l'exécution d'un pareil projet : « Malheureux « Hmur ! que vas-tu faire ? Comment ? Semer « le maïs ce mois-ci ! Mais tu n'y penses pas ! « qui est-ce qui mangera ton maïs ? Assuré- « ment il ne poussera pas, et quand même il « pousserait, quand même il serait abondant, « tu n'en profiteras pas, tu seras mort aupa- « ravant. N'écoute pas les paroles de ces étran- « gers, ils ne savent pas nos usages, et ils fini- « ront par te perdre. Nous avons pitié de toi. « La mort viendra toujours assez tôt, pourquoi « hâter ainsi son arrivée ? » Toute cette élo- quence fut inutile : Hmur avait donné au Père sa parole, qu'il voulait, à quelque prix que ce fût, suivre en tout les enseignements de la foi. Il sema donc son maïs très longtemps avant tous les autres, tout en nous avouant qu'il agissait ainsi la crainte dans l'âme. Qu'arriva- t-il ? C'est que ce maïs qui ne devait pas sortir de terre vint magnifiquement ; c'est qu'il fut mûr au temps où les autres sauvages commen- cèrent à semer le leur, c'est que Hmur se trouva dans l'abondance, c'est qu'enfin ces mêmes parents pressés par la faim vinrent le trouver de nouveau, non plus pour lui faire des remontrances, mais pour le conjurer de leur donner une petite part de sa récolte. « Ah ! ah ! « leur répondit Hmur, avec un grain d'ironie, « regardez-moi bien, êtes-vous sûrs que je ne « suis pas mort ! Êtes-vous sûrs que ce n'est pas

« vous qu'on verrait mourir de faim mainte-
« nant, si je n'avais pas semé mon maïs, malgré
« vos mauvais conseils? » Et il fut généreux
envers eux, et il leur fit part des dons du bon
Dieu.

Cette histoire fit du bruit dans le pays, et à
Ko-Xam même, elle disposa plusieurs personnes
à embrasser plus tard la religion. Si Hmur
fut mort cette année-là, soit de mort naturelle,
soit par quelque fâcheuse rencontre, toutes les
prédications de M. Combes auraient été inutiles,
et un miracle du ciel eût à peine pu convertir
les sauvages. Aussi le bon Père offrait-il souvent le Saint-Sacrifice pour détourner de Ko-
Xam tout événement malheureux. Néanmoins,
soti par la haine du démon contre ce village,
soit par une permission particulière du bon
Dieu qui voulait éprouver mon confrère, un
accident arrivé à Hmur, le jour même qu'il
commença à semer son riz, toujours contraire-
ment aux prohibitions superstitieuses, faillit
détruire tout d'un coup la bonne impression
produite par la belle récolte du maïs, et arrêter
pour quelque temps, dans son origine même,
le bien commencé. Hmur se blessa grièvement;
je ne me souviens plus où, ni de quelle manière. Mais M. Combes, dans sa douleur, s'a-
dressa à Dieu, suprême médecin de tous les
maux et parvint, quoique non sans peine, à
arrêter le sang de la blessure qui se cicatrisa
rapidement.

CHAPITRE XIV

BAPTÊME DE NGUI ET DE PAT : 16 OCTOBRE 1853.
— BAPTÊME DE HMUR : 28 DÉCEMBRE 1853.

Depuis assez longtemps, Ngui me semblait suffisamment préparé pour recevoir le saint baptême. Sa conduite était déjà celle d'un bon chrétien ; dans ses conversations, on ne pouvait plus reconnaître un enfant païen, élevé au milieu des païens. Toutes ses paroles étaient celles de ces enfants privilégiés qui ont appris la crainte et l'amour de Dieu sur les genoux d'une pieuse mère ; et cependant je n'osais pas encore l'admettre au sein de l'Eglise.

Lui, si jeune et seul catéchumène, non seulement dans une famille nombreuse, mais dans tout un grand village ; je craignais qu'il ne pût pas tenir ferme contre les railleries, les sarcasmes, les reproches et tous les autres moyens dont le démon se servirait sans aucun doute pour ébranler sa constance. Ce n'est pas qu'il supportât ce retard avec indifférence. Il me priait, au contraire, très souvent et très instamment, de hâter son bonheur en le régénérant dans les eaux du baptême. Souvent même il me répétait les paroles que je lui avais entendu confier à son jeune ami : « Tous les soirs

« j'ai peur en allant me coucher; je pense que
« si je meurs la nuit, je mourrai sans baptême. »

Un jour enfin, pressé plus qu'à l'ordinaire
par ses sollicitations, je lui avouai mes craintes,
et pourquoi je n'osais point encore l'admettre
définitivement au nombre des chrétiens. Voici
la réponse de cet enfant bien-aimé du bon
Dieu; je ne l'oublierai jamais. Son visage s'en-
flamma, et d'un ton animé, d'une voix péné-
trée, il me dit : « O mon père, si toute ma
« maison, si tout ce village, si tous les Se-
« Dang veulent tomber en enfer, croyez-vous
« donc que je veuille y tomber avec eux? Que
« les autres fassent comme ils l'entendront,
« moi je connais mon devoir et je veux l'accom-
« plir. » J'avoue que je fus vaincu. Je le pressai
sur mon cœur, et je lui répondis les larmes
aux yeux : « Eh bien, mon cher enfant, je veux
« te baptiser; mais n'oublie jamais les paroles
« que tu viens de dire, et sois-y fidèle jusqu'à
« la mort. » Voilà un de ces moments heureux
qui font oublier au missionnaire de longues
années de tribulations.

Depuis ce jour jusqu'à celui de son baptême,
Ngui se conduisit comme un petit ange. Le
trop plein de son cœur, il le laissait se déverser
dans l'âme de son jeune frère dans la foi. Pat,
encore trop enfant pour avoir des sentiments
aussi élevés, était pourtant bien préparé pour
son âge. M. Combes m'avait écrit : « Quand
« vous baptiserez le cher petit Ngui, n'oubliez
« pas de me faire savoir le jour à l'avance : car

« je veux aller prendre part à votre bonheur. »
Il arriva la veille du jour marqué, amenant avec
lui Hmur, son fervent catéchumène. Quand vint
le moment des cérémonies du baptême, et que
debout, à la porte de l'étroite chambre qui me
servait de chapelle, je fis à Ngui les questions
indiquées dans le Rituel : « Croyez-vous en
Dieu? Renoncez-vous à Satan? » tout le monde
fut frappé de l'accent qu'il mit dans ses ré-
ponses. En le préparant, je lui avais dit de
répondre tout simplement. « Je crois. — J'y
« renonce, » comme le marque le Rituel. Mais
à ce moment il oublia ma leçon. Une simple
affirmation ne satisfaisant pas assez son cœur,
il ajouta : « Oui, oui, j'y renonce, et de tout
« mon cœur et à jamais, le scélérat! » et autres
paroles analogues. Le bon Père Combes était
ravi. « Eh bien, me dit-il après la cérémonie,
« nos peines de Ko-Lang sont-elles passées et
« oubliées? »

Voilà les deux premiers enfants que j'ai en-
gendrés au bon Dieu chez les sauvages. Voilà
mon premier grand jour de bonheur en ce
pays. Je donnai à Ngui le nom de Joseph, et à
Pat celui du bien-aimé de Jésus, l'apôtre saint
Jean. Je dirai plus tard comment le bon Dieu
retira de ce monde le petit Joseph, à l'âge de
seize ans, et combien il fut fidèle aux promesses
de son baptème. Jean est aujourd'hui un grand
jeune homme de vingt-deux ans et toujours
bon chrétien. L'année dernière je l'avais fiancé
à une jeune fille des plus accomplies que j'aie

rencontrées chez les sauvages. Mais avant que je pusse bénir leur mariage, la petite vérole emporta cette pieuse fille, qui est maintenant, j'aime à l'espérer, dans le paradis du bon Dieu. Jean l'a beaucoup pleurée, mais il s'est résigné de tout cœur à la sainte volonté divine.

Le jour du baptême de Joseph et de Jean, je donnai un petit festin pour manifester un peu au dehors la joie de mon âme, et pour recevoir convenablement mes chers hôtes. Or Ngam, le frère aîné de Joseph, se tenait debout à l'entrée de la maison. M. Combes l'ayant considéré quelques instants me dit : « Quel est ce « jeune homme? — C'est le frère de Joseph. — « Lui avez-vous parlé un peu du bon Dieu? — « Un peu, mais il n'a pas l'air de vouloir se « convertir. — Allons donc! je vous dis, moi, « que ce jeune homme fera un excellent chré- « tien. Je lis cela sur son visage. Pensez-y. » On verra plus loin ce qu'est devenu Ngam, qui, lui aussi, mérite une belle page dans mes souvenirs.

De son côté, le bon Hmur avait été assez longtemps éprouvé ; le temps était venu d'admettre cette docile brebis dans le bercail du bon Pasteur. Il est vrai que, malgré tous les efforts qu'il faisait pour chasser de son esprit ses anciennes idées superstitieuses, il ne parvenait encore qu'à demi à les dominer. Mais il se faisait violence, et n'agissait jamais d'après ces impressions. « La grâce du baptême, disait son « père spirituel, fera disparaître ces dernières

« rouilles, et Hmur sera un chrétien selon le
« cœur de Dieu. » Je voulus assister à la fête.
Joseph et Jean, mes deux seuls néophytes,
m'accompagnèrent dans mon voyage à Ko-
Xam, où nous arrivâmes, la veille du jour fixé
pour le baptême. M. Combes avait dit le matin
à son catéchumène : « Avant de te présenter
« pour recevoir le sacrement de la régénération,
« il faut que tu me livres tous tes *do-mong*;
« nous allons en faire à Dieu un sacrifice d'a-
« gréable odeur, en les précipitant à l'endroit
« le plus profond de la rivière. »

Ces *do-mong* sont les fétiches des sauvages.
Ils consistent en des pierres de formes plus ou
moins extraordinaires, plus ou moins bizarres,
que les ancêtres ont trouvées jadis dans la forêt
ou ailleurs. Chaque famille en possède, et
quelquefois un grand nombre. Ces fétiches sont
censés renfermer un *Jang* ou Esprit. Les garder
avec un soin jaloux, leur sacrifier de loin en
loin, porte bonheur à la famille. Il y en a de
différentes espèces et de vertus diverses. Ainsi,
tel fétiche est le fétiche du riz; il est supposé
devoir entretenir l'abondance du riz dans la
maison. Tel autre est le fétiche du commerce;
celui qui en est le possesseur fera de bonnes
affaires et gagnera dans son négoce. Il y a des
fétiches de la santé: ils ont pour attribut d'é-
carter les maladies. Les fétiches de la chasse et
de la pêche vous feront prendre du poisson et
du gibier à souhait, etc., etc. Le plus estimé de
tous, et celui dont l'entretien coûte le plus

cher, est celui du riz. Quand on sème, quand le riz est en herbe, quand on commence la moisson, quand tout le riz est au grenier, quand on commence à en prendre pour manger, il faut faire ces sacrifices; le sacrifice de la poule toujours, et de plus, suivant les circonstance, celui du porc et de la chèvre, quelquefois même celui du buffle. On prend du sang de ces différents animaux, et avant que personne ait osé manger de leur chair, on oint de ces sang le fétiche du riz, puis tous les autres, mais ceux-ci seulement par concomitance et comme par courtoisie, car, dans les cas que je viens d'énumérer, le sacrifice est proprement pour le *do-mong* du riz. Je ne décrirai pas les cérémonies analogues pour les autres fétiches; le détail en serait fastidieux.

L'entretien de ces fétiches coûte fort cher aux sauvages. Comme ils sont très pauvres pour la plupart, et que, dans beaucoup de circonstances, le sacrifice est de rigueur sous peine d'encourir la disgrâce de l'esprit, et de s'exposer sinon toujours à la mort, au moins à de grands malheurs, ils sont obligés de se mettre à la gêne, et parfois même de s'endetter pour se procurer l'animal requis. Le riz en herbe a beau avoir piètre mine, et annoncer disette pour l'année suivante, le sacrifice doit toujours se faire. Les fétiches se conservent dans une espèce de sac fait de fibres de bambou tressées, qu'on suspend à la colonne principale de la maison. La jarre qui contient le vin de riz est attachée au pied de cette colonne, afin que les vapeurs du vin montent toujours au nez de l'Esprit enfermé dans son sac.

Quelques instants après notre arrivée à Ko-Xam, nous vîmes Hmur, tenant dans ses mains le sac de *do-mong*, entrer dans la maison de M. Combes. A peine entré, il prit le sac par le bas, et les pauvres fétiches furent répandus à terre comme de vulgaires cailloux. Un assez grand nombre de sauvages encore infidèles étaient spectateurs de cette action; je vis sur la figure de quelques-uns des signes d'épouvante. Tout le monde gardait le silence, lorsque mon petit Joseph prit deux fétiches entre les mains, et les frappa l'un contre l'autre. L'une des deux pierres éclata en trois ou quatre morceaux : « Voilà une divinité bien « fragile, dit Joseph, voyons si celle-ci aura la « peau plus dure, » et il frappa cette seconde avec un marteau. Elle se brisa aussi. « Père, « dit-il alors à M. Combes, je crois que ce *do-* « *mong* ferait une bonne pierre à feu; si vous « voulez me le permettre, je vais en prendre un « morceau pour mon briquet. — Je ne crains « pas que tu en fasses mauvais usage, répondit « le Père, soit, prends. — Comment? mauvais « usage? repartit Ngui, je veux en faire un « usage excellent. Précisément ma pierre à « feu ne vaut rien, et celle-ci est très bonne. » Et ainsi le fétiche devint pierre à feu. Les pauvres sauvages étaient consternés en voyant l'impiété de Joseph, et en écoutant ses blasphèmes.

Le lendemain, 28 décembre, fut un beau jour pour nous tous et surtout pour Hmur. Il fut admirable pendant la longue cérémonie du baptême. Son noble visage rayonnait de joie, et tout son extérieur laissait voir le bonheur de son âme. Lui aussi reçut le nom de Joseph. Le premier acte du nouveau chrétien, après le baptême et l'action de grâces, fut de donner un signe public et irrévocable de sa renonciation à tout culte superstitieux, en précipitant tous ses fétiches dans la rivière qui coule à quelques pas de la maison. Le petit Joseph voulut l'aider. Hmur, toujours grave et posé, mettait une certaine solennité dans cet acte qu'il considérait comme un acte religieux; l'enfant riait aux éclats et faisait mille singeries. En lançant les fétiches à l'eau, Hmur se dérida un peu, et dit à haute voix, afin que ses parents l'entendissent : « Fétiches, dites adieu à tous les sacri- « fices, adieu aux poules, porcs, brebis et « buffles. Le diable sera bien fin s'il m'en fait « encore dépenser en son honneur. » Beaucoup de sauvages assistèrent, muets de stupeur, à cette scène étrange, et parmi eux la femme et la sœur de Hmur. Cette dernière pleura de douleur en voyant tant de divinités jetées à l'eau. Le moment de la grâce n'était pas encore venu pour elle. Il ne tardera pas, et on verra comment elle devint une chrétienne fervente et digne de son frère.

CHAPITRE XV

LE P. DO A RO-HAI.—MORT DE MON SERVITEUR LUK.
— ARRIVÉE DE M. VERDIER.

On se souvient que le diacre Do était retourné en Cochinchine auprès de Mgr Cuenot. Il y demeura près d'un an, fut ordonné prêtre, et revint prendre son poste de Ro-Hai vers le milieu de 1853. Ce village, sans être composé, comme celui de To-Bau, de gens tarés et de vagabonds, n'avait pas néanmoins une excellente réputation. La plupart de ses habitants étaient venus d'ailleurs, et avaient été obligés de quitter leurs anciens villages pour dettes, querelles, ou autres causes analogues. Après d'inutiles efforts pour pêcher dans cette eau trouble, et cultiver ce terrain ingrat, le Père Do résolut de se faire un village à lui. Il sortit de l'enceinte de Ro-Hai et construisit deux ou trois maisons en dehors, mais auprès de la palissade. Pour cultiver des champs et se procurer le riz nécessaire, il racheta quelques esclaves qui, avec le temps, devinrent ses premiers néophytes.

Ce système de racheter des esclaves, pour former des familles et peu à peu des villages chrétiens, a été suivi sur les autres points de la mission des sauvages. Entre le Laos et ce pays, l'odieux trafic des esclaves se fait sur une assez grande échelle. Les malheureux ainsi vendus et expatriés sont le plus souvent des prisonniers de guerre, quelquefois de pauvres gens criblés de dettes qui deviennent la propriété de leurs créanciers. Quand il nous est possible, nous les rachetons; ils se font laboureurs, s'établissent sur les champs que nous avons défrichés dans nos diverses stations, et après leur conversion, sont le noyau des nouvelles communautés chrétiennes. Nous ne manquons pas non plus l'occasion de délivrer des esclaves d'un autre genre : les pauvres enfants orphelins ou abandonnés par leurs parents païens. L'œuvre admirable de la Sainte-Enfance nous donne les moyens de les racheter, de les nourrir, de les instruire, et de les élever chrétiennement dans leur bas âge. Lorsqu'ils sont assez grands, nous pourvoyons à leur établissement.

Les maisons construites par le Père Do, en dehors de l'enceinte de Ro-Hai, formèrent bientôt un village par l'arrivée de plusieurs familles étrangères qui demandèrent à s'y fixer. Comme il n'y avait plus dans le voisinage de terre cultivable qui ne fût occupée, et que d'ailleurs les ressources manquaient pour entreprendre au bord de la rivière l'exploitation de rizières en règle selon la méthode annamite, le Père fut obligé de défricher la forêt assez loin de son habitation. Les laboureurs, obligés de s'y rendre chaque jour le matin et de revenir le soir, trouvèrent le chemin trop long; ils se bâtirent sur les lieux mêmes quelques cases pour y demeurer la nuit. Le samedi seulement **ils** retournaient auprès du prêtre, afin d'y passer le dimanche et d'assister à la messe. Là encore, un certain nombre de familles sauvages, attirées par la fécondité du terrain, demandèrent au Père Do la permission de venir demeurer avec ses ouvriers. Celui-ci, qui n'avait rien plus à cœur que de fonder un nouveau village, les accueillit avec empressement. Et voilà comment s'est formé le village de Dak-Kam qui compte encore plus de deux cents chrétiens, quoique la petite vérole en ait enlevé une soixantaine en 1865. Le Père Do a fait une belle route de Ro-Hai à Dak-Kam, et dessert aujourd'hui ces deux stations (1).

Mais n'anticipons pas sur l'avenir, et revenons à Kon-Trang. Autant la conduite du jeune Joseph me rendait heureux, autant elle excitait la colère de l'éternel ennemi de tout bien. J'ai dit plusieurs fois que la famille ou plutôt la parenté de Lam était très nombreuse, et qu'une cinquantaine de personnes habitaient dans sa maison. Parmi eux se trouvaient plusieurs jeunes gens et jeunes filles dont la conduite était fort différente de celle du néophyte et que celui-ci censurait sans respect humain. Ils se liguèrent pour le tracasser et le tourner

(1) « Chez les sauvages, nous avons fait cette année
« une perte considérable par la mort du Père Do, un de
« leurs premiers ouvriers évangéliques. Prêtre d'un zèle
« infatigable, il ne trouvait jamais rien d'impossible,
« quand il s'agissait de la gloire de Dieu. Il était connu
« au loin, aimé des chrétiens, respecté même des
« païens. »... Lettre de Mgr Charbonnier, décembre 1872.
« — Ed.

en ridicule. Ses prières et ses autres pratiques
de piété étaient l'objet habituel de leurs plaisanteries et de leurs sarcasmes. Mais surtout
lorsque, dans la famille, on faisait quelque superstition, le pauvre enfant essuyait une tempête de reproches et d'amères railleries, parce
que non seulement il ne voulait pas y prendre
part, mais qu'il en démontrait la vanité et la
folie. Il lui était facile de confondre tous ses
contradicteurs, et ceux-ci, à bout de raisons,
recouraient aux injures, l'arme ordinaire des
impies de mauvaise foi ; mais Joseph ne s'en
effrayait pas, et, en fin de compte, c'était toujours à lui que restait la victoire. Lam, sauvage
de beaucoup d'esprit et qui aimait particulièrement son fils, triomphait sous cape et se gardait bien de lui faire des reproches sur son
nouveau genre de vie. Loin de là, quoiqu'il fût
encore lui-même tout à fait étranger à la foi,
il était enchanté du changement qu'il avait remarqué dans la conduite de Joseph, et l'attri-
buant, non à la religion, comme c'était justice,
mais à ses rapports avec moi, il engageait son
fils à écouter toutes les leçons que je voudrais
lui donner. Après quelques semaines, Joseph,
fatigué de ces tracasseries incessantes, demanda
à son père la permission de venir demeurer
avec moi. Il l'obtint et vint habiter près d'un an
dans ma maison.

Cependant Joseph qui désirait ardemment
avoir des coreligionnaires à Kon-Trang, invita
souvent les enfants de son âge à venir s'amu-

ser chez moi. Je le lui avais conseillé, et, de plus je le faisais souvent prier pour leur conversion, espérant beaucoup des prières d'une si belle âme. Ses compagnons se montrèrent d'abord très timides, mais bientôt ils s'habituèrent à moi, et ne voulaient plus me quitter. Quand j'eus gagné leur confiance, je travaillai à les gagner eux-mêmes au bon Dieu. Aidé de Joseph, je leur fis apprendre les prières. J'y ajoutai les explications nécessaires, et après quelques mois, j'eus la consolation de voir qu'ils avaient déjà une foi solide. Joseph était leur mentor ; il avait sur eux l'ascendant naturel d'un esprit supérieur, et quoiqu'ils fussent tous du même âge à peu près, les autres le regardaient instinctivement comme leur maître.

Parmi ces enfants, trois surtout me donnaient les plus belles espérances ; j'eus un jour une preuve de leur foi. On vint dire aux gens de Kon-Trang qu'un village ennemi avait résolu de les attaquer. Lorsqu'on est ainsi prévenu à l'avance, les femmes et les enfants se retirent ensemble dans quelque lieu écarté, aussi loin que possible du chemin que doit suivre l'ennemi. En conséquence, le matin du jour indiqué, dès l'aurore, tout ce qui n'était pas capable de porter les armes se réunit pour quitter Kon-Trang. Mais ces trois enfants catéchumènes, au lieu de suivre leurs mères et leurs plus jeunes frères, accoururent à ma maison. Joseph leur demanda pourquoi ils ne fuyaient pas avec les autres : « Que moi je reste avec le Père, leur

« disait-il, à la bonne heure, je suis membre de
« sa famille et l'ennemi n'en veut pas au Père ;
« mais vous autres, suivez vos mères pour ne
« pas tomber entre les mains de l'ennemi. — Tu
« es baptisé, toi, répondit l'un d'eux, et si tu
« meurs, tu iras au ciel ; mais nous qui ne le
« sommes pas encore, si nous avions le mal-
« heur d'être faits prisonniers, nous serions
« perdus sans ressources. Non, non, nous ne
« voulons pas nous séparer du Père, et si l'en-
« nemi a l'audace de nous attaquer chez lui, au
« moins le Père nous baptisera avant la mort. »
Et ils restèrent. Mais c'était une fausse alerte ;
on ne vit pas d'ennemi, et leur baptême dut être
retardé.

La mort m'enleva cette année le seul Annamite que j'eusse à mon service. Il s'appelait
Luk et il était des environs de la capitale de la
Cochinchine. C'était un garçon de vingt-cinq
ans, fort et bien portant, serviable au possible,
qui se donnait toutes les peines du monde pour
me procurer quelques douceurs. A trois kilomètres à l'ouest de Kon-Trang coule une rivière
appelée Po-Ko, dont je crois avoir déjà parlé.
Mon brave jeune homme s'obstinait à aller
souvent jusqu'à cette rivière, de jour ou de nuit,
par le beau ou par le mauvais temps, afin de
trouver quelque poisson pour relever un peu le
goût de mon riz, et quand par hasard il réussissait selon ses vœux, avec quelle joie il venait
me présenter sa pêche ! Il était peut-être un peu
vif et un peu susceptible, mais à part ce petit

ICR ÉTIENNE CUENOT, FONDATEUR DE LA MISSION BA-HNAR ET SES 32 COMPAGNONS MARTYRS, BÉATIFIÉS LE 2 MAI 1909.

défaut, je n'avais absolument rien à lui repro-
cher. Je ne sais quelle maladie inconnue l'emporta en deux jours. Nous étions alors quatre
personnes dans ma maison, Joseph, Jean, cet
Annamite et moi. La nuit qu'il mourut, je veil-
lais à son chevet. Les deux enfants dormaient
un peu plus loin. Je m'absentai un instant, et
aussitôt il appela Joseph ; je sus quelques minutes plus tard pour quelle raison. Le pauvre
garçon souffrait beaucoup, mais il souffrait avec
une patience exemplaire, et c'était chose touchante que d'entendre les prières, les actes d'of-
frande, de soumission, de contrition et d'amour,
qu'il ne cessait de formuler tout haut. Il eut
un moment de repos et sembla s'endormir ; accablé de sommeil et de fatigue, je m'assoupis
de mon côté. Mais bientôt je fus réveillé par un
bruit sourd comme celui de deux corps durs
qu'on choque l'un contre l'autre. Quel ne fut
pas mon étonnement en voyant mon malade,
les mains armées d'une grosse pierre ronde, se
frapper la poitrine à coups redoublés ! « Mal-
« heureux ! lui dis-je, que fais-tu ? — Ah ! mon
« Père, me répondit-il, je suis un misérable
« pécheur, et je crains de n'avoir pas assez la
« contrition de mes péchés. C'est pour punir ce
« corps de boue et attirer la miséricorde de Dieu
« que j'ai voulu avant de mourir me donner
« une espèce de discipline. » Je compris alors
pourquoi il avait appelé Joseph pendant mon
absence. Pensant avec raison que je ne lui ren-
drais pas un pareil service, il s'était adressé à

l'enfant qui ne pouvait pas soupçonner l'usage que le malade désirait faire d'une grosse pierre pendant son agonie. Ce bon jeune homme ne vécut pas jusqu'au jour. Il mourut vers les deux heures du matin, muni de tous les sacrements de l'Eglise. Je lavai son corps, je l'habillai à neuf, et le lendemain quelques sauvages m'aidèrent à l'enterrer. Son tombeau est à quelques pas de l'emplacement de la maison que j'habitais alors. Joseph et Jean ne furent pas témoins de sa fin ; quand ils se réveillèrent, il était déjà entré dans l'éternité. Je leur fis réciter un chapelet devant ses restes mortels.

C'est vers ce temps, en 1854, que la persécution éclata dans la province du Binh-Dinh, gouvernée alors par un véritable suppôt de Satan. Sans aucun ordre de l'autorité supérieure, il voulut se donner l'infernal plaisir de tracasser et de persécuter les chrétiens. Il porta un décret d'après lequel tous leurs nouveaux établissements devaient être détruits, et le terrain déclaré vacant ou propriété commune. Ordre était donné aussi de faire la recherche des prêtres européens, ainsi que de tous ceux qui leur donnaient asile ou protection. Je n'ai à parler de cette persécution qu'en ce qui concerne la mission des sauvages. Nous avions alors sur le territoire annamite trois établissements pour le service de cette mission : la maison de Trâm-Gô, une autre à An-Son, et une troisième à Ben, à une demi-journée de Trâm-Gô, sur le chemin qui, de cette dernière ville, conduit à la préfecture de la province de Binh-Dinh. Ces trois établissements étaient nominativement compris dans le décret.

Sa Grandeur, Mgr Cuenot, était cachée à Gɔ-Thi, une des principales chrétientés de la province, située à mi-chemin de la préfecture à la mer. Outre Mgr Cuenot, il y avait encore dans le Binh-Dinh deux missionnaires européens : M. Arnoux, descendu depuis quelques jours de nos montagnes très malade en ce moment, et M. Verdier, arrivé récemment de France, destiné à remplacer M. Arnoux dans la mission des Ba-Hnars. Monseigneur comprenant l'imminence du danger, et la difficulté d'échapper aux recherches des mandarins, résolut de faire partir de suite M. Verdier pour le pays des sauvages. L'expédition était périlleuse, et il fallait au nouveau missionnaire un guide sûr et expérimenté. Sa Grandeur n'avait alors sous la main que l'acolyte Bao, celui qui venait de ramener M. Arnoux. Le pauvre jeune homme, à peine remis des fatigues de ce voyage, essaya quelques représentations, mais la nécessité était si pressante que Monseigneur ne put en tenir compte, et Bao, par une obéissance héroïque aux ordres de son évêque, se mit en route le soir même avec notre nouveau confrère.

M. Verdier était du diocèse de Montauban. Il était encore très jeune lorsqu'il demanda à être admis au séminaire des Missions-Étrangères, et les directeurs lui conseillèrent de rester un an de plus dans le séminaire de son diocèse. Ce terme lui parut bien long, et dans son impatience d'obéir à la voix de Dieu qui l'appelait, il s'adressa à MM. les Lazaristes, qui l'accueillirent sans difficulté. Mais cette vénérable congrégation , qui a rendu et rend tous les jours tant de services à l'Église, n'a pas pour but unique l'évangélisation des infidèles, et le jeune novice ne pouvait pas être sûr qu'on l'enverrait dans les missions lointaines. Cette inquiétude le fit revenir à son premier dessein ; il adressa une nouvelle demande au séminaire des Missions-Étrangères, et fut enfin admis. C'était quelques mois avant mon départ pour la Cochinchine, et j'avais fait alors sa connaissance, que je fus heureux de continuer à Kon-Trang où M. Combes l'envoya me rejoindre dès son arrivée.

Pour ne pas fatiguer par des répétitions inutiles, je ne dirai que quelques mots du voyage de M. Verdier, en compagnie de l'acolyte Bao. La deuxième nuit, au chant du coq, ils arrivèrent à notre maison de Ben. Ils espéraient y passer la journée, pour prendre un peu de sommeil et se préparer à la marche de la nuit suivante, lorsqu'un chrétien vint les avertir que l'ordre du mandarin de raser cette maison allait être immédiatement exécuté. Ils coururent, en toute hâte, se réfugier dans une petite barque sur la rivière. De cette retraite, les Annamites purent voir, et M. Verdier seulement entendre la démolition de notre propriété. Lorsqu'ils gagnèrent Trâm-Gô, notre maison dans ce village n'existait plus; ils furent obligés de demander asile et protection aux broussailles de la forêt. Pendant trois jours, ils eurent un affreux compagnon de route, la faim. Le riz leur fit absolument défaut, et dans les parages où ils se trouvaient, mieux valait pour eux s'en passer que d'en demander ou d'en acheter, à cause du péril évident d'être reconnus et livrés aux mandarins annamites. Enfin, après beaucoup de privations et de fatigues, ils parvinrent à gagner Ko-Xam.

CHAPITRE XVI

ARRESTATION D'UN DE NOS COURRIERS. — KIEM NOUS PROTÈGE CONTRE LES AUTORITÉS ANNAMITES

M. Combes et moi n'avions pas encore connaissance de la nouvelle persécution de Binh-Dinh ; aussi vers cette époque, envoyâmes-nous, selon l'habitude, deux courriers porter nos lettres à Mgr Cuenot. Ces courriers rencontrèrent près de Bo-Lu M. Verdier et l'acolyte Bao, et furent prévenus par eux des dangers qu'ils allaient courir en entrant sur le territoire annamite. Malheureusement le véritable péril était plus rapproché, et nul ne pouvait le prévoir. A leur passage à Kon-Go, village peu éloigné de

Fo-Lu, les habitants prétendirent qu'autrefois le diacre Do avait violé une de leur superstitions, en prenant au foyer une poignée de cendres pour mettre sur la plaie d'une bête de charge, chose des plus illicites et du plus fâcheux augure, et sous ce beau prétexte ils se mirent en devoir de les arrêter. Ils vinrent facilement à bout de l'un des courriers nommé Dak, et le chargèrent de liens. L'autre qui tenait un sabre à la main fit mine de s'en servir et les sauvages n'osèrent pas le toucher. Il sortit du village en brandissant son arme et rebroussa chemin. Il s'appelait Nghia. C'est un des Annamites les plus courageux que j'aie rencontrés. Vingt fois il a exposé sa vie au service de la mission des sauvages, et quoiqu'il n'ait pas toujours pu éviter les mauvais traitements, quoiqu'il ait été pendant quelque temps en esclavage, il est encore aujourd'hui sain et sauf. Échappé au danger, il hâta sa marche pour rejoindre M. Verdier et l'acolyte Bao ; mais, quand il les atteignit, ils étaient déjà arrivés à Ko-Xam, chez M. Combes.

L'arrestation de Dak pouvait avoir pour nous les suites les plus désastreuses. Il fallait le racheter à tout prix et le plus tôt possible, pour empêcher les sauvages de le vendre aux commerçants annamites qui certainement le livreraient aux mandarins. Et ceux-ci ne manqueraient pas de lui arracher, à force de coups de rotin, des déclarations très compromettantes pour notre mission à peine commencée. Ce fut encore l'acolyte Bao qui dut se charger de cette pénible mission. Il arriva bientôt à Bo-Lu. Ce bon village nous aimait toujours, mais les habitants n'osèrent pas se mêler de notre affaire. « Les gens de Kon-Go qui ont arrêté votre cour- « rier, dirent-ils, sont bien plus forts que nous ; « nous ne pourrions pas délivrer le prisonnier, « et nous serions inutilement vaincus. Adressez- « vous à Ba-Ham. » On se souvient sans doute de ce terrible Ba-Ham dont j'ai parlé précédemment. Bao partit aussitôt pour aller le trouver, mais il lui fallut, pour éviter Kon-Go, faire un très long détour, et il arriva trop tard. Lorsque Ba-Ham se présenta pour payer la rançon de Dak, des marchands annamites de Trâm-Gô l'avaient déjà racheté, conduit en Annam, et livré au sous-préfet de Bong-Son.

Nos appréhensions n'étaient que trop fondées. Quand notre jeune homme se vit traduit devant les tribunaux de son pays, non seulement il perdit contenance, mais la frayeur lui fit presque perdre la raison. C'était du reste un garçon naturellement aussi peureux que son compagnon Nghia était intrépide. Le sous-préfet le mit à la question, et lui fit administrer sur le dos une grêle de coups de rotin, pour savoir ce qu'il était allé faire si loin dans les terres des Ba-Hnars. Il n'en fallait pas tant pour le vaincre. Il fit donc les déclarations les plus circonstanciées et les plus minutieuses sur la mission des sauvages, sur les prêtres européens qui s'y trouvaient, sur le nombre des Cochinchinois

qui nous servaient, sur nos différents postes,
sur les chemins que suivaient nos gens dans
leurs allées et venues fréquentes, etc., en un
mot, il ne laissa rien ignorer de ce qui nous
concernait.

Le sous-préfet de Bong-Son fut effrayé de sa
découverte ; il en apprenait beaucoup plus qu'il
n'aurait voulu en savoir. Dans ces pays despo-
tiques, être informé des crimes et délits, en
connaître les auteurs, avoir en main les preuves,
tout cela ne sert de rien à un mandarin, si les
coupables lui échappent. N'y eût-il pas la
moindre négligence de sa part, il est supposé
responsable du crime qu'il n'a su empêcher ni
punir, et quand ses supérieurs ont vent de l'affaire, il risque, s'il n'a pas beaucoup d'argent
à sa disposition, d'être lui-même puni et dé-
gradé. Dans la circonstance dont nous parlons,
le pauvre mandarin trembla d'avoir provoqué
des révélations aussi graves, parce que rien
n'était moins assuré que l'espérance de mettre
la main sur des prêtres européens, perdus dans
des contrées éloignées et indépendantes. Monseigneur Cuenot de son côté, ayant été averti
de ce qui se passait, envoya un exprès chez le
sous-préfet avec cinq ou six barres d'argent (1) ;
mais je crois que ce fut de l'argent dépensé mal
à propos, car le pauvre homme n'avait pas besoin qu'on le détournât d'une démarche qu'il

(1) La barre d'argent vaut, ou moyenne, environ quatre-vingt-dix francs. — *Ed.*

redoutait plus que tout autre. Quoi qu'il en soit, l'affaire ne fut pas portée au grand mandarin de la province. Le sous-préfet fit semblant de croire que Dak était fou ; il prit ses assesseurs à témoin qu'on ne pouvait ajouter aucune foi à des paroles aussi insensées, et finalement le mit en liberté.

L'acolyte Bao se hâta de venir nous apprendre l'insuccès de sa mission. Grande fut alors notre anxiété. Qu'était devenu notre courrier? Quelles suites auraient les aveux qu'on ne manquerait pas de lui arracher? D'un autre côté, comment aller aux informations? Il ne faillait pas songer à descendre en Annam par les voies ordinaires qui devaient être strictement surveillées, et cependant nous ne pouvions pas rester dans l'ignorance de ce qui se passait à notre sujet. Nous résolûmes d'envoyer une lettre à Monseigneur Cuenot par le chemin de la mission que les Pères annamites avaient fondée chez les Bo-Nong. C'était un immense détour. Au lieu de huit à dix jours de marche, il fallait deux mois; un mois du pays des Ba-Hnars jusqu'à celui des Bo-Nong, et un autre mois du pays des Bo-Nong jusqu'à la province de Binh-Dinh par celle de Phu-Yên. Nous chargeâmes Bao de cette expédition, et le brave acolyte accepta sans hésiter. Son voyage fut long et pénible, mais la Providence le garda de tout péril, et lorsqu'il arriva en Annam, Monseigneur, pour le récompenser de son infatigable dévouement, l'admit aux ordres sacrés. Trois ans plus tard, devenu prêtre, il fut envoyé de nouveau dans la mission des Ba-Hnars, comme nous le verrons plus tard.

Il n'y avait pas longtemps que l'acolyte était parti, lorsque l'ami du diacre Do, le chef sauvage Kiem, nous fit parvenir des nouvelles de Cochinchine. Par lui nous apprîmes tout ce que j'ai dit plus haut de l'interrogatoire de notre courrier et de sa mise en liberté. Nous sûmes aussi que, quoique la crainte de ne pouvoir pas nous saisir eût empêché le sous-préfet de laisser arriver l'affaire aux oreilles du grand mandarin, il voulait néanmoins employer tous les moyens et mettre tous ses satellites en mouvement, pour se rendre maître de nos personnes. En conséquence, il avait recommandé de faire la garde la plus vigilante sur toute la ligne des frontières, surtout à An-Son et à Trâm-Gô, et avait donné ordre au chef de la douane d'An-Son, sous les plus terribles menaces, de s'arranger de manière à nous arrêter tous, et à nous conduire devant lui morts ou vifs. Quelques jours plus tard, Kiem nous fit dire par un de ses esclaves qu'il nous envoya tout exprès : « Le mandarin d'An-Son va arriver chez moi « accompagné de soldats, et je serai obligé de « lui servir de guide pour aller jusqu'à vous. « Qu'il arrive! Je le conduirai, lui et ses hom- « mes, par tant de tours et de détours dans la « forêt, qu'ils se fatigueront de vous chercher « si loin, et renonceront à leur entreprise. Ce- « pendant, comme il pourrait absolument se

« faire que je fusse forcé de les conduire jusqu'à
« votre premier poste, vous ferez bien de le
« quitter pour quelques jours. Quant à les
« accompagner plus loin que la rivière Bla qui
« coule à Ko-Xam, n'ayez aucune crainte ; je
« vous promets que là sera pour eux le bout du
« monde. »

Le mandarin d'An-Son vint en effet chez
Kiem avec sa troupe. Le sauvage les fatigua par
des courses inutiles et des détours sans fin,
tellement qu'une partie des soldats furent pris
par les fièvres des forêts. Le mandarin, qui
avait plus encore à répondre de la vie de ses
gens que de notre arrestation, et qui craignait
d'être attaqué lui-même par la fièvre, se contenta de nous adresser de loin les imprécations
les plus violentes et en même temps les plus
inoffensives, et regagna An-Son, Gros-Jean
comme devant.

Cependant M. Combes, ne pouvant pas prévoir comment les choses tourneraient, se rendit
à l'avis de Kiem et plia bagage à la hâte. Il fit
part à son nouveau chrétien Hmur de tout ce
qui était arrivé, et lui recommanda d'abandonner sa propre maison pour venir habiter
pendant quelque temps celle du prêtre. Les habitants de Ko-Xam, qui étaient bien revenus
de leurs anciennes préventions sur notre
compte, et dont le bon Père Combes s'était déjà
fait aimer, consentirent volontiers à transporter
dans leurs maisons et à garder pendant son
absence les quelques meubles, les ornements

de messe, les livres et tout l'avoir du missionnaire. Ce cher confrère vint à Kon-Trang et y
passa près d'un mois avec M. Verdier et moi.
Vivre ainsi à trois sous le même toit eût été,
dans toute autre circonstance, un bien grand
bonheur pour nous. Mais, malgré les paroles
rassurantes que Kiem nous avait fait transmettre, nous n'étions pas sans crainte, et l'on
sait que la probabilité d'une grande infortune
est toujours un poids sur le cœur. Après de
longues fatigues, après des années d'attente,
nous avions enfin vu se lever sur notre chère
mission le grand jour de la foi et de la conversion ; la seule possibilité de voir ce beau jour
faire place à une sombre nuit nous glaçait d'é-
pouvante.

Nous fîmes un vœu à la sainte Vierge, à
saint Joseph et à saint François-Xavier, pour
obtenir par leur toute-puissante intercession
que le bon Dieu voulût détourner de nos chers
Ba-Hnars l'orage dont le démon les menaçait ;
et comme l'on prie avec ferveur quand on a un
grand désir d'être exaucé, je crois que nous
priions avec ferveur. J'ai oublié les pratiques
de piété, les prières et les mortifications qui
furent la matière de notre vœu ; j'ai oublié
aussi combien de temps il dura. Je me rappelle
seulement un petit détail que l'on me permettra
de rapporter, pour conserver à mon récit la
vérité et la couleur locale. Nous étions con-
venus de ne fumer que trois pipes par jour, le
matin, à midi et le soir. « Mortification insi-

gnifiante, » dira peut-être en souriant quelque lecteur. Pas aussi insignifiante cependant qu'il semble au premier abord, surtout quand un long séjour au milieu des sauvages a fait de cette mauvaise habitude une véritable nécessité. Toujours est-il que, lorsque le moment de fumer était venu, chacun de nous bourrait sa pipe en conscience, de manière à la faire durer le plus longtemps possible, ce qui faisait dire au bon Père Combes : « Je crois tout de « même que nous usons un peu de fraude, et « que nous cherchons à tricher le bon Dieu. »

Malgré l'insuccès de leur première expédition, les soldats du mandarin d'An-Son firent de nouvelles tentatives pour nous surprendre. Ils arrivèrent une fois jusqu'au village de Kon-Jo-Ry; encore une petite journée de marche et ils étaient à Ko-Xam. Mais les habitants de Kon-Jo-Ry avaient reçu le mot d'ordre de notre fidèle Kiem. Ils refusèrent net de servir de conducteurs à nos ennemis. Que les voies de la divine Providence sont admirables! Si les poursuites de l'autorité annamite avaient eu lieu un an plus tôt, alors que tous les villages nous étaient hostiles ou indifférents, nous aurions été certainement perdus sans ressource, et la pauvre mission des Ba-Hnars étouffée dans son berceau. Mais le bon Dieu, qui mesure le vent à la laine de l'agneau, ne nous départit dans les commencements que des croix personnelles que chacun tâcha de porter de son mieux sur ses faibles épaules; et quand

Il permit une épreuve commune, s'attaquant pour ainsi dire à la mission elle-même, il nous avait donné déjà plus de force pour la soutenir. J'ai déjà fait cette remarque, j'aurai à la faire encore; et tous mes récits prouvent clairement que le démon n'est pas le maître d'agir selon les inspirations de sa haine. Il est bridé, et notre Père qui est aux cieux lâche ou serre le frein selon sa volonté, pour sa plus grande gloire, et pour le plus grand avantage spirituel de ses enfants.

Nos maisons de Trâm-Gô, d'An-Son, de Ben, ayant été détruites, nous n'avions plus dès lors de pied-à-terre sur aucun point des frontières d'Annam. Désormais, quand on montait chez les sauvages ou qu'on descendait en Cochinchine, il fallait non seulement voyager de nuit, mais se cacher pendant le jour avec un soin infini. Quant à transporter par An-Son des objets un peu volumineux, c'était à peu près impossible. Heureusement, notre fidèle ami Kiem vint à notre secours avec ses éléphants, et les Annamites n'osaient pas examiner de trop près les marchandises confiées à ce sauvage redouté. Plus tard, les choses allèrent mieux encore. Les malandrins d'An-Son reconnaissaient bien nos gens qui montaient d'Annam ou y descendaient, mais que faire? Les arrêter, c'était se mettre dans l'embarras, comme je l'ai expliqué plus haut, puisqu'on ne pouvait pas nous prendre nous-mêmes. Le plus simple était de fermer les yeux. C'est ce qu'ils firent, et pendant plusieurs années nous fûmes peu tracassés.

CHAPITRE XVII

NOUVEAUX CHRÉTIENS A KO-XAM.

Quand les habitants du Ko-Xam virent Hmur abandonner leurs superstitions avec tant d'audace, et, selon eux, avec tant d'imprudence, tous crurent qu'il allait périr sous peu et misérablement. Sa mort inévitable fut, pendant quelque temps, le sujet de toutes les conversations. Cependant les jours, les semaines, les mois entiers s'écoulaient, et la santé de Hmur était plus florissante que jamais. Non content d'avoir abandonné le diable, le jour de son baptême, il affirmait de nouveau sa foi, tous les jours, en méprisant les pratiques superstitieuses de ses voisins et de sa propre famille ; et cependant son riz était beau et sa récolte abondante. Peu à peu on parla avec moins d'assurance de sa mort prochaine ; puis on n'en parla plus du tout, puis, la grâce du bon Dieu aidant, quelques-uns des plus chauds partisans du démon et de son culte se sentirent ébranlés, et finirent par ouvrir les yeux à la lumière de la foi.

Les cinq premiers qui suivirent l'exemple de Hmur, furent Jieng, Hmon, Tot, Poï et Hloï. Jieng était la femme de Hmur. Pour faire comprendre combien cette femme était éloignée du bon chemin, et quel triomphe la grâce divine remporta sur l'enfer par sa conversion si prompte et si sincère, il suffit de savoir qu'elle était *Bo-jaou*.

La *Bo-jaou* est la pythonisse, ou, si l'on veut, la sorcière officielle d'un village. Ces malheureuses créatures sont certainement le plus grand obstacle à la conversion des sauvages, et si l'on pouvait d'un seul coup soustraire ces pauvres gens à leur fatale influence, la religion ferait certainement parmi eux de rapides progrès. Le sauvage a dans la *Bo-jaou* une confiance sans bornes. Elle est censée savoir beaucoup de choses cachées au reste des mortels; elle voit les Esprits, elle est en relation avec eux; elle connaît l'avenir; elle peut dire, par exemple, combien on vivra de temps, de quelle mort on mourra, etc. Quelqu'un est-il malade, la *Bo-jaou* sait d'où vient la maladie, ce qu'il faut faire pour l'éloigner. Elle indique les superstitions requises pour obtenir le succès d'une affaire, les sacrifices nécessaires pour éviter un malheur. Chaque *Bo-jaou* a son *Grou*, son démon particulier. C'est à lui qu'elle s'adresse pour apprendre les choses cachées sur lesquelles on vient l'interroger.

On ne peut dire de quelles injustices affreuses ces pythonisses sont chaque jour la cause. Un personne meurt, on va interroger la *Bo-jaou* pour savoir la cause de sa mort. Celle-ci, après maintes grimaces qui servent à jeter de la

poudre aux yeux des consulteurs, déclare solennellement que la personne en question est
morte parce qu'elle a été frappée par quelqu'un
qui a *deng*. *Deng*, c'est le pouvoir de lancer,
avec un arc invisible, des flèches également
invisibles, qui vont frapper à distance et causent inévitablement la mort. On donne aussi
le nom de *deng* à la personne qui est supposée
posséder ce pouvoir. La cause de la mort une
fois connue, on s'enquiert du nom du coupable.
La *Bo-jaou* se garde bien d'aller trouver ce ou
cette *deng* parmi les enfants ou les femmes des
sauvages riches et puissants. C'est toujours
quelque veuve dépourvue de parents et de fortune, ou quelque pauvre orpheline, qui a
commis le crime. La coupable devant être
vendue comme esclave aux marchands du Laos,
la *Bo-jaou* ne manque pas de la choisir parmi
celles qui seront de meilleur et plus facile
débit, c'est-à-dire parmi les plus jeunes et les
plus belles veuves ou filles des environs. Et
telle pauvre enfant qui le matin se sera levée
joyeuse, et qui jamais n'a voulu de mal à qui
que ce soit, sera le soir garrottée pour un crime
imaginaire, et condamnée, sans espoir, à toutes
les misères et à toutes les hontes d'un lointain
esclavage. Et il ne faut pas croire qu'une aussi
criante injustice soit rare chez les Ba-Hnars;
elle se commet tous les jours, et le nombre
des victimes de cette monstrueuse superstition
est très considérable. Mais ce n'est là qu'une
des infamies commises par la *Bo-jaou*. Je n'en

finirais pas si je voulais rapporter toutes les autres, si je voulais énumérer toutes les calamités physiques ou morales dues à son influence trois fois maudite.

On comprend maintenant que le bon Dieu, lorsqu'il convertit la femme de Hmur, dut aller la chercher bien loin dans l'empire de Satan, et que cette grâce de conversion fut réellement extraordinaire. Jieng abandonna son horrible métier. Elle renonça publiquement à son *Grou* et à la pierre qui était son fétiche, et qui avait été l'instrument de ses superstitions. Elle eut l'héroïsme de déclarer aux sauvages réunis qu'elle n'avait fait, comme toutes les autres *Bo-jaou*, que les tromper, et spéculer sur leur crédulité ; que tout ce qu'elle avait débité sur ses relations avec des Esprits, ou sur sa connaissance des choses inconnues, n'était qu'illusion et mensonge. Elle prit au baptème le nom de Marie, devint une fervente chrétienne, et l'est encore aujourd'hui.

Hmon, la sœur de Hmur, fut baptisée en même temps que Jieng. J'ai dit déjà combien elle ressemblait à son frère. Douée des mêmes talents naturels, elle avait la même droiture, la même simplicité, le même éloignement pour l'injustice. Sur un seul point le frère et la sœur différaient un peu : Hmur, homme courageux et ardent, manifestait quelquefois, par de violentes explosions de colère, l'indignation et le mépris que lui inspirait l'iniquité, tandis que la douceur de sa sœur était imperturbable,

Comme son frère, Hmon avait une grande foi
dans toutes les superstitions des Ba-Hnars, et
les pratiquait avec une fidélité scrupuleuse.
Aussi, le jour du baptême de Hmur, lorsque
celui jeta les fétiches à la rivière, elle versa un
torrent de larmes. A peine cette bonne veuve
fut-elle reçue dans le bercail, qu'elle devint la
plus obéissante des brebis du Bon Pasteur. Elle
était encore jeune et très recherchée en mariage, moins à cause de sa beauté rare pour
une sauvage, qu'en raison de ses qualités morales. Elle fut sur le point de se remarier,
quelque temps avant son baptême; mais l'affaire ayant été différée, ses idées changèrent.
Devenue chrétienne, elle vit les hommes et les
choses sous un jour tout différent. Elle sentit
en son cœur le désir de cette meilleure part
que Madeleine choisit autrefois, et renonçant
aux époux terrestres, elle s'obligea par vœu à
rester veuve le reste de ses jours. Elle avait
pris au baptême le nom d'Anne. Un jour elle
disait au bon Père Combes : « Je ne sais pas si
« les autres sont comme moi, mais depuis que
« je suis chrétienne, quelque part que je sois,
« je pense toujours au bon Dieu, et je n'éprouve
« de contentement qu'à vivre en sa présence. »
Pendant plus de dix ans, Anne fut pour nos
néophytes un modèle accompli. Sa mort fut
tranquille comme celle des saints; et j'ai la
ferme confiance qu'elle se présenta au tribunal
du bon Dieu avec la robe blanche de l'innocence
baptismale. Son fils Tot fut baptisé le même

jour qu'elle. Il pouvait avoir alors dix-sept ans.
Il est aujourd'hui père de trois enfants, et toujours excellent chrétien.

Poï, qui fut appelé Lin au baptême, mérite aussi une mention particulière. On se souvient de la conspiration qui faillit nous perdre dès notre arrivée à Ko-Xam, et qui avorta grâce au courageux dévouement de Hmur ; Poï en avait été le plus ardent fauteur. La grâce de Dieu changea ce loup en agneau, cet ennemi acharné en ami fidèle. Poï était un de ces hommes convaincus, que la passion de faire partager leurs propres convictions travaille sans relâche. Dès que la foi eut pénétré son cœur, il éprouva un besoin insatiable de communiquer cette foi aux autres. Le besoin de faire des prosélytes, parmi ses parents d'abord, puis parmi tous les autres sauvages, était dans son âme comme une soif dévorante. Dans ses voyages à travers les villages des environs, il a souvent baptisé des enfants à l'article de la mort. Mais c'est surtout lorsque quelque infidèle était en danger de mourir que son zèle s'enflammait.

Je l'ai vu une fois au lit de mort d'un de ses parents : c'était un homme qu'il avait souvent engagé à embrasser la foi, et toujours inutilement. Dans ce moment suprême, voyant cette malheureuse âme sur le point de tomber en enfer, il redoubla ses instances. Le mourant se laissa enfin persuader, et Poï courut m'avertir. Je le suivis, mais à notre arrivée, le malade avait perdu la parole et probablement aussi la connaissance. Comment peindre la désolation du fervent chrétien? La maison était pleine de visiteurs, presque tous païens. « L'infortuné! « s'écria Poï en s'adressant à eux, il n'a pas « voulu me croire quand je lui disais de ne pas « s'exposer à un malheur éternel! Maintenant « qui le sauvera? Encore quelques minutes, et « il sera plongé dans le feu éternel de l'enfer. « Vous, au moins, qui êtes témoins de cette fin « misérable, convertissez-vous et ne vous jetez « pas les yeux fermés dans le même abîme! » Le ton de sa voix, l'accent de foi énergique qui animait ses paroles, produisit sur tous les sauvages présents à cette scène une impression profonde et visible. Dieu daigna, sans doute pour récompenser le zèle du néophyte, avoir pitié du mourant. Le lendemain de cette agonie il commença à se trouver mieux; et quelques jours après, étant en pleine convalescence, il vint chez moi pour se faire instruire. Il est aujourd'hui bon chrétien, ainsi que tous ses enfants. Quant à Lin Poï, le bon Dieu l'a appelé à lui dans la force de l'âge. Sa mort a été une grande perte pour les missionnaires et pour les sauvages. Mais il était mûr pour le ciel. Dieu soit béni!

Hloï, le cinquième de ces nouveaux chrétiens, était un jeune homme d'une vingtaine d'années. D'un tempérament faible, rachitique et maladif, il avait en échange tous les dons de l'esprit et du cœur. M. Combes, qui le connaissait bien, lui portait une affection particulière, et mit

tous ses soins à aider le travail de la grâce dans **cette** âme privilégiée. Hloï ... de grands progrès dans la vertu, et avança rapidement, lui enfant de la forêt, hier encore sauvage, dans cette vie spirituelle que tant de chrétiens, baptisés dès leur naissance, connaissent à peine de nom. J'eus occasion un jour de m'en convaincre. Il faisait sa prière du soir à haute voix, selon la coutume, et ne m'avait pas vu arriver. Je me cachai de manière à l'entendre sans être aperçu. Après avoir récité pieusement toutes les formules ordinaires de la prière du soir, il continua à parler au bon Dieu, par un mouvement spontané de son âme. J'avoue que je fus étonné, ravi, ému jusqu'aux larmes. Je levai les yeux au ciel, et dis du fond de mon cœur : « O mon Dieu ! que vous êtes admirable « dans ves saints ! Votre esprit souffle où il « veut ; il transforme d'un seul coup l'âme la « plus grossière. C'est lui seul qui fait com- « prendre et goûter à ce pauvre sauvage des « choses dont l'homme animal ne saurait avoir « l'idée. Gloire à vous dans l'éternité ! »

Hloï avait une trop mauvaise santé pour s'occuper sérieusement des travaux des champs, unique occupation des Ba-Hnars, et comme d'ailleurs ses parents étaient à leur aise il vint s'établir après son baptême dans la maison de M. Combes. Il aidait le prêtre à instruire les catéchumènes, et préparait ceux-ci, plus encore par ses exemples que par ses discours, à la **grâce du baptême. Je regrette de ne pouvoir** m'arrêter davantage sur ce bon petit saint. Il vécut encore quelques années, toujours languissant et souffreteux ; à ses infirmités habituelles vint se joindre, dans les derniers mois de sa vie, la gravelle qui le tortura cruellement. C'est moi qui l'assistai à ses derniers moments, car alors son Père Combes était déjà passé à une vie meilleure. Sa patience fut admirable. Il reçut les derniers sacrements avec une piété qui édifia tous ceux qui en furent témoins. Comme le bon Dieu lui conserva la connaissance la plus parfaite jusqu'au dernier moment, il ne cessa de prier que lorsqu'il cessa de vivre. Je le fis enterrer à côté de M. Combes, la mort ne devant pas séparer les corps de deux âmes si unies pendant leur pèlerinage sur la terre.

Cette année 1854 et l'année suivante, une vingtaine de sauvages pour la plupart jeunes gens et parents de Poï et de Hloï, se firent également instruire des vérités de notre sainte religion et entrèrent dans le sein de l'Église ; mais je ne puis pas consacrer une notice particulière à chacun d'eux.

On ne sera pas surpris d'apprendre que ce petit troupeau fut en butte aux sarcasmes, aux vexations, aux tracasseries continuelles des sauvages demeurés païens. Et cependant, pour qui connaît les mœurs des Ba-Hnars, il y a là quelque chose d'étrange et d'humainement inexplicable, qui laisse entrevoir l'intervention diabolique. En effet, il n'existe pas de pays au monde où chaque individu soit aussi libre de ses actions, aussi complètement indépendant de tout contrôle extérieur, que le sont nos sauvages. Chacun d'eux peut parler et agir comme il l'entend, sans que les autres y trouvent à redire. Qu'un Ba-Hnar s'avise, par exemple, de violer toutes les superstitions, de tourner en ridicule toutes les divinités, d'avoir la conversation la plus obscène, de mener la vie la plus dévergondée, on lui dira peut-être qu'il se nuit à lui-même, qu'il mourra bientôt, etc... ; mais voilà tout. Pourvu que ses faits et gestes ne fassent tort à personne, on le laisse libre et personne ne se mêle de ses affaires.

Aussi quand les néophytes de M. Combes se virent l'objet de continuelles persécutions, de la part de leurs parents, de leurs anciens amis et en général de tous leurs compatriotes, leur étonnement fut aussi grand au moins que leur douleur. « Comment, disaient-ils, nous travail-« lons aux champs comme les autres, nous ne « faisons jamais le moindre tort à qui que ce « soit, nos rapports avec tout le monde sont les « mêmes qu'auparavant, et nous voilà devenus « le sujet des railleries et des tracasseries d'un « chacun ! Que nous accomplissions quelques « pratiques spéciales, que nous récitions des « prières, que nous ne croyions plus aux su-« perstitions, c'est notre affaire. Qu'ont-ils à y « voir ? » A la fin, indignés de ces procédés pour eux inexplicables, ils résolurent de faire village à part, en abandonnant, qui son père et sa mère, qui ses frères et sœurs. Cette détermination prise, ils vinrent la soumettre à Monsieur Combes, qui, après avoir écouté toutes leurs doléances, se mit à sourire. « Vous voulez, « leur dit-il, abandonner ces pauvres malheu- « reux ? Vous ne pensez donc pas que je suis « venu de si loin précisément pour les chercher. « Ces persécutions, mes chers enfants, sont « inévitables lorsqu'on prêche la vraie religion « quelque part pour la première fois, et dans « beaucoup de pays, elles ont été et sont encore, « bien autrement terribles. Courage donc et « patience ! Soyez d'autant plus doux qu'on se « montrera envers vous plus dur et plus injuste. « Vous verrez que ces mêmes personnes qui « vous poursuivent de leurs tracasseries vous « imiteront peu à peu, et vous aurez gagné « leurs âmes. Tandis que si nous avions la lâ- « cheté de les abandonner, eux se perdraient, « et vous, vous seriez toujours aussi peu nom- « breux qu'à présent. » Ces pauvres néophytes comprenaient difficilement un langage si nou- veau pour eux, et le missionnaire eut besoin de toute son autorité pour les faire changer de résolution. Mais ils eurent bientôt lieu de se réjouir de leur docilité. Le nombre des chré- tiens alla toujours en augmentant, et plusieurs de ceux qui s'étaient montrés les plus hostiles d'abord, furent les premiers à demander le baptême.

CHAPITRE XVIII

NOUVEAUX CHRÉTIENS A KON-TRANG. — CONSPIRA-
TION. — UNE TERRIBLE ÉPREUVE.

Pendant l'année 1854, les jeunes compagnons de Joseph Ngui continuaient à fréquenter ma maison, pour s'instruire des vérités chrétiennes. Après avoir éprouvé leur foi et leur constance, j'en baptisai quatre. ce qui porta à six le nombre de mes néophytes de Kon-Trang. M. Combes avait dédié Ko-Xam à Notre-Dame de la Délivrance ; je mis ma chrétienté naissante sous la protection de l'Immaculée Conception.

Vers la fin de cette année, le village changea de place. Quoique les sauvages de ces contrées ne soient pas proprement des nomades, c'est-à-dire des tribus errantes et sans habitations fixes, cependant ils ont un peu les mœurs nomades, et restent rarement de longues années dans le même endroit. Leurs idées superstitieuses sont presque toujours le principal motif de ces changements. Lorsque le feu dévore une maison ou tout le village, lorsque la mortalité est plus forte qu'à l'ordinaire, lorsque quelqu'un a été pris par l'ennemi, ou a péri d'une mort violente et tragique, etc., etc., c'est que le terrain occupé par le village porte malheur ; il faut l'abandonner. Naturellement la pythonisse ou *Bo-jaou* est toute puissante en pareil cas. C'est elle qui déclare qu'il ne faut plus habiter l'ancienne place, c'est elle aussi qui, après mille cérémonies superstitieuses, désigne un endroit plus propice où l'on trouvera infailliblement bonheur et longévité. Et si quelques années plus tard il faut déménager de nouveau, abandonner le terrain qui devait être si privilégié, et cela parce que la mortalité est plus grande qu'auparavant, personne ne s'avisera d'accuser la sorcière d'ignorance ou d'imposture.

Les gens de Kon-Trang transportèrent donc leur village à trois kilomètres de distance en se rapprochant de Ro-Ngao. Pendant tout le temps qu'on mit à construire les nouvelles cabanes, c'est-à-dire pendant environ un mois, les sauvages passèrent la nuit à la belle étoile dans la forêt, à côté des constructions commencées. Comme le personnel de ma maison ne se composait que de trois individus, je ne pouvais pas songer à me bâtir une nouvelle demeure avec de si faibles moyens. Il fut donc convenu avec les sauvages que je continuerais à habiter l'ancienne, et que, leurs constructions achevées, tout le village m'aiderait à m'établir à mon tour. Je restai ainsi un mois, seul dans l'ancien village, et séparé du nouveau Kon-Trang par trois kilomètres de forêt. Les dimanches, Ngui venait à la messe ; et ce n'était pas pour lui une petite affaire, car un enfant sauvage n'ose guère s'engager seul dans les bois, et le pauvre Joseph avait besoin de toute sa piété pour vaincre la peur qu'il éprouvait dans le trajet.

Un jour il ne vint pas ; son père était très gravement malade, et il ne pouvait songer à le quitter un seul instant. Ngam son frère aîné, encore païen, partageait avec lui ce devoir de la piété filiale. Ces deux frères s'aimaient tendrement, et chose assez curieuse, depuis le baptême de Ngui, cette affection fraternelle n'avait fait que s'accroître. Seulement, notre sainte religion était devenue entre eux un sujet de continuelles discussions. Joseph voulait la faire embrasser à Ngam, et celui-ci, de son côté, n'épargnait aucun effort pour que Ngui l'abandonnât. Aux pieds de leur père malade dans la forêt, les deux frères cherchaient, chacun de son côté, à conserver une vie si chère. Joseph priait, priait toujours. Quelquefois aussi il insinuait à son père l'avantage, la nécessité de se faire chrétien. Ngam ne savait pas prier, mais par diverses superstitions, il tentait de conjurer la colère des divinités. Il fit vœu, si son père guérissait, de sacrifier une chèvre, un porc et un buffle ; c'est le plus grand et le plus dispendieux des sacrifices. Joseph fit aussi un vœu, s'engageant à jeûner un certain nombre de jours de la semaine, et à assister à la messe ces jours-là. Cependant l'état de Lam était loin de s'améliorer, Joseph vint me prier de visiter son père, et de l'amener par mes exhortations à se préparer au baptême. Je me rendis aussitôt auprès du malade, et crus comprendre, en le voyant, qu'il était attaqué d'une fluxion de poitrine. Je lui appliquai immédiatement un grand nombre de sangsues ; dès ce moment la douleur diminua, et quelques jours

après il fut guéri. Quand il entra en convalescence, il me promit de venir se faire instruire après son rétablissement, et il tint parole.

Ngam y vint aussi, mais après de longues hésitations ; et la grâce eut beaucoup de peine à triompher de sa résistance. Sans doute le démon prévoyait que ce jeune homme, devenu chrétien, ferait grand tort à son influence, et cherchait en conséquence, par tous les moyens possibles, à le détourner de la conversion. Le pauvre Joseph ne cessait de prier pour lui, et de lui adresser les plus touchantes exhortations. Ngam ne disait plus rien contre la religion ; seulement son orgueil d'aîné ne pouvait s'habituer à l'idée d'être vaincu par son frère cadet : « Comment ! disait-il à Ngui, il sera dit « que toi, un enfant, tu as eu le dessus sur « moi ? — Non, répondait Joseph, ce n'est pas « moi qui l'emporterai sur toi, mais c'est le « bon Dieu qui sera ton vainqueur ; moi je ne « fais qu'adresser des prières au bon Dieu d'a- « bord, à toi ensuite. » Enfin Ngam céda. « Eh bien ! oui, dit-il un jour, je me fais chré- « tien, mon cher frère ; il y a longtemps que « tu m'as convaincu, mais mon amour-propre « ne voulait pas céder. Aujourd'hui c'en est « fait, je vais trouver le Père pour qu'il m'ins- « truise. » Il vint, il fut baptisé, et l'on verra plus loin quel excellent chrétien il a toujours été. Le jour de son baptême il dit : « Que le « diable garde les vœux que je lui ai faits à « l'occasion de la maladie de mon père ! ce sont

« les prières de Joseph qui l'ont guéri, et non
« pas mes vœux. On me dit que je mourrai
« si je ne les accomplis pas : nous verrons. En
« attendant, je les abandonne, et mets uni-
« quement ma confiance en Dieu que j'ai offensé
« en les faisant. » Lam et son fils furent baptisés
le même jour et M. Combes assista à la cérémonie pour être le parrain de Lam.

En cette même année 1855, une dizaine de
jeunes gens suivirent l'exemple du père et du
frère de Joseph. Le petit troupeau allait
croissant, aussi le démon ne tarda pas à l'attaquer. Seulement il modifia un peu ses plans.
Tandis qu'à Ko-Xam, ses suppôts poursuivaient
les néophytes de plaisanteries, de sarcasmes et
d'injures, à Kon-Trang, ils cherchèrent surtout
à épouvanter, par les plus niaises inventions,
par les plus ridicules calomnies, ceux qui désiraient embrasser la foi. On disait donc que
ceux qui se faisaient chrétiens seraient nécessairement nos esclaves dans la suite; on assu-
rait qu'à chaque fois qu'une personne se con-
vertissait, je prenais, le jour même de son baptême, l'âme du néophyte, je l'enveloppais dans
une feuille de papier, et l'envoyais à *Ba-Jang*
(Dieu) qui l'achetait. C'était de ce commerce,
ajoutait-on, que provenaient toutes mes ressources; mon avoir n'était que le prix des âmes
vendues à Dieu. « En outre, si l'on se fait chré-
« tien, disaient d'autres, on ne peut pas se ma-
« rier, il faut rester vierge. Quoi de plus cer-
« tain ? Le Père n'appelle-t-il pas Marie la

« sainte Vierge? Donc les chrétiens ne peuvent
« pas se marier. » Un catéchumène, qui par-
raissait assez solide, fut terrassé par ce terrible
argument. Ne sachant qu'y répondre et voulant
néanmoins se marier, il renvoya sa conversion
à quatre ou cinq ans plus tard. Il lui fallut tout
ce temps pour comprendre qu'il est licite aux
chrétiens de se marier, bien que la mère de
Dieu soit demeurée toujours vierge. On ne
saurait croire combien ces sottises et d'autres
objections encore plus ineptes ont paralysé, à
Kon-Trang, les progrès de l'Evangile.

Quelques mois auparavant, nous avions couru,
à notre insu, un très grand danger. Voici comment j'en eus connaissance. Un jour, un sauvage Ro-Ngao, du village de Kon-Ro-Bang,
dans les environs de Ro-Hai, vint à Kon-Trang
Après avoir visité diverses personnes, il entra
aussi dans ma maison. Je le reçus comme les
sauvages reçoivent leurs amis, en l'invitant à
manger mon riz et à boire mon vin. Lam, le
père de Ngui et de Ngam, avait été témoin de
cette cordiale réception. Le soir du même jour il
arriva chez moi. Il n'était pas ivre, mais il avait
bu un peu plus qu'à l'ordinaire, et se trouvait
juste à ce point où l'on ne sait plus ni se taire
ni dissimuler. « Père, me dit-il, vous avez été
« bien charmant à l'égard de Poï. — Je le suis
« envers tout le monde; pourquoi pas envers
« lui? — En effet, ajouta-t-il avec un sourire
« ironique, il le mérite si bien ! » Puis, deve-
nant tout à coup sérieux, il ajouta : « Je veux

« vous découvrir une chose. Il y a quelques mois,
« ce Poï vint me trouver et me dit : « Nous
« sommes quatre villages réunis pour aller piller
« la maison des Annamites à Ro-Hai. Je suis en-
« voyé par ces villages pour te proposer de te
« joindre à nous. Si tu y consens, au jour in-
« diqué, les Ro-Ngao se jetteront sur Ro-Hai,
« et en même temps, toi ici, avec ton village,
« tu t'empareras de tout ce que possède Bok-An
« (c'est mon nom parmi les sauvages). Nous
« tuerons les hommes et prendrons les biens. »
« Quand j'entendis cet homme me faire un pro-
« position si impudente avec le plus grand
« sang-froid, l'indignation me coupa la parole,
« et je fus un instant sans pouvoir lui répon-
« dre. A la fin je lui dis : « Misérable, c'est à
« moi que tu oses proposer une chose aussi
« infâme ! Et pour qui me prends-tu ? Quel mal
« nous ont fait les Annamites ? Et tu t'imagi-
« nes que, sans ombre de raison, je tremperai
« mes mains dans leur sang ? Va dire à ceux
« qui t'ont envoyé que non seulement je ne con-
« sens pas à devenir leur complice, mais que je
« serai l'ennemi le plus déterminé de tous ceux
« qui attaqueront ces hommes innocents. » Et
« l'affaire n'eut pas de suite. Mais vous voyez,
« Père, que ce méchant homme que vous avez
« si bien reçu est un traître, et que si je l'avais
« écouté, vous seriez déjà mort. » Le lendemain de cette révélation, Lam vint encore me
trouver : « Hier, me dit-il, j'ai trop parlé. Le
« vin ouvre la bouche. Mais puisque cette af-

« faire est passée depuis longtemps et qu'il n'y
« a plus de danger pour vous, je vous prie de
« ne pas faire allusion à cette conspiration.
« Vous me feriez inutilement des ennemis et
« vous ne gagneriez rien, car ces villages sont
« maintenant bien disposés envers vous. »

Ce péril avait disparu; la paternelle sollicitude du bon Dieu avait non seulement fait
avorter dans leur germe les projets de l'enfer,
mais nous avait préservés de tout souci, en
nous les laissant ignorer. Bientôt commença
pour moi et pour la chrétienté de Kon-Trang
une épreuve beaucoup plus redoutable, et dont
les suites se font encore sentir aujourd'hui. Je
ne puis me la rappeler sans une immense tristesse. Pardonnez-moi, ô mon Dieu, si dans
cette tristesse se mêle un impur alliage d'a-
mour-propre humilié! Soyez béni, parce que
vous êtes Père, même lorsque votre main s'ap-
pesantit sur nous! Soyez béni, parce que les
voies de votre Providence sont toujours admirables, et que vous savez mieux que nous ce
qui convient pour votre plus grande gloire!

Jusqu'alors les deux missions de Notre-Dame
de la Délivrance et de l'Immaculée-Conception
avaient marché d'un pas à peu près égal. Le
bien s'y faisait lentement, mais d'une manière
solide. Les néophytes, peu nombreux mais choisis, montraient une docilité admirable; les
païens, en grand nombre, étaient ébranlés, et
on pouvait espérer une prochaine et abondante
moisson. Mais Dieu, pour des raisons connues

de lui seul, en a agi d'une manière différente
envers ces deux missions; et pendant que Kon-
Ko-Xam a continué de progresser, Kon-Trang
est resté stationnaire. A Ko-Xam pendant les
premières années de la prédication de l'Evangile, aucun sauvage néophyte ou catéchumène
ne mourrut, aucun même ne fut atteint de maladie grave. De plus, la religion les ayant dé-
barrassées d'une foule de pratiques qui entra-
vaient les travaux des champs, ils purent faire
ces travaux en temps plus opportun, obtinrent
de meilleures récoltes, et virent l'abondance de
riz succéder à une disette jusque-là presque continuelle. Les sauvages attribuèrent à la religion ces avantages et ce bien-être général.

A Kon-Trang ce fut tout le contraire. Il y
avait, à la fin de 1855, une vingtaine de catéchumènes, tous jeunes, car, si l'on excepte Lam,
le plus âgé n'avait pas vingt-cinq ans. A la fin
de 1856, huit d'entre eux avaient cessé de vivre.
Et ce qui fit sur les esprits une impression plus
fâcheuse encore que leur mort même, ce fut le
genre de leur mort. Une fille mourut d'hémor-
ragie, elle perdit tout son sang par le nez et
expira de faiblesse, une autre périt victime de
la morsure d'un serpent; quatre jeunes gens
moururent d'un mal subit et inconnu qui les
emporta en quarante-huit heures; un jeune
cousin de Joseph, nommé Joachim-Am, mourut
d'une colique de *miserere*, après avoir souffert
pendant trois jours d'affreuses douleurs de ventre; enfin Joseph Ngui succomba, le dernier de

tous, à une fièvre cérébrale. Ce qu'il y eut de plus extraordinaire encore, c'est que dans le temps que mes chers enfants s'en allaient ainsi aucun jeune païen de leur âge ne mourut à Kon-Trang. Fort heureusement, je dois le dire pour ma consolation et celle du lecteur, tous quittèrent cette vie dans les meilleures dispositions, et j'ai lieu d'espérer qu'ils sont tous au ciel. De plus, la foi des survivants ne fut nullement ébranlée par cette mystérieuse conduite de la Providence. Mais le démon en profita pour faire calomnier la religion, pour faire répandre les bruits les plus ridicules, et pour persuader aux sauvages que, ces accidents n'étant arrivés qu'aux néophytes et après leur baptème, le baptème en était nécessairement l'unique cause. On imagine aisément ce qui s'ensuivit.

Les quelques sauvages qui commençaient à apprendre les prières, et dont la foi était encore faible, désertèrent ma maison. L'un d'entre eux fut terriblement châtié de cet abus de la grâce. Déjà il croyait à la vérité de la religion, déjà il était convaincu de l'obligation de l'embrasser. Une terreur superstitieuse lui fit tout abandonner. Un jour l'ayant rencontré seul, je lui dis : « Mon pauvre Xem, pourquoi donc ne « viens-tu pas apprendre les prières ? voilà « déjà longtemps que je ne te vois plus. — Je « ne veux point abandonner la religion, me « répondit-il, mais pour le moment on parle « tant contre elle, que je n'ose me faire ins- « truire. Plus tard, lorsque d'autres en grand

« nombre se présenteront pour vous écouter, je
« reviendrai moi aussi me joindre à eux. — Tu
« dis : plus tard, mais, plus tard, y seras-tu ?
« Quoique jeune encore, es-tu sûr de vivre bien
« longtemps ? » Il garda le silence, et je le quittai. Quelques jours après, je fis un voyage à
Notre-Dame de la Délivrance pour visiter mon
bon confrère, M. Combes, et après deux jours
passés dans sa compagnie, je revins chez moi.
Avant d'arriver au village, j'entendis le son
des cymbales. « A quel sujet frappe-t-on les
« cymbales aujourd'hui ? demandai-je à une
« femme que je rencontrai. — C'est que Xem,
« me répondit-elle, est mort subitement la nuit
« dernière. » Le malheureux, pensai-je, il n'a
pas su, il n'a pas voulu profiter du moment de
la grâce. Il a répété comme tant d'autres cette
parole funeste, ce cri de corbeau, comme dit
saint Augustin : *Cras, cras* (demain, demain),
et comme tant d'autres, il n'a pas eu de demain.

Quelle triste année ! et que mon pauvre cœur
eut à souffrir. Je voyais s'évanouir toutes mes
espérances ; je voyais l'édifice commencé avec
tant de peine bouleversé de fond en comble ;
l'enfer regagnait le terrain perdu. Et ce qui
surtout augmentait ma douleur, c'était la crainte
trop fondée d'avoir contribué par mes péchés à
tous ces malheurs. A Ko-Xam, tout réussissait ; la bénédiction de Dieu était constante sur
la mission de Notre-Dame de la Délivrance.
Pourquoi ? parce qu'elle était dirigée par un
confrère vertueux, un saint missionnaire, un

apôtre zélé. A Kon-Trang au contraire tout menaçait ruine. N'était-ce point à cause de mes péchés de chaque jour, à cause de mes ingratitudes sans nombre? Que de fois je me suis rappelé le juste Abel et son misérable frère, offrant chacun de son côté un sacrifice au Seigneur! Le sacrifice de l'un monta au ciel comme un encens d'agréable odeur ; celui de l'autre fut rejeté. Si ma prière avait monté au trône de Dieu, ardente et pure comme celle de mon confrère, les mêmes bénédictions qu'il obtenait pour ses néophytes, je les aurais obtenues pour les miens. Mon Dieu, ayez pitié de moi! Ne permettez pas que ma misère cause la perte de ces âmes rachetées par le sang de votre fils Jésus-Christ !

CHAPITRE XIX

MALADIE DE JOSEPH NGUI. — SA MORT.

J'ai dit plus haut que, pendant cette terrible année 1856, la mort m'enleva mon petit Joseph, mais je dois à la mémoire de ce cher enfant de donner des détails plus circonstanciés sur les derniers mois de sa vie. Il était pour moi une consolation au milieu de toutes mes peines. Dans mes moments les plus sombres, je causais avec lui, et sa piété me donnait du courage. « Mon Dieu, me disais-je, au moins celui-ci « vous aime bien, et c'est moi qui le premier lui « ai parlé de vous, et qui lui ai dit combien

« vous êtes bon. » Une première fois, je crus
que son heure était venue. Il fut attaqué de la
rougeole ou de la fièvre scarlatine, je ne puis
dire laquelle des deux, et tomba si grièvement
malade, que je crus le moment venu de lui administrer les derniers sacrements, et de le préparer à paraître devant Dieu. Il était allé de nouveau demeurer chez son père, depuis que Lam
avait reçu le baptême. Comme, dans sa nombreuse
famille, le va-et-vient de tant de monde, les
cris et les rires des enfants, entretenaient un
tapage continuel, Joseph désira chercher auprès de moi un peu de calme et de paix. Un
soir donc, à l'entrée de la nuit, je le portai sur
mon dos dans ma maison, et le couchai sur une
natte à côté de la mienne. Je le veillai plusieurs
nuits et quand, accablé de sommeil, je m'as-
soupissais un peu, s'il avait besoin de moi, il
me réveillait avec ma clochette de la messe. Le
pauvre enfant me donna bien moins de peine
que de consolation. Il était d'une patience de
saint, et il offrait souvent ses souffrances au
bon Dieu. La maladie fut si violente qu'il perdit un œil ; mais, quelque vive que fût la douleur, il l'endura avec un calme inaltérable.
Cette fois, le bon Dieu me le laissa. Sa Providence voulait seulement me préparer de loin à
le perdre, et me faire comprendre que je devais
purifier mon affection, peut-être un peu humaine pour ce premier et délicieux fruit de mon
ministère chez les sauvages. Joseph guérit
donc, et retourna chez son père.

C'était l'époque où le riz, déjà en épi, commence à jaunir. Le sauvage, alors, passe le jour et la nuit dans son champ : le jour, pour chasser les oiseaux, et la nuit, pour empêcher les sangliers, les cerfs, etc., de dévaster la moisson. Lam avait commandé à Joseph de garder à lui seul un champ de riz. Il y restait toute la semaine. Seulement, le samedi soir, il confiait la garde de son riz au bon Dieu, et venait pour entendre la messe du dimanche. Un jour qu'il avait eu le bonheur de faire la sainte communion, il se hâta, après son action de grâces, de regagner son champ. Or, pendant la journée, j'allai faire un petit tour dans la forêt, et je me dirigeai de ce côté. J'aperçus Joseph assis sur le bord d'un ruisseau, les coudes sur les genoux, et la tête entre les deux mains. Je m'avançai doucement sans faire de bruit, et j'étais déjà tout à côté de lui qu'il ne m'avait pas encore aperçu. « C'est comme cela, lui dis-je, que tu « chasses les oiseaux ? » Surpris d'entendre ma voix, il leva la tête, et je vis son visage tout inondé de larmes, et ses joues enflammées. « Et pourquoi pleures-tu, mon bon Joseph ? — « Je n'en sais rien, me répondit-il, je ne sais pas « si c'est de joie et de douleur. Ce que je sais, « c'est que je goûte un bonheur indicible de- « puis que mes larmes ont commencé à couler. « Je me suis assis à côté de cette eau pour ré- « citer mon chapelet. Tout en priant, j'ai pensé « à la communion que j'ai faite ce matin ; j'ai « pensé aussi à tous les péchés que j'ai commis

« dans ma vie. En voyant que Dieu est si bon,
« que je suis si méchant, et que pourtant il
« m'aime, les larmes me sont venues aux yeux.
« C'est peut-être la douleur de mes péchés qui
« les a provoquées, mais alors pourquoi me
« causent-elles de la joie et du bonheur ? De-
« puis que je pleure, je ne saurais être triste.
« Expliquez-moi tout cela, mon Père ; vous
« êtes peut-être habitué à ces choses. Pour moi,
« je n'avais encore jamais pleuré en priant, et
« je vous répète que je ne sais pas si mes lar-
« mes sont de joie ou de peine. »

On peut imaginer les sentiments que ces paroles d'un enfant sauvage excitèrent en moi.
« Aime bien le bon Dieu, mon Joseph, lui dis-
« je, et conserve ton cœur pur afin de commu-
« nier souvent, et le Seigneur Jésus te fera
« encore éprouver que les larmes qui viennent
« de lui, eussent-elles leur source dans la
« douleur de l'avoir offensé, sont infiniment
« plus douces que toutes les joies et tous les
« plaisirs du monde. Et cependant, cher en-
« fant, prie aussi un peu pour moi ton Père.
« — Je le fais tous les jours. Comment pour-
« rai-je vous oublier ? Est-ce que tout mon
« bonheur ne vient pas de vous ? L'autre jour
« j'ai pensé à ce que je ferais si on ne vous en-
« voyait plus rien de Phalang (la France), et
« que vous n'eussiez plus rien pour vivre. Eh
« bien ! me suis-je dit, je travaillerais comme
« deux, et je cultiverais un champ plus grand
« qui pût suffire pour le Père et pour moi. »

Cette journée bénie s'écoula vite, et le soir, quand je récitai mon bréviaire, la pensée de Joseph priant chassa mes distractions. « Hé- « las ! mon Dieu ! me disais-je, lui n'est qu'un « enfant qui, hier encore, était païen, et moi « je suis prêtre ! » N'ai-je pas bien raison, cher lecteur, de dire et de répéter que la divine Providence n'envoie jamais les peines toutes seules à ses missionnaires, et que toujours elle sait mêler un peu de miel dans le calice d'amertume ?

La joie que j'avais éprouvée de la guérison de Joseph ne dura pas longtemps. Quelques mois plus tard, il me fut enlevé après deux jours de maladie. Pour réparer le toit de chaume de la maison de son père, il avait travaillé tête nue, sous les rayons d'un soleil dévorant. En descendant du toit, il se plaignit d'un violent mal de tête. L'insolation avait amené la fièvre cérébrale. Que faire contre une pareille maladie en un pays où ne se trouvent ni médecins ni remèdes ? Il tomba promptement en délire, et comme je n'avais pas deviné assez vite la gravité du mal, je ne sais s'il était encore en pleine connaissance lorsque je lui administrai les sacrements. Heureusement, il avait communié très peu de jours auparavant, et il avait l'habitude d'apporter la plus grande piété à la réception de Jésus dans son cœur. Je ne le quittai pas un moment jusqu'à sa mort, et il expira dans mes bras. Pendant son agonie, il tenait dans ses mains un petit crucifix que je lui avais donné le jour de son baptême. et que depuis, il avait constamment porté suspendu au cou. Même dans les transports du délire il le baisait souvent, et quelqu'un ayant voulu le lui enlever, il poussa un cri, ce qui me fit penser qu'il avait encore conscience de ses actions.

J'avoue que, quand il rendit le dernier soupir, je me mis à pleurer, et je pleurai longtemps. C'était mon enfant! Et quel enfant! « Pauvre Joseph, répétais-je dans ma douleur, « toi, tu es heureux! Tu es au ciel avec le bon « Dieu que tu as connu tard, mais que tu as « beaucoup aimé! Et moi, ton Père, je suis en-« core dans cette triste vallée de larmes, parce « que mon âme n'est pas pure comme la tienne. « Ah! au moins, ne m'oublie pas! Au ciel on « ne peut pas être ingrat. Toi, qui ne l'étais « pas ici-bas, comment le serais-tu là-haut? »

Je lavai son corps, je l'habillai, et j'imprimai un baiser sur son front inanimé. Les sauvages réunis autour de moi considéraient attentivement toutes mes actions, tous mes gestes. J'en entendis un qui répéta les paroles des Juifs, témoins des larmes que Jésus versait sur Lazare : « Voyez comme il l'aimait! » Le père de Ngui pleura beaucoup son cher Joseph; mais la douleur d'André fut plus inconsolable encore. Joseph était son frère de cœur plus encore que de sang. Il était même son père, on peut dire, depuis que ses prières incessantes et ses pieuses sollicitations **l'avaient lui-même rendu enfant de Dieu.**

Chez nos sauvages, lorsqu'un père, une mère,
un frère, une sœur, ou quelque personne tendrement aimée rend le dernier soupir, ou est mis
en terre, une cruelle habitude exige qu'on se porte
contre soi-même à des actes de violence qui
souvent causent de graves blessures, quelquefois même la mort. Les jeunes gens surtout y
vont avec moins de mesure. Ils se donnent des
coups de couteau ; ils se précipitent la tête la
première contre les colonnes de bois de leurs
maisons afin de témoigner plus énergiquement
leur grande amitié pour le défunt, et leur dé-
sespoir d'en être séparés pour toujours. Les parents et amis de Ngam qui connaissaient la tendre affection de celui-ci pour Ngui, et qui étaient
païens, craignaient que Ngam n'attentât à sa
vie. Pour empêcher ce malheur, ils le gardaient
à vue. Ngam s'aperçut de leur crainte, et leur
dit d'une voix forte qui fut entendue de tous les
assistants : « Vous connaissez mal la religion
« chrétienne et les sentiments qu'elle inspire,
« si vous pensez que j'ai quelque dessein de me
« donner la mort. Si les hommes m'avaient en-
« levé mon frère, je voudrais le délivrer à l'aide
« de mon sabre ou mourir avec lui, mais je
« sais que Ngui appartenait à Dieu plus qu'à
« moi. Il lui a plu de reprendre son bien, que
« sa volonté soit faite ! Au reste, vous ne savez
« pas, vous autres, que je le reverrai un jour, et
« c'est pourquoi vous ne comprenez pas ma ré-
« signation. »

Le lendemain, les restes inanimés du cher

défunt furent déposés dans un solide cercueil
de bois de fer, et on le porta au lieu de son
dernier repos. Je pleurai plutôt que je ne chan-
tai les belles prières de l'Eglise pour les morts.
Je fis recouvrir la tombe d'un couvercle également en bois de fer, sur lequel je gravai cette
simple épitaphe :

HIC JACET JOSEPH NGUI

PRIMITIÆ ECCLESIÆ SEDANÆ

NON SUMUS SICUT CÆTERI, QUI SPEM NON HABENT,

PIE JESU, DONA EI REQUIEM.

Ci-gît Joseph Ngui
Prémices de l'Eglise des Se-Dang.
Nous ne sommes pas comme ceux qui n'ont point
l'espérance,
Doux Jésus, donnez-lui le repos.

Le village de Kon-Trang s'étant déplacé de
nouveau depuis cette époque, le tombeau de
Joseph se trouve loin de toute habitation. Le
daim et le cerf broutent l'herbe tout autour, et
les oiseaux chantent leurs hymnes ou soupi-
rent leurs gémissements sur les arbres élevés
qui l'environnent. C'est dans la solitude que
reposent les restes de ce cher enfant, en attendant le jour de la résurrection glorieuse.

CHAPITRE XX

ANDRÉ NGAM. — TRACASSERIES QUE LE DÉMON LUI
SUSCITE.

Quelques jours après la mort de Joseph, son
frère André vint me trouver de bon matin. Ses
traits abattus avaient repris leur vivacité naturelle ; son visage rayonnait de joie. Habitué
que j'étais à le voir si triste, je fus étonné de
son air satisfait. « Oh ! Père, me dit-il, aujour-
« d'hui je suis consolé ; aujourd'hui je suis heu-
« reux. — Qu'est-ce donc qui te rend si con-
« tent ? — C'est que cette nuit, j'ai vu mon
« frère ! Oh ! qu'il m'a fait de bien ! Pendant
« que je dormais, j'ai vu Joseph descendre d'une
« hauteur immense du ciel. Il était si beau !
« C'était pourtant bien lui. Il était très recon-
« naissable, mais tout en lui était revêtu d'une
« beauté extraordinaire. D'aussi loin que je l'ai
« vu, il m'a appelé à lui. J'ai fait des efforts
« pour m'élancer, mais impossible. Alors je
« lui ai dit : « O mon cher Ngui, je ne saurais
« m'élever jusqu'à toi. Descends plutôt toi-
« même jusqu'à ton frère, » et alors il est venu
« et il m'a dit : « Si tu savais comme on est
« heureux là-haut ! Tâche de ne pas manquer
« d'y venir aussi. » A peine avait-il prononcé
« ces paroles, qu'il s'est retourné pour partir.
« J'ai voulu le retenir encore, mais il m'a dit :
« Non, non, ne me retiens pas. Je sens déjà la
« tristesse de la terre. Il me tarde de m'en aller

« au ciel. Il m'a quitté en me promettant qu'il
« reviendra encore, et moi je me suis réveillé
« avec une joie si grande que, n'y pouvant
« plus tenir, je suis venu vous la communi-
« quer. » Et depuis ce beau rêve, André pensait
toujours à son frère ; mais ce souvenir, au lieu
de l'affliger, le remplissait de joie et d'espérance.

Ce que je viens de rapporter n'était qu'un
rêve que Dieu permettait pour la consolation
du jeune néophyte ; ce qui ne fut pas un rêve,
ce qui se passa, André étant parfaitement
éveillé, c'est le fait que je raconterai plus bas.
Mais je veux, auparavant, dire un mot à propos des visions, des spectres, et de toutes les
tracasseries que le démon fait fréquemment à
ces pauvres sauvages.

Dans nos pays d'Europe, où les possessions
et les obsessions du diable sont devenues chose
très rare, on est généralement peu porté à y
ajouter foi. Je ne parle pas des rationalistes
qui, niant le surnaturel et tout ce que leur raison ou plutôt leur orgueil démesuré ne comprend pas, rejettent même les faits relatés
dans la sainte Écriture. Ceux qui, en dé-
pit de la raison et du véritable sens commun,
refusent de croire au Saint-Esprit sont évidemment condamnés d'avance à rejeter, sans critique et sans examen, tout ce qui contrarie leur
système. Mais il y a beaucoup de chrétiens qui,
sur ce point, se laissent aller à une méfiance
exagérée. Sans doute, tant qu'un fait n'est pas

sanctionné par l'Eglise, on est parfaitement libre de l'admettre ou de le nier; encore faut-il agir raisonnablement. L'Eglise dans son Rituel a beaucoup de prières et d'exorcismes pour chasser les démons des corps animés ou inanimés ; ce qui prouve qu'elle croit non seulement à la possibilité théorique des possessions ou obsessions, mais encore à la réalité du fait en certains cas. Aujourd'hui, je le répète, un grand nombre d'hommes, d'ailleurs chrétiens soumis et convaincus, ont le tort de vouloir être, sur ce point, plus sages et plus éclairés que l'Eglise.

J'avoue qu'autrefois j'étais un peu de la catégorie de ces derniers, et lorsque je suis arrivé chez les sauvages, chaque fois qu'ils me disaient avoir été effrayés par des spectres, avoir entendu des gémissements étranges ou des bruits sans cause visible, je me contentais de sourire. Mais je m'aperçus bientôt que mon incrédulité les étonnait inutilement, que même elle les prédisposait à ajouter peu de foi aux vérités surnaturelles que j'étais venu leur annoncer. Dès lors, au lieu de les rebuter, je travaillai à les instruire, et chaque fois qu'un sauvage m'arrivait avec une histoire à propos de revenants, à propos d'âmes des morts errantes dans la forêt, etc...., je lui expliquais ce que la foi nous enseigne sur les fins dernières de l'homme, sur le ciel, l'enfer et le purgatoire. Je lui inculquais cette vérité qu'immédiatement après la mort, l'âme se rend nécessairement dans un de ces trois endroits, et je concluais en ces termes ou d'autres analogues : « Si les faits « dont tu parles sont réels, s'ils se sont passés « ailleurs que dans ton imagination, il faut les mettre sur le compte du démon. » De cette manière je redressais leurs préjugés, sans les blesser par un démenti formel des faits dont ils disaient avoir été témoins, sans nuire non plus à la vérité, puisque, l'existence de ces faits une fois admise, ils ne peuvent avoir un autre auteur que l'ennemi de Dieu et de l'homme.

Mais dans mon for intérieur je croyais que ces pauvres gens étaient victimes d'illusions étranges, et qu'ils ne voyaient ni n'entendaient rien qu'en imagination. Plus tard, à mesure que les faits s'accumulaient, j'ai commencé à avoir des doutes. et finalement j'ai dû, sous peine de nier l'évidence, y ajouter foi dans une certaine mesure. Chacun en pensera ce qu'il voudra, mais maintenant je crois que très certainement le démon tracasse de temps en temps les pauvres sauvages. Son intention, pour moi bien claire, est de les entretenir dans cette idée que l'âme reste en ce monde après la mort afin de les empêcher de croire aux peines des damnés et aux récompenses des justes dans une autre vie.

Ordinairement, ces tracasseries dont je parle ont lieu à l'occasion de la mort d'un sauvage, ou quelques jours plus tard. On entend des bruits étranges, soit près de la maison du défunt, soit près de son tombeau. Puis des voix parlent, des spectres apparaissent, et ces voix sont la contrefaçon exacte de celle du mort, et ces spectres ont la figure, les allures, les habits, tout l'extérieur du mort. Quelquefois, mais plus rarement, ces divers signes se remarquent près de la maison d'un sauvage, quelque temps avant son décès. Ceux qui en sont témoins prédisent en conséquence qu'une personne de la maison mourra sous peu de jours, et c'est ce qui arrive. Le démon en effet peut très bien voir et reconnaître dans le corps d'un homme une lésion mortelle qui ne paraît pas à l'extérieur, et annoncer d'avance une mort que même un homme de l'art regarderait comme peu probable. Enfin de nombreuses personnes, qui sont pour moi au-dessus de tout soupçon d'imposture, m'ont assuré avoir vu de leurs yeux et entendu de leurs oreilles un grand nombre de faits analogues. De ce nombre sont Hmur et Ngam, et avec eux plusieurs néophytes qui, quelques jours après leur baptême, ont été poursuivis par le démon, furieux sans doute de leur renoncement à lui, à ses œuvres, à ses pompes. De ce nombre sont aussi des jeunes gens annamites à notre service, qui sur l'invitation de sauvages effrayés des apparitions du diable, ont voulu vérifier le fait, sont allés sur le théâtre de ces apparitions avec la meilleure envie de les trouver fausses, et sont revenus convaincus de leur réalité.

Mais je m'aperçois que ces réflexions préliminaires m'ont entraîné assez loin. Voici donc l'histoire d'André Ngam, telle qu'il me l'a racontée. Quelque temps après la mort de Ngui, dans la saison du riz jaunissant, Lam était allé garder son champ de riz. Ngam, occupé ailleurs pendant la journée, voulut vers le soir se rendre aussi dans ce champ, pour tenir compagnie à son père, et garder avec lui la récolte contre la visite des bêtes de la forêt. En arrivant, il rencontra son père qui s'en retournait. « Comment, mon père, lui dit-il, vous ne comp-« tez pas demeurer ici la nuit? Moi qui venais « vous aider à passer le temps. — Qui voudra « y coucher y couche, répondit Lam ; pour moi, « je n'en ai plus l'envie. — Et pourquoi cela? « — C'est que le diable m'a tellement effrayé, « que je tremble encore. — Le diable ! Allons « donc ! je vous croyais bien plus brave. Au « reste, un seul gardien suffit ; retournez à la mai-« son, et moi, malgré tous les diables, je cou-« cherai dans notre champ. »

Sur ces paroles ils se séparèrent, et Lam regagna le village. Au milieu du champ s'élevait, à huit pieds au-dessus du sol, la cabane qui sert d'abri aux veilleurs de nuit. Les troncs de deux ou trois arbres coupés à la naissance des branches, servent à ces huttes aériennes de colonnes et de supports, en sorte que, de son observatoire élevé, le gardien peut découvrir toute l'étendue du champ, et effrayer les animaux sans avoir rien à craindre d'eux. Je dois avertir que Ngam est un des sauvages les plus courageux que j'ai connus, et son courage pa-

raît avoir grandi encore depuis qu'il est chrétien. Lorsqu'il s'installa dans la hutte, le soleil était déjà couché. Il songea tout d'abord à allumer du feu pour fumer sa pipe. Pendant qu'il était occupé à souffler son feu, il entendit soudain un grand tapage à terre au-dessous de lui. « Tiens, dit-il, mon père a dit vrai ! At-
« tends donc un instant que j'aie fini, et j'irai
« te voir. » Alors se fit entendre un bruit comme celui d'une personne qui fait effort pour vomir. « Gourmand, dit Ngam, c'est que tu as trop
« mangé. Mais pas de badinage, armons-nous
« de mon crucifix et de mon chapelet, et puis
« descendons ! » En disant ces mots il suspend ces objets sacrés à son cou, met le sabre à la main, et descend. Arrivé à terre, il entend encore le même bruit derrière lui, il fait de suite volte-face. Rien. Le bruit continuait à son dos, et ainsi de suite quatre ou cinq fois. « Si je
« voyais quelqu'un, je pourrais lui donner un
« coup de sabre, mais ce gaillard-là, c'est une
« prière au bon Dieu qui le mettra en déroute.
« Sache donc, maudit ! que c'est en Dieu que je
« mets ma confiance, et que j'ai renoncé à toi
« le jour de mon baptême. Vomis là tout ton
« ventre : moi je vais faire ma prière, et puis
« dormir. » Ce fut fini, et pendant toute la nuit, rien ne vint de nouveau troubler son sommeil.

CHAPITRE XXI

OBSERVATION DU DIMANCHE. — INFLUENCE DES MIS-
SIONNAIRES

J'ai donné à ce travail le nom de *Souvenirs* parce que ma mauvaise mémoire ne me permettant pas de faire une histoire suivie et complète, j'ai rapporté, à chaque époque, quelques-uns des faits les plus saillants dont je me souviens encore. Ainsi, je veux raconter une petite aventure qui m'arriva peu de temps après la mort de Joseph Ngui. L'occasion en fut le zèle extraordinaire de nos néophytes pour assister à la messe du dimanche, et j'en dois citer une preuve tout d'abord. Je la choisis entre beaucoup d'autres semblables.

Deux chrétiens de Kon-Trang étaient partis le vendredi pour un village distant d'une grande journée de chemin. Ils avaient calculé qu'ils reviendraient le lendemain, et que le jour suivant, dimanche, ils assisteraient à la messe comme à l'ordinaire. Or, contre leur attente, ils furent retenus jusqu'au soir du samedi. Que faire ? Les pauvres gens étaient dans la désolation. « Demain, se disaient-ils, c'est « le jour du Seigneur, et nous voilà bien loin « du Père. » De plus, le temps était à l'orage, et la lune ne devait éclairer qu'une partie de la nuit. C'est égal ; ils résolurent de faire tous leurs efforts pour satisfaire au précepte de l'Eglise, et se mirent en route vers le coucher du soleil.

Malgré une pluie continuelle, malgré les ténèbres, ils poursuivirent résolûment leur marche par des sentiers impossibles, à travers les broussailles, les marais, les ravins, et le lendemain matin, après des fatigues incroyables, ils arrivèrent juste au moment où la messe allait commencer. Sans prendre le temps de se sécher ou de changer d'habits, ils se rendirent tout droit à la chapelle, et assistèrent pieusement au saint sacrifice, tout heureux d'avoir rempli un devoir. Je fus vraiment touché de cet acte de foi ; mais le bon Dieu ne demandait pas seulement de moi une admiration stérile.

Quelques jours après ce bel exemple d'exactitude au devoir, je me trouvai à mon tour éloigné de Kon-Trang. Le samedi nous étions allés à Ro-Hai, M. Verdier et moi, et nous comptions rentrer pour le dimanche. Or ce samedi-là, il fit un temps épouvantable. Non seulement une pluie torrentielle tomba sans interruption, non seulement tous les torrents et tous les ruisseaux grossirent d'une façon extraordinaire ; mais encore un ouragan furieux, déracinant et brisant les plus grands arbres, dévasta la forêt et les campagnes. En restant à Ro-Hai, nous avions, il est vrai, toute commodité de célébrer la messe le lendemain. Mais que diraient nos néophytes, eux qui savent se donner tant de peine pour ne pas manquer au devoir de l'entendre, que diraient-ils en nous voyant, nous leurs Pères, nous qui leur devons l'exemple, les priver de la messe du dimanche, par crainte de quelques fatigues? Etait-il permis aux pasteurs de se montrer plus lâches que leurs ouailles? Je résolus donc de partir. « Vous, dis-je à « M. Verdier, vous qui êtes toujours malade, « restez ici et attendez la fin de ce mauvais « temps. Il suffit qu'un d'entre nous retourne « à Kon-Trang; moi, qui suis le plus fort et à « l'épreuve des pluies, j'irai seul ; adieu! »

En moins de dix minutes, il ne me restait plus un fil sec sur tout le corps. Mais à cette époque, quoique déjà affaibli, je n'étais pas frêle et délicat comme maintenant que des maladies incessantes m'ont rendu douillet. Je n'avais pas encore appris le sens de ces mots : soins, prudence, ménagements, précautions, etc., que les médecins, depuis, m'ont répétés tant de fois. Le sauvage ignore ces mots et s'en inquiète fort peu, et néanmoins il se porte aussi bien que tous les médecins et tous les apothicaires du monde. J'étais devenu un peu sauvage en ce point. Depuis huit heures du matin jusqu'à trois heures du soir la pluie fut continuelle. Je n'avais mis ce jour-là, pour être plus agile, que chemise et culotte courte. Sachant par expérience que rien ne donne appétit comme ces voyages de canard où l'on est toujours dans l'eau, j'avais pris mes précautions, et je portais un gros paquet de riz enveloppé d'une feuille de bananier et attaché à ma ceinture. Quand midi eut sonné dans mon estomac, je m'assis non pas sur l'herbette et pour cause, car il n'y en avait pas, mais dans la boue du chemin, laissant à la pluie et aux torrents le soin de lessiver ensuite mon léger costume. Mon repas terminé, je me remis en route.

Je marchais donc, gai comme un pinson, quand le diable, jaloux de ma joie, réussit à la tempérer sensiblement. Je n'avais trouvé jusque-là que des torrents assez peu profonds, où j'avais de l'eau jusqu'à la ceinture, lorsque j'arrivai à un large ruisseau dont les flots, grossis par la pluie, coulaient avec une rapidité dangereuse ; heureusement, un grand arbre déraciné par l'orage venait de former, en tombant, un pont tout neuf. Je l'étrennai gaillardement, et déjà je touchais à la rive opposée, lorsqu'en sautant à terre, mon pied s'embarrassa dans une branche, et je me trouvai, en un clin d'œil, couché au fond de la rivière. Je me relevai, dans l'eau jusqu'au cou, mais peu m'importait, et je n'aurais fait que rire de ma mésaventure, si en tombant ma jambe n'eût rencontré une racine, qui déchira la chair assez profondément.

Pour comble d'infortune, la forêt était devenue une véritable fourmilière de sangsues, et ces vilaines bêtes sont toujours un tourment pour le voyageur, même quand il a les jambes en bon état. Qu'est-ce donc lorsque, par malheur, elles peuvent s'acharner sur une blessure récente ? En vain je m'arrêtais à chaque instant pour les retirer de la plaie, je ne parvenais pas à la vider entièrement, et une minute après, il y en avait davantage encore. De guerre lasse, je dus me rendre à discrétion, et marcher sans m'inquiéter d'elles. Cependant, cette journée prit fin comme toutes les autres, et le lendemain, mes néophytes eurent la messe comme de coutume, et moi j'eus de plus la satisfaction d'avoir fait mon devoir.

Quelques jours après cette aventure, survint un petit événement qui montre quelle influence les missionnaires exerçaient dès lors sur les sauvages, influence qui depuis est toujours allée grandissant ; car nous ne sommes plus au temps où les villages fermaient leurs portes, où les sauvages isolés prenaient la fuite, dès qu'on nous voyait poindre à l'horizon. Maintenant nous trouvons partout, non seulement accès facile, mais même bon accueil, considération, affection. Depuis que nous savons parler les langues et que nous pouvons entretenir conversation sur le premier sujet venu, nous n'avons cessé de causer avec les sauvages. Peu à peu, ils ont compris, et l'intérêt que nous leur portons, et la droiture de nos intentions dans nos relations avec eux. Aussi maintenant nous témoignent-ils une confiance qu'ils n'ont pas même le plus souvent en leurs parents et amis ; ils demandent volontiers nos conseils, et se déchargent sur nous du soin de leurs intérêts. Deux villages ont-ils un différend entre eux, sont-ils même en guerre ouverte, ils nous prient de leur servir d'intermédiaire, et de les réconcilier, sans déshonneur pour l'un ou l'autre parti. Et ce ne sont pas seulement les villages que nous habitons qui en agissent ainsi, d'autres assez éloignés, et tout à fait païens, n'ont pas en nous une moindre confiance. Bien plus, il est arrivé, comme dans le cas que je vais citer, que, les villages qui nous connaissent étant en pleine guerre avec d'autres, ces autres ont eu recours à nous pour arranger l'affaire à l'amiable, bien persuadés que nous ne favoriserions jamais, contre la justice, même des gens qui naturellement nous doivent être plus chers.

Un village, nommé Ro-De, était en guerre avec Kon-Trang. Les Kontranais avaient fait cinq prisonniers, et les gardaient chargés de liens dans la maison commune. La querelle durait depuis de longues années, et dans les premiers temps Ro-De, ayant eu le dessus, avait causé de graves dommages à Kon-Trang. Enfin ce dernier village avait trouvé l'occasion de réparer ses pertes et de venger son honneur, et il se promettait de faire payer la paix aussi cher que possible. Les pauvres captifs me prièrent de me rendre à Ro-De, pour engager leurs compatriotes à céder de leurs anciennes prétentions et à les racheter eux-mêmes. Or, qu'un sauvage ose aller dans un village actuellement en guerre avec le sien, c'est une chose inouïe. Et si surtout il parlait de faire ce voyage, pendant que son propre village retient captifs des habitants de celui où il va, on regarderait sa démarche comme un acte d'extrême folie, car il ne pourrait manquer d'être pris et garrotté tout en arrivant.

Aussi, quand les cinq captifs de Ro-De me firent la proposition d'aller chez eux, les témoins d'une pareille prière se mirent à rire de la simplicité de ces pauvres gens. Mais quand, à leur grand étonnement, j'accueillis une telle prière et promis de me rendre à Ro-De, tous les habitants de Kon-Trang s'opposèrent à l'exécution d'un dessein qui, d'après eux, me coûterait certainement la liberté et peut-être la vie. « Ecoutez-moi un peu, leur dis-je. Si en « pareil cas je venais chez vous, uniquement « par affection pour vous, afin de vous tirer « d'un mauvais pas, me feriez-vous quelque « mal ? — Non, parce que nous vous connais- « sons ; mais que savons-nous si d'autres au- « ront pour vous le même respect ? — Laissez- « moi faire, Ro-De sait aussi bien que vous « que nous, missionnaires, nous sommes amis « de tout le monde, et que ni l'intérêt ni aucun « sentiment égoïste n'est le mobile de no- « tre conduite. J'irai donc à Ro-De, et j'en « reviendrai sain et sauf, et, dans quelques « jours, vous vous féliciterez vous-mêmes de « mon intervention en cette affaire. »

Je partis. Non seulement les habitants de Ro-De ne me firent pas de mal, mais ils se montrèrent enchantés de la confiance que j'avais dans leur bonne foi. Les deux jours que j'y demeurai furent deux jours de fête. Chaque maison se disputait l'honneur de me recevoir, ou, comme disent nos sauvages, de me faire goûter le vin, et, comme le peu de temps que je voulais y rester ne suffisait pas pour que chaque famille pût me recevoir en particulier, on me fit une fête commune. Ro—De écouta mes propositions, accepta tous les engagements que je lui demandai. Les captifs furent rachetés, et la paix définitivement conclue.

Une autre fois la situation était encore plus délicate, car il s'agissait d'un différend entre un village voisin et les Annamites de notre maison de Ro-Hai. Nos gens avaient raison au fond, mais ils s'étaient donné tort dans la forme. Leurs procédés hautains, leurs manières dédaigneuses avaient aigri les sauvages ; et cependant ceux-ci eurent assez de confiance en mon impartialité pour remettre leur cause entre mes mains. Je parvins à arranger l'affaire à la satisfaction de tous.

A cette occasion, je dois remarquer que le caractère orgueilleux des Annamites ne contribuait guère à leur gagner la sympathie des indigènes, et nous a souvent occasionné des embarras. Le Ba-Huar, comme tous les sauvages, a le sentiment inné de son indépendance, et rien ne blesse autant sa fierté native qu'un commandement impérieux ou un air de mépris. L'Annamite au contraire, habitué, dans son pays d'esclaves, à ramper aux pieds de quiconque a sur lui la moindre autorité, à se laisser fouetter sans mot dire, devient, comme tous les esclaves, arrogant envers ceux qu'il regarde comme ses inférieurs à quelque titre que ce soit. Son orgueil est en raison de sa servilité. Les prêtres annamites eux-mêmes ne savent pas assez se défendre de cette faiblesse, et ils sont moins respectés et moins obéis que les prêtres européens, précisément parce qu'ils aiment, beaucoup plus que nous, mettre leurs verbes à l'impératif. Je me hâte d'ajouter qu'il y a d'honorables exceptions, entre autres le Père Do qui est très aimé de tous les sauvages. Mais, en règle générale, ceux-ci ont plus de confiance et de respect pour les missionnaires français, précisément à cause de l'affection toute paternelle que nous leur témoignons.

J'ai été appelé plusieurs fois à servir d'arbitre entre des villages, même quand les hostilités avaient commencé. D'autres confrères ont, en diverses circonstances, rempli le même office. Mais celui de nous tous que les sauvages entouraient d'une plus affectueuse considération était M. Combes. Ce bon Père était vraiment leur ami; souvent il allait les visiter dans leurs champs. Pendant qu'ils piochaient, semaient, moissonnaient, il se tenait auprès d'eux leur contant des histoires; puis il leur ouvrait son sac à tabac, et fumait avec eux pendant quelques instants. « C'est lui le chef, disaient les « sauvages, c'est lui le plus grand de tous, et « pourtant, quand il est avec nous, il se fait le « plus petit » Aussi jouissait-il d'une grande influence, et sa parole, presque toujours écoutée, a calmé bien des ressentiments et empêché bien des injustices.

CHAPITRE XXII

LE BO-JAOU DÉMASQUÉ.

Le démon ne pouvait pas nous laisser un moment tranquilles. Voici un des moyens qu'il imagina, en cette année 1857, pour nuire à la mission de Kon-Trang. On se souvient de ce que j'ai dit de la croyance des Ba-Hnars au *deng*, c'est-à-dire au pouvoir de tuer de loin par des flèches invisibles. Une bonne chrétienne qui était à notre service fut accusée d'avoir ainsi causé la mort d'une jeune fille d'un village de Se-Dang nommé Kon-Ho-Ring. Cette fille, étant venue assister à des noces à Kon-Trang, fut, à son retour, prise en route d'un mal subit, et rendit l'âme en arrivant dans son village. Un *Bo-jaou*, consulté par les parents, cassa les œufs, et déclara notre servante coupable de l'avoir *deng*.

Quelques mots d'abord sur cette manière de découvrir l'auteur d'un crime ou délit. Les intéressés vont trouver la *Bo-jaou* ou le *Bo-jaou*, car on rencontre aussi, quoique rarement, des hommes qui exercent cet infâme métier. Presque toujours le consulteur a déjà quelqu'un en vue, et il a soin en arrivant chez le sorcier de dire qu'il soupçonne tel ou tel ; avec cette donnée, celui-ci sera peu embarrassé pour consulter le sort. Comme l'opération doit se faire publiquement, on convoque tous les habitants pour un jour marqué. Dans l'intervalle, le *Bo-*

jaou s'enquiert du village de l'individu soupçonné, de ses parents, des noms et du nombre
des personnes qui habitent avec lui dans une
même maison, etc., etc. Le moment de l'é-
preuve solennelle arrivé, il se présente muni
de cinq ou six œufs qu'il étale devant l'assemblée ; ces œufs sont ordinairement couvés, afin
de pouvoir se briser plus facilement. Puis il
récite, avec des grimaces et des gestes plus ou
moins ridicules, les plus terribles formules de
son grimoire. Enfin, il saisit un œuf, le place
entre l'index et le doigt du milieu de la main
droite, et tient le bras élevé et étendu. Un individu chargé de **faire** les interrogations se lève
et commence ainsi : « Quel est le village cou-
« pable du crime ? est-ce tel village ? est-ce tel
« autre village ? » et ainsi de suite. A chaque
nom ainsi prononcé, le *Bo-jaou* fait mine de
presser fortement son œuf entre les doigts ; mais
l'œuf n'éclate, cela va sans dire, que quand on
nomme le village qu'il a en vue. Le village du
coupable une fois connu, il faut déterminer la
maison, et la même mise en scène recommence
avec un second œuf. Une troisième ou qua-
trième épreuve désigne finalement l'individu
que le sorcier a choisi pour victime. Et ce qu'il
y a de déplorable, c'est que ce charlatan infâme
est toujours cru sur parole comme une divinité.
Il n'est peut-être jamais venu à la pensée d'un
sauvage de soupçonner sa fourberie.

Pour revenir à notre histoire, Kon-Ho-Ring
avait appris, par cette méthode, que notre ser-

vante chrétienne était très certainement la meurtrière de la fille morte en revenant de Kon-Trang, Or cette fille qui avait été *deng* appartenait à la plus riche famille de Kon-Ho-Ring. Ses qualités personnelles et celles de ses parents l'avaient rendue chère à tout son village et aux sauvages des environs. On conçoit la colère et l'indignation dont ils furent saisis contre l'auteur de cet attentat. Le village de Kon-Ho-Ring m'envoya dire de la lui livrer à l'instant même, si je ne voulais pas devenir leur ennemi.

Notre position était critique. Après l'épreuve des œufs, non seulement les habitants de Kon-Ho-Ring, mais encore tous les autres sauvages, y compris ceux de Kon-Trang, à l'exception des chrétiens, étaient persuadés que notre chrétienne avait réellement tué la fille en question. D'un autre côté, quelles que dussent être les conséquences, nous ne pouvions pas, en conscience, livrer une innocente à une mort certaine. Après avoir imploré les lumières du Saint-Esprit et mis notre affaire sous la protection de la sainte Vierge, voici ce que nous décidâmes, M. Verdier et moi. Je dis aux envoyés de Kon-Ho-Ring : « Portez cette réponse « à votre village. Si réellement Uoh (c'est le « nom de l'accusée) est coupable d'un tel forfait, « je suis le premier à m'indigner contre elle, « et je la livre de grand cœur ; mais dans une « affaire aussi importante, et où il s'agit de la vie « d'une personne, il n'est pas juste que j'agisse

« avec légèreté et sans connaissance parfaite
« de la culpabilité de l'accusée. Donc, j'invite
« Kon-Ho-Ring à se rendre tel jour chez moi,
« avec son *Bo-jaou*. Quand celui-ci m'aura con-
« vaincu, en cassant sans aucune fraude les
« œufs devant moi, alors seulement je pourrai
« agir en toute sécurité, et je livrerai Uoh. »
La réponse fut trouvée raisonnable, et on accepta ma proposition.

Pendant les quelques jours qui précédèrent
la réunion, je m'étais exercé à casser les œufs
à la manière du *Bo-jaou*. Comme j'y mettais
moins de malice que lui et que j'ignorais encore qu'il se servait d'œufs couvés, je parvenais
assez difficilement à casser les miens qui étaient
frais. Mais enfin je les cassais, et cela suffisait
à mon dessein. Le moment de l'entrevue arrivé, M. Verdier et moi sortîmes du village. En
dehors de la palissade, nous rencontrâmes les
gens de Kon-Ho-Ring. Ils étaient là une soixantaine, la lance à la main, et le sabre suspendu à la ceinture. André Ngam et son père
se tenaient à côté de moi. « Vous prétendez,
« dis-je aux sauvages, que Uoh a *deng* une
« fille de Kon-Ho-Ring. Où est le *Bo-jaou* qui
« la déclare coupable de ce crime ? qu'il s'a-
« vance ! » C'était un petit vieillard, sec et noir
comme du charbon, avec de petits yeux et un
regard faux et méchant.

« Ah ! ah ! lui dis-je en le regardant fixement,
« c'est toi qui es le devin ; c'est toi qui con-
« nais des choses inconnues aux autres ; ap-

« proche, viens près de moi, et tu vas recom-
« mencer tes expériences. » Le scélérat tremblait et n'osait s'avancer ; mais tous ses compagnons le rassurèrent en lui répétant qu'il
n'avait rien à craindre. A la fin, il s'approcha
un peu. « Tu sais faire éclater les œufs ? moi
« aussi. Voyons, c'est moi qui vais faire les in-
« terrogations ; prends ton premier œuf. » Il tira
alors de sa hotte un paquet de linge sale, et
après avoir déroulé quatre ou cinq vieilles gue-
nilles plus dégoûtantes les unes que les autres,
il arriva enfin à ses œufs sacrés. J'en avais, moi
aussi, cinq ou six dans ma poche. Il grommela
quelques simagrées bizarres. Quand il fut prêt,
je commençai les interrogations. « Qu'est-ce
« qui a causé la mort de votre fille ? — Est-elle
« morte de mort naturelle ? — De mort vio-
« lente ? — A-t-elle été *deng* ? — Quel village ?
« — Est-ce Kon-Trang ? — Quelle maison ? —
« Celle du Père ? » Je n'interrompis pas ses
jongleries. Les œufs se cassèrent aux mots :
mort violente, *deng*, Kon-Trang, maison du
Père.

Je repris alors ! « Et dans ma maison qui a
deng ? est-ce moi ? » A ces mots, vous eussiez vu
mon brigand de *Bo-jaou*, qui tenait à me mettre moi-même glorieusement hors de cause,
vous l'eussiez vu faire toutes sortes de grimaces
et de contorsions, et simuler des efforts incroyables. Il poussa la fourberie jusqu'à s'aider de
la main gauche, contre les règles du métier,
pour casser cet œuf indomptable. Inutiles la-

beurs, l'œuf semblait être de diamant. « Oh!
« non, dit-il, non certes ce n'est pas vous. La
« violence que j'y ai mise m'a fait mal aux
« nerfs de la main. » Et il posa à terre l'œuf
encore entier. Moi, vite de le saisir, et tenant
cet œuf de la manière voulue entre l'index et
le doigt du milieu, j'élevai la main et j'adressai
la parole à la foule. « Gens de Kon-Ho-Ring et
« de Kon-Trang, vous avez vu que cet œuf est
« excessivement dur, eh bien! si ce *Bo-jaou* ici
« présent est un fourbe, s'il est un empoison-
« neur, le plus méchant et le plus menteur des
« hommes, que cet œuf se casse entre mes
« doigts! » Et l'œuf vola en éclats.

Le vieux *Bo-jaou* tremblait de tous ses membres; l'assistance était visiblement déconcertée. Je profitai de cette émotion pour parler
contre les tromperies de tous les *Bo-jaou:*

« Voilà, pauvres Se-Dang, les hommes à qui
« vous accordez une confiance aveugle, et qui
« vous font commettre une infinité d'injustices.
« Mais ce n'est pas fini, je veux vous convain-
« cre, d'une manière plus visible encore, que
« ce scélérat voit et sait tout juste ce que nous
« voyons et savons nous-mêmes, et pas davan-
« tage. Quand il dit qu'une personne a *deng*,
« nul ne peut le contredire, puisqu'il ne s'agit
« que de choses invisibles. Mais voici ce que
« nous allons faire. Ngam va entrer dans le
« village et se tenir à la place que je lui indi-
« querai. Le *Bo-jaou* cassera son œuf et, s'il
« rencontre juste où est Ngam, je lui donne le

« prix d'un esclave. » Sur mon ordre, André
alla se cacher dans une maison en ruines qu'il
y avait à un coin du village. « Casse ton œuf,
« *Bo-jaou*, où se trouve Ngam ? — Est-il dans
« une maison ? — Dans la maison d'un tel ? »
Il cassa l'œuf : « Allez voir, jeunes gens de Kou-
« Ho-Ring. » Le *Bo-jaou* s'était trompé. Les
sauvages stupéfaits se regardaient sans rien
dire.

Le *Bo-jaou* avait eu soin d'apprendre les
noms de toutes les personnes de ma maison,
au nombre d'environ vingt. Mais il ignorait une
chose : c'est que la femme accusée portait réellement un autre nom. Uoh n'était qu'un sobri-
quet qui avait prévalu. Son nom véritable était
Klon. Je priai les sauvages d'être plus attentifs
que jamais, et je m'adressai de nouveau au
sorcier. « Ton œuf s'est cassé au nom de ma
« maison. Je pourrais m'arrêter là, puisqu'il
« est reconnu que tu es un fourbe ; mais je
« veux le prouver plus clairement encore s'il
« est possible, attention ! » Et je déclinai, les
uns après les autres, tous les noms des gens
de ma maison. Quand j'arrivai au nom de
Klon il fut embarrassé, et ne sachant pas qu'il
y avait dans ma maison une personne de ce
nom, il demanda si c'était un homme ou une
femme. En règle générale. les femmes seules
sont supposées avoir *deng*. « Qu'as-tu besoin de
« savoir si c'est un homme ou une femme ? de-
« vine-le ; presse ton œuf pour savoir si c'est
« Klon qui a *deng*. » Il pensa que ce Klon

« était quelque nouveau venu, et l'œuf ne cassa
« pas. Lorsque j'eus nommé tout le monde, l'œuf
« était encore entier. « Ainsi donc, dis-je aux
« gens de Kon-Ho-Ring, Uoh a *deng*, mais
« Klon ne l'a pas ; cependant Uoh et Klon sont
« une seule et même personne, comme le sa-
« vent tous les gens de Kon-Trang. Oserez-vous
« encore me dire que votre *Bo-jaou* n'est pas un
« fourbe, ou que cette femme a causé la mort
« de votre fille ? »

On ne sut que me répondre. Et cependant,
chose incroyable, ces pauvres gens restèrent
toujours convaincus du pouvoir surhumain de
leur sorcier, malgré toutes ces preuves évi-
dentes de sa fourberie. Si l'affaire en resta là,
ce fut uniquement parce qu'ils ne savaient plus
par quel moyen m'attaquer. Que le pouvoir de
l'enfer est terrible ! qu'elle est effrayante, la
servitude dans laquelle le démon retient les
âmes de ses victimes !

CHAPITRE XXIII

MORT DE M. COMBES : 14 SEPTEMBRE 1857.

« Si je pouvais, avant de mourir, avoir le
« bonheur de baptiser cinq adultes ! disait ja-
« dis M. Combes pendant notre séjour à Kon-
« Ko-Lang ; si au moins je parvenais à prépa-
« rer quinze catéchumènes au baptême, je di-

« rais de bon cœur le *Nunc dimittis*. » Le bon Dieu l'avait exaucé et au delà. Sans parler d'une foule d'enfants d'infidèles qu'il avait envoyés au ciel, et de deux vieillards qu'il avait convertis et baptisés dans leur dernière maladie, il avait baptisé trente-quatre adultes, et tous, sans exception, étaient d'excellents chrétiens; il préparait vingt-trois nouveaux catéchumènes, dont les bonnes dispositions donnaient de grandes espérances. C'était l'heure de dire le *Nunc dimittis* et de s'en aller en paix. Et comme si Dieu eût voulu montrer manifestement qu'il ne l'appelait à lui que pour exaucer ses désirs, le bon Père mourut sans maladie, et dans l'exercice même d'une des fonctions spéciales du ministère apostolique, en instruisant les catéchumènes.

Le 10 septembre, M. Verdier alla à Ko-Xam visiter notre cher confrère ; ils passèrent ensemble deux jours entiers. Le 14, au moment où M. Verdier allait se mettre en route pour revenir à Kon-Trang, le bon père provicaire lui dit : « Aujourd'hui je ne suis pas fort bien portant, « et comme on ne sait pas ce qui peut arriver, « je veux me confesser avant votre départ. » Il se confessa, et M. Verdier lui dit : « Mais, « si vous êtes malade, je vais rester avec « vous. Rien ne me presse de partir, puisqu'à « Kon-Trang M. Dourisboure est avec les chré- « tiens. — Non, non, ce n'est pas nécessaire. « J'ai voulu me mettre en règle et me préparer « à tout événement, mais vous pouvez partir.

« Je pense que ce ne sera rien. » Et ils se séparèrent.

Ce même jour, vers midi, arriva à Ko-Xam, venant de Cochinchine, le père Bao, porteur d'un paquet de lettres, les unes d'Europe ou de diverses missions, les autres d'Annam même. Il y en avait pour chacun de nous. Plusieurs étaient à l'adresse de M. Combes, entre autres une de Mgr Cuenot qui lui ordonnait de redescendre en Cochinchine parce qu'il voulait le sacrer évêque et le faire son coadjuteur. La lecture de cette lettre fit une vive impression sur notre confrère. Pour moi qui le connaissais particulièrement, et qui avais le bonheur d'être son ami intime, je sais très certainement, pour l'avoir appris de sa bouche même, qu'il avait résolu, dans le cas où Monseigneur lui proposerait cette dignité, de la refuser absolument. Je suis porté à croire que l'impression pénible causée par la lettre du vicaire apostolique n'a pas peu contribué à lui donner le coup mortel, et d'autres ont pensé de même. Quoi qu'il en soit, après la lecture de cette lettre, notre confrère n'en ouvrit pas d'autres, et, après sa mort, nous en trouvâmes plusieurs à son adresse non décachetées. Pendant tout le reste du jour, il parut, contre son habitude, triste est morose. Quand vint le soir et l'heure habituelle du catéchisme, on lui demanda s'il voulait le faire comme à l'ordinaire, ou s'il l'omettrait à cause de son indisposition : « Frappez le tam-
« bour, dit-il, pour appeler les catéchumènes ;

« leur instruction ne me fatigue pas. » Ils vinrent, et se placèrent autour de lui, et, avec eux, il se montra joyeux et souriant.

Cependant l'instruction ne dura pas longtemps; M. Combes les renvoya en leur disant : « Assez pour aujourd'hui; ce soir, je ne suis « pas à mon aise. » Au moment où ils sortaient de la maison, notre bien-aimé confrère, se sentant pris d'une faiblesse soudaine, s'approcha de la cloison en bambous pour s'appuyer et s'assit sur le plancher. Une minute après, il s'affaissa et tomba à la renverse. On accourut pour le relever; il avait perdu la parole et probablement la connaissance. Le père Bao, qui était présent, eut à peine le temps de lui administrer le sacrement des mourants, et notre bon provicaire avait cessé de vivre.

Telle fut la fin de ce missionnaire modèle. Comme il était jeune encore — trente-deux ans, — et acclimaté dans le pays, nous nous bercions de l'espérance de le posséder longtemps, et de trouver en lui, pendant nombre d'années, soutien, conseil et consolation. Mais les voies du bon Dieu ne sont pas nos voies; ses desseins toujours adorables nous sont souvent incompréhensibles; l'heure était venue. Et remarquez les circonstances de cette mort bénie. Voilà un pauvre missionnaire seul dans un hameau de sauvages. éloigné de ses confrères qu'il ne voit qu'à certains jours fixés, il va mourir subitement, et on n'aura pas le temps d'appeler un prêtre au moment suprême. Dieu y a pourvu. Un autre missionnaire **vient** le **voir** comme par hasard ; il se confesse, et purifie son âme de ces légères fautes que les saints euxmêmes n'évitent pas toujours entièrement. Sa confession faite, le prêtre envoyé par la Providence s'en va. La mort est là tout près, mais nul ne soupçonne son approche, le missionnaire est de nouveau seul. Qui donc lui administrera l'extrême-onction ? qui donc recevra son dernier soupir ? Juste à ce moment arrive d'un royaume éloigné un autre prêtre qui lui donne le sacrement des mourants, et son âme s'envole au ciel. O mon Dieu ! que vous êtes généreux envers vos missionnaires ! De quelle tendre et paternelle sollicitude votre Providence les entoure ! O amour de mon Dieu ! si jamais je t'oublie, que ma main droite se sèche ! Que ma langue glacée s'attache à mon palais, si jamais je cesse de redire tes louanges !

Dès que le bruit de la mort de notre confrère se fut répandu dans le village, les gémissements et les lamentations se firent entendre de toutes parts. Malgré une pluie torrentielle, malgré les ténèbres, la maison du défunt fut en un instant trop petite pour contenir la foule. Comme c'était la saison où le riz monte en épis, et qu'une grande partie de la population était absente du village pour la garde des champs, on fit retentir les airs du bruit de tous les tambours, comme dans les grandes calamités. Au son du tocsin, tous les champs, même les plus éloignés, furent immédiatement abandonnés de leurs gardiens, et le village entier se trouva réuni autour de la maison du défunt. Tous, sans distinction de chrétiens ou d'infidèles, pleurèrent le missionnaire avec des larmes également sincères. Mais les pauvres néophytes et les catéchumènes savaient mieux que les autres quel trésor ils perdaient, et leur douleur était indicible. Ils passèrent tous la nuit auprès du corps de ce bien-aimé Père, répétant leurs prières, entrecoupées de lamentations.

Pendant que Ko-Xam se livrait ainsi à la douleur, M. Verdier et moi étions loin de soupçonner le terrible coup qui venait de frapper la mission des sauvages. Le lendemain, sur les deux heures de l'après-midi, arrivèrent à Kon-Trang deux serviteurs de la communauté qui, sans nous dire un mot, nous remirent un paquet de lettres : c'étaient celles arrivées la veille d'Annam et d'Europe. Il y avait aussi un billet du père Bao, mais, n'étant point prévenus, nous ne l'ouvrîmes pas d'abord. Chacun de nous lisait ses lettres de France avec la joie si naturelle qu'éprouve le missionnaire en recevant, de loin en loin, des nouvelles de ses parents et de tous ceux qui lui sont chers. Enfin je pris la note du père Bao. Elle ne contenait que ces mots : « Le Père Combes est mort. » Ce fut pour nous comme un coup de foudre. Je fus terrassé par ce choc subit auquel je n'avais accoutumé ni mon esprit ni mon cœur. Non seulement je perdais un confrère chéri, mais c'était le chef de notre mission sauvage et son plus ferme soutien qui nous laissait ainsi sans guide et sans conseiller, et je sentais qu'un fardeau énorme, bien au-dessus de mes forces, allait tomber sur mes faibles épaules. Je ne pus que répéter en pleurant ces parole de la sainte Ecriture : « Le Seigneur l'avait donné, « le Seigneur l'a enlevé, il est le maître, qu'il « fasse ce qui est bon à ses yeux, et que son « saint nom soi béni ! »

Dominant autant que possible ma douleur, je partis à l'instant même pour Ko-Xam. Les porteurs de nos lettres voulurent m'accompagner ; mais il leur fut impossible de suivre mon pas de course, et ils m'eurent bientôt perdu de vue. Au soleil couchant, j'avais fait déjà une journée ordinaire de chemin, et je me trouvais à Mo-Ney sur la rive du Bla. Alors seulement je m'aperçus que les sangsues m'avaient dévoré depuis les pieds jusqu'à la ceinture, et que j'étais tout en sang. Il fallait traverser la rivière, énormément grossie par l'orage ; mais, comme la tempête durait encore, personne n'eut le courage, quelque récompense que je pusse offrir, de me conduire en barque jusqu'à la rive opposée. Je m'était imposé une fatigue inutile, je dus me résigner à la sainte volonté de Dieu et passer la nuit à Mo-Ney. Au chant du coq, je me remis en route, et après deux heures de course dans la boue, dans l'eau, dans les broussailles j'arrivai à Ko-Xam vers les sept heures du matin.

Les sauvages m'attendaient ; ils me firent l'ac-

cueil le plus sympathique, manifestant par leur
gestes et leur contenance la part qu'ils prenaient à mon affliction. Mais surtout les pauvres néophytes, que la mort de Monsieur Combes laissait orphelins, s'empressèrent autour
de moi Je pleurai avec eux, et pour les consoler je leur répétai et leur expliquai les pa
les que j'avais gravées sur la tombe de Joseph :
*Nous ne sommes pas comme d'autres qui n'ont
point l'espérance.*

A mon arrivée, le corps du défunt, revêtu
des ornements sacerdotaux, était déjà enfermé
dans la bière ; je fis l'enterrement avec toutes
les cérémonies ordinaires. Depuis lors, Ko-Xam
n'a point oublié son apôtre, et aujourd'hui,
après de longues années, nos sauvages, dont
toutes les impressions sont pourtant si éphé-
mères, vont encore quelquefois prier sur le
tombeau de M. Combes.

CHAPITRE XXIV

M. DOURISBOURE A KO-XAM. — ÉTABLISSEMENT
DE LA MISSION DE PO-NANG.

Notre-Dame de la Délivrance de Ko-Xam
était notre première mission, et celle dont les
néophytes paraissaient les plus solides dans
la foi ; il importait de lui donner des soins particuliers et de travailler à en faire une chré-

tienté modèle. Nous n'étions plus que deux missionnaires européens, M. Verdier et moi. Je proposais à mon confrère d'aller remplacer notre cher défunt. Mais il ressentait déjà les atteintes de la maladie qui l'a emporté un peu plus tard, et l'on pouvait craindre que l'étude d'une nouvelle langue ne lui occasionnât des fatigues au-dessus de ses forces. En conséquence, je dus moi-même dire adieu à mes pauvres chrétiens de Kon-Tranh. Ils étaient alors vingt-six adultes, sans compter quelques enfants et un certain nombre de catéchumènes. Un an plus tôt la séparation eût été pour moi beaucoup plus pénible; mais le bon Dieu, en m'enlevant coup sur coup les premiers et les plus édifiants de mes néophytes, avait préparé mon cœur à ce nouveau sacrifice.

Les habitants de Ko-Xam, païens aussi bien que chrétiens, me reçurent avec la joie la plus vive. Ces braves gens étaient singulièrement attachés aux missionnaires; les vertus de M. Combes avaient gagné leur affection, et quelques jours après mon arrivée, j'en eu une nouvelle preuve que je rapporterai ici. Le lendemain de la mort de M. Combes, deux sauvages de Ko-Xam étaient allés à un village voisin nommé Do-Rey. Sur le soir, comme la pluie tombait à verse, ils entrèrent dans un coin pour y passer la nuit. Les gens de Do-Rey, assis autour du feu, conversaient ensemble. L'un deux ayant dit que le prêtre de Ko-Xam venait de mourir, une voix cria : *Dao! Hmaï!* c'est-à-

dire « Tant mieux ! j'en suis fort aise. » L'homme
qui avait parlé ainsi était un peu ivre, et l'obscurité ne lui avait pas permis d'apercevoir les
deux Koxamites. Sur le champ ceux-ci se levè-
rent et s'approchant de lui : « Quel mal,
« demandèrent-ils vivement, quel mal vous
« a fait le prêtre pour que vous vous réjouis-
« siez ainsi de sa mort ? » Le pauvre homme
interdit balbutia quelques excuses, disant
qu'il était dans le vin, que certainement le
Père Combes ne lui avait fait aucune injure, etc., etc. Tout fut inutile :« Non,
« non, on ne dit pas de telles paroles en
« l'air. Ko-Xam n'est pas ennemi de Do-Rey
« pour qu'il vous soit permis de vous réjouir
« de ses malheurs. Nous comptions passer la
« nuit ici à cause du mauvais temps; mais,
« après l'outrage qu'on vient de nous faire,
« nous ne pouvons pas y rester une minute.
« Adieu ! dans quelques jours vous aurez de
« nos nouvelles. » Et ils partirent.

Arrivés chez eux, ils n'eurent rien de plus
pressé que de raconter leur aventure. Comme
une étincelle allume un incendie, les deux mots
prononcés par le sauvage de Do-Rey excitèrent
l'indignation générale, et, le lendemain matin,
les amis de M. Combes, c'est-à-dire toute la
population de Ko-Xam, étaient à Do-Rey, de-
mandant raison de l'injure qu'on leur avait
faite. Si le village de Do-Rey avait été un village ennemi ou simplement indifférent, la
guerre était infailliblement allumée. Mais les

liens de parenté qui unissent ses habitants à ceux de Ko-Xam empêchèrent ce malheur. On parlementa, et le coupable fut condamné à payer de deux buffles sa malencontreuse étourderie. Je n'étais pas encore installé à Ko-Kam quand eut lieu cette querelle. A mon arrivée, on voulut me donner un des buffles, en réparation de ce qui avait été dit contre mon confrère ; je refusai. On fit alors une fête publique, et les deux animaux furent mangés en commun par tous les habitants du village. Ce fait ne prouve peut-être pas chez les gens de Ko-Xam, dont la grande majorité étaient encore païens, une charité bien épurée ; il montre au moins la sincérité de leur attachement pour le missionnaire.

Le Père Bao, arrivé providentiellement à Ko-Xam le jour de la mort de M. Combes, s'y trouvait encore. Je pensai que je devais acquiescer aux désirs d'un petit village qui me demandait ce jeune prêtre, et j'allai moi-même l'installer, vers la fin de 1857. Ce village nommé Xo-Lang se trouve sur la route d'Annam, à deux heures de distance de Ko-Xam.

Mon premier soin, à Ko-Xam, fut de continuer l'instruction des catéchumènes que mon cher confrère défunt préparait au baptême. Ce travail n'était pas sans difficulté, car mon séjour chez les Se-Dang m'avait fait complètement oublier le peu que j'avais appris de la langue ba-hnar. Au fond, comme je l'ai déjà dit, le se-dang, le ba-hnar et les autres idiomes sauvages ne sont que des dialectes d'une seule et même langue, mais assez différents entre eux pour que l'on ne se comprenne pas de l'un à l'autre. Avec l'aide de Dieu, je parvins assez vite à me faire entendre, et pendant l'année 1858, je pus admettre au saint baptême une quinzaine d'adultes.

Les animosités, l'esprit de moquerie et de sarcasme, qui jusqu'alors avaient entravé nos progrès, venaient de recevoir sur la tombe de M. Combes un coup mortel; d'un autre côté, la simplicité, la bonne volonté de nos néophytes, faisaient peu à peu aimer aux païens eux-mêmes une doctrine dont les adeptes deviennent meilleurs. Aussi, depuis lors, la foi chrétienne n'a cessé d'avancer en ce pays, lentement il est vrai, mais d'une manière sûre et constante. Chaque année, j'ai eu la consolation de régénérer quelques nouveaux infidèles, et je ne me souviens pas d'avoir été jamais sans catéchumènes. Ceux qui avaient terminé leur préparation étaient à peine baptisés que le bon Dieu m'en amenait d'autres. Je dis : le bon Dieu, car j'ai toujours vu très clairement que je n'y suis pour rien. Le plus souvent ceux qui m'arrivaient étaient ceux dont j'espérais le moins, tandis que d'autres auxquels j'avais adressé les plus pressantes sollicitations, ou bien sont demeurés absolument sourds à ma voix, ou bien ne sont venus que beaucoup plus tard. La conversion d'une âme est l'œuvre de Dieu seul : c'est là pour tous une vérité de foi, mais pour le missionnaire, c'est de plus une vérité que l'expérience de tous les jours lui rend, **pour** ainsi dire, palpable.

En remontant la rivière Bla, on trouve, à une demi-heure au-dessus de Ko-Xam, le village de Po-Nang. Les sauvages de ces deux endroits sont reliés ensemble par de nombreux liens de parenté. J'étais établi à Ko-Xam depuis un an, quand je commençai à les visiter régulièrement, et à leur expliquer la religion chrétienne, et l'obligation de l'embrasser. Tout d'abord je fus assez froidement reçu, mais peu à peu quelques rares individus consentirent à m'écouter. Je me fis construire une petite maison pour les réunir, et j'y installai à demeure un de nos Annamites, homme d'une vertu solide, qui autrefois avait confessé la foi dans les tortures pendant la grande persécution d'Annam.

Lors de son arrestation, il était **au service** d'un missionnaire français, M. Chamaison. Sa jeunesse ne le mit pas à couvert de la cruauté du grand mandarin de la province de Quang-Nam qui lui fit subir le supplice des tenailles froides. La violence de la douleur lui avait enlevé la connaissance et le mouvement, et pendant quelques instants on l'avait cru mort. Sorti vainqueur du combat, mais n'ayant pas eu le bonheur de mourir martyr, il se consacra à la pénible mission des sauvages et, depuis le commencement de cette mission il a constamment partagé nos peines, nos privations et nos fatigues. Le plus grand nombre des Annamites qui firent partie de la première expédition chez les Ba-Hnars sont morts ou hors de combat ; lui continue encore aujourd'hui l'œuvre entreprise il y a vingt ans, et quoiqu'il ait à présent plus de cinquante ans, son zèle est plus ardent que jamais. En 1868, il est allé dans son pays visiter un frère qui lui reste et de nombreux neveux qu'il n'avait jamais vus. Ce n'est pas le plaisir de voir la maison paternelle qui l'a poussé à ce voyage, mais comme il possède en patrimoine quelques terres et quelques maisons, il a voulu régler ses affaires et disposer de ses biens, pour être plus tranquille et ne plus songer, dit-il, qu'à se préparer au grand passage de l'éternité, tel est l'homme que j'installai à Po-Nang pour y commencer une véritable mission. Comme il parle assez mal le sauvage, je me réservais d'instruire moi-même les catéchumènes que le bon Dieu nous donnerait.

Il était là, depuis quelques semaines, lorsque se présenta une occasion très favorable et dont le bon Dieu m'inspira l'idée de profiter. Le village changeait de place. Or, d'après les idées des sauvages, les superstitions que l'on pratique en s'installant dans une nouvelle maison, et surtout dans un nouveau village, doivent être observées fidèlement par la suite, si on ne veut pas s'exposer à la mort ou à de grandes calamités ; comme aussi, lorsqu'on veut abandonner quelqu'une des anciennes pratiques, on peut le faire alors presque impunément. Le principal personnage qui prend sur lui de biffer quelque usage, ou d'innover en quelque façon, est à peu près le seul qui ait à craindre la colère des Esprits. La pensée me vint de me constituer le bouc émissaire de tout le village, et de faire, si possible, un immense abattis de superstitions, au profit de notre sainte foi. En effet, c'est la crainte qui fait garder au sauvage toutes ces observances traditionnelles; il tremble d'encourir, en les omettant, le courroux de ses divinités. Otez-lui cette crainte, il n'est pas bien éloigné d'ouvrir l'oreille et le cœur aux enseignements du missionnaire.

Dans la construction d'un nouveau village, ce qui exige le plus de pratiques superstitieuses, c'est l'érection des colonnes qui doivent supporter la maison, l'installation du foyer, et l'acte de puiser la première eau à la fontaine. J'offris de me charger de ces trois choses, de les accomplir en laissant de côté les rites d'usage, et d'assumer sur ma tête tous les châtiments que cette négligence pourrait attirer. Les sauvages y consentirent. Le travail était facile pour chaque maison en particulier, il ne devint un peu fatigant que par la répétition multipliée des mêmes cérémonies.

De même que, chez nous, celui qui pose officiellement la première pierre d'un édifice n'a qu'à tenir une truelle, et jeter un peu de mortier sur cette pierre placée d'avance; de même moi, à l'emplacement de chaque maison, je donnais un coup de pioche, après quoi les

gens de cette maison continuaient à creuser.
Le trou préparé, je touchais de la main la colonne principale que l'on allait y fixer, et je
passais à un autre emplacement. Quant au
foyer, l'opération était tout aussi simple. Il
faut savoir d'abord que le foyer d'une cabane de
sauvage est d'une construction tout à fait élé-
mentaire On fabrique un cadre avec quatre
morceaux de bois non dégrossis, longs d'un
mètre, solidement reliés aux angles avec du
rotin. On installe ce cadre au milieu de la maison, et on le remplit de terre. De cheminée, il
n'en est pas question ; dans ce pays, la fumée
est libre comme l'air, elle prend ses ébats ca-
pricieux dans tous les coins et recoins de la
case, et s'échappe par où elle veut. L'installation du foyer consiste à mettre, dans ce cadre
en bois, la première poignée de terre, puis à y
allumer le feu nouveau. Je l'accomplis dans
chaque famille, non sans me permettre quelques quolibets contre les Esprits du feu et du
foyer. Cela terminé, je me rendis à la fontaine ;
toutes les femmes du village me suivirent.
Là elles me présentèrent, l'une après l'autre
un tube de bambou que je remplis d'eau aussi
consciencieusement que possible.

Quand tout fut en règle, les pauvres sauvages de Po-Nang, heureux d'être délivrés d'une
foule de pratiques onéreuses, manifestèrent
leur joie et leur reconnaissance en me donnant un grand festin. Au moment de repartir
pour Ko-Xam, je leur demandai comme récom-

pense, de me laisser emporter un gros fétiche placé au-dessus de l'entrée principale de leur ancien village. « Nous serions bien aise d'en être « débarrassés, me dirent-ils, mais qui oserait « porter une main sacrilège sur ce puissant « génie et s'exposer de gaieté de cœur à une « destruction inévitable ? » La permission me suffisait. J'allais dénicher moi-même le fétiche et en entrant à Ko-Xam, je le précipitai dans le plus profond de la rivière; c'est là qu'il repose fraîchement sur la vase et les cailloux. Quelques jours après, je coupai racine à un autre genre de superstitions, celles qui concernent les travaux des champs, en allant moi-même abattre le premier arbre à l'endroit de la forêt que l'on voulait défricher pour le mettre en culture.

Mais le travail du missionnaire ne consiste pas seulement à démolir, car il est écrit : « Je « t'ai établi pour que tu détruises et que tu « bâtisses, pour que tu déracines et que tu « plantes. » Après mon expédition antidiabolique, il me restait à planter dans le cœur des sauvages de Po-Nang le bon grain de la vérité, à faire d'eux des pierres vivantes de la sainte Eglise. Je me mis à l'œuvre avec ardeur, et à la fin de cette première année, j'eus la consolation de baptiser quinze adultes : quatorze garçons et une jeune fille. Le plus âgé de ces néophytes n'avait pas vingt-cinq ans, et le plus jeune en avait quinze. Piol, la jeune fille que je viens de mentionner, désirait depuis longtemps être chrétienne, quoiqu'elle ne connût pas la religion. Je l'avais rencontrée quelquefois, avant de me mettre en relation avec Po-Nang, et elle me répétait à chaque occasion : « Et moi aussi, je voudrais connaître *Ba-Jang* « (Dieu). Quand me le fera-t-on connaître? » Ce désir qu'elle ne pouvait s'expliquer, et que néanmoins elle ne pouvait bannir de sa pensée fut enfin exaucé Elle est aujourd'hui une excellente chrétienne.

Lors de l'invasion de la petite vérole, le nombre des néophytes de Po-Nang s'élevait à soixante; la moitié furent emportés par la terrible maladie. Mais peu à peu les pertes se réparent, et là encore, si les progrès sont lents, ils ont en revanche le mérite d'être constants et assurés. Qu'on n'oublie pas l'impossibilité d'avoir avec les sauvages de longs et fréquents entretiens. On ne peut les instruire que le soir quand ils reviennent, fatigués, des travaux des champs ; et cela seulement une partie de l'année, car, lorsque la moisson mûrit, ils restent dehors pour protéger leur récolte. C'est là une des causes qui retardent le progrès des conversions et multiplient les travaux du missionnaire. Ainsi, pour ces néophytes de Po-Nang, leur instruction me coûta beaucoup. Chaque jour, au soleil couchant, je me rendais à leur village, et je faisais le catéchisme pendant quelques instants; puis je revenais à Ko-Xam par un sentier difficile, dans les ténèbres, et souvent la pluie sur le dos. Mais ces peines ont été amplement payées par la joie d'avoir ajouté quelques brebis de plus au troupeau du bon Pasteur. Puissé-je les voir souvent se renouveler, si elles doivent me procurer la même consolation !

CHAPITRE XXV

MORT DE M. VERDIER. — VOYAGE DE M. DOURISBOURE A SAÏGON. — ARRIVÉE DE M. BESOMBES.

Pendant que je travaillais ainsi à établir la chrétienté de Po-Nang, le royaume d'Annam était le théâtre d'événements de la plus haute importance pour nos missions. Après avoir occupé quelque temps Touranne, les troupes françaises, sous le commandement de l'amiral Rigault de Genouilly, s'étaient emparées de Saïgon, en février 1859. Par une conséquence naturelle de nos premiers succès, la persécution qui depuis tant d'années désolait le Tong-King et la Cochinchine, augmenta d'intensité ; il y eut chez les bourreaux une recrudescence de fureur. Ce n'étaient plus seulement les missionnaires, les prêtres indigènes, les chrétiens influents que l'on poursuivait et jetait en prison ; tous les chrétiens étaient traqués, enlevés de leurs villages, dispersés dans des provinces éloignées au milieu des païens, le mari d'un côté, la femme de l'autre, les plus petits enfants séparés de leurs parents, tous livrés à un sort pire que le plus rude esclavage. On eût dit que l'enfer voulait en finir avec notre sainte religion.

Je n'ai rien à raconter de cette persécution; je la mentionne seulement à cause du contre-coup qu'en ressentit notre mission des sauvages. Par une miséricordieuse disposition de la Providence, au milieu de la conflagration générale, la province de Binh-Dinh continua quelque temps encore de jouir d'une tranquillité relative, en sorte que le vicaire apostolique et nos confrères européens, cachés dans des retraites sûres, pouvaient correspondre avec nous et nous tenir au courant des événements. Vers la fin de 1860, cette dernière consolation nous fut enlevée. L'orage éclata sur le Binh-Dinh avec la même violence qu'ailleurs; il devint impossible d'envoyer des lettres ou d'en recevoir, et toute communication se trouva coupée avec nos confrères de Cochinchine, et par suite avec le monde entier.

Quelques mois plus tard, un autre malheur vint me frapper. Il était prévu depuis longtemps, mais le coup n'en fut pas moins sensible. M. Verdier, le seul confrère européen que j'eusse dans le pays des sauvages, me quitta pour un monde meilleur. J'ai dit plus haut qu'il était demeuré à Kon-Trang, lorsque j'étais venu à Ko-Xam remplacer M. Combes. Sa santé déjà très délicate alla toujours depuis lors en dépérissant. Il était atteint d'une maladie de langueur que je ne sais comment caractériser, et quoiqu'il éprouvât rarement de violentes douleurs, je doute qu'il puisse y avoir une souffrance plus terrible que celle de s'éteindre ainsi à petit feu, jour par jour, pendant des années. Dès que son mal parut incurable chez les sauvages, il songea à chercher la guérison dans un pays moins salubre, et j'écrivis à Mgr Cuenot pour le prier de le rappeler et de l'envoyer ailleurs, à Syngapour par exemple, afin de rétablir sa santé. Monseigneur, pour des raisons que j'ignore, ne crut pas devoir accéder de suite à cette demande, et bientôt, la persécution ayant fermé tous les chemins, son départ fut impossible. Nous étions enfermés chez les Ba-Hnars comme dans une prison.

M. Verdier envisagea sa mort inévitable avec un grand courage et une entière soumission à la volonté de Dieu. Pendant assez longtemps, quoiqu'il n'eût plus la force de marcher ni de s'occuper sérieusement du saint ministère, il avait encore le bonheur de monter quelquefois au saint autel. Ensuite, la faiblesse augmentant toujours, cette consolation suprême lui fut enlevée. Il dut passer les journées, les semaines, les mois entiers, étendu sur sa natte, presque sans mouvement et sans vie. A la fin, voyant qu'il n'avait plus que peu de temps à vivre, nous le fîmes transporter en filet dans notre maison de Ro-Hai. Il y était à peine depuis deux semaines, qu'il me dit un jour : « Puisque le bon Dieu veut que je meure à

« présent, que sa sainte volonté soit faite, mais
« je voudrais aller mourir au milieu des chré-
« tiens, mes enfants. »

Il nous fallut, pour le contenter, le transporter de nouveau à Ko-Trang. Il était d'une mai-
greur extrême, et l'on pouvait littéralement
compter tous ses os. Sa faiblesse était telle qu'à
plusieurs reprises je le crus mort. Il s'éteignit
enfin, tranquille et résigné, muni de tous les
sacrements de l'Eglise. C'était en avril 1861
Ses restes mortels reposent à côté de ceux de
Joseph Ngui, dans la forêt de Kon-Trang. Et
moi, misérable pécheur condamné à mettre
tous mes confrères en terre, je vis toujours,
parce que je ne suis pas comme eux, suffisamment préparé à paraître devant Dieu !

Cette perte de mon seul confrère européen
me causa une douleur difficile à exprimer. Restaient, il est vrai, deux bons prêtres annamites, les Pères Do et Bao ; mais je n'avais nul
moyen de communiquer avec mon évêque et les
autres missionnaires, et je me trouvais en réalité dans une solitude profonde, à cinq mille
lieues de mon pays, parmi des sauvages, sans
un conseil, sans un ami, sans un soutien. Dans
mes embarras, dans mes perplexités, abandonné
à moi-même, moi le plus faible, le plus ignorant, le plus misérable des missionnaires,
j'étais réduit à chercher dans mon propre fond
la solution de toutes les difficultés ! Oh !
grâces à Dieu, ce n'étaient ni ma pauvreté ni
le manque de secours temporels qui me tou-

chaient beaucoup. Il est vrai qu'après avoir pendant quelque temps réparé de mon mieux mes habits usés, je fus réduit à me couvrir de haillons. Je n'avais qu'une seule paire de souliers déjà usés, que je conservais soigneusement pour monter au saint autel. Puis, la crainte de ne pas voir les chemins s'ouvrir de longtemps me força de ménager le peu de farine et de vin qui me restaient pour le saint sacrifice. Les dimanches seulement et quelques jours de fête je me permettais de dire la messe. Comme les conversions continuaient parmi le sauvages, et que j'avais souvent la joie d'en admettre au baptême, je tremblais de manquer de la matière du sacrement qui est le cœur du christianisme. « Je fais des chrétiens, me disais-je, mais com- « ment pourront-ils être forts sans le pain des « forts ? Quels progrès feront-ils, s'ils ne peu- « vent recevoir Celui qui est la voie, la vérité « et la vie ? »

On parle des souffrances du missionnaire, de ses privations, de ses fatigues, eh bien ! tout cela n'est rien comparé à ces peines, à ces angoisses qui parfois inondent son cœur. Que dis-je ? la nature du missionnaire est ainsi faite que les tribulations du corps enflamment son ardeur au lieu de l'éteindre, et que les souffrances physiques irritent son courage au lieu de l'abattre. J'en ai fait l'expérience comme bien d'autres de mes confrères. Mais quand le combat a lieu contre l'âme, quand la tristesse, le dégoût, l'ennui, accompagnés de doulou reuses ténèbres, tombent sur une âme solitaire, oh! alors, si cette âme n'est pas forte, si elle est, comme la mienne, pauvre, nue, faible, misérable, les eaux de la tribulation la submergent complètement. Combien de fois, dans ce temps de profonde tristesse, je me suis assis sur les bords de la rivière de Ko-Ham, comme jadis le peuple d'Israël sur les rives des fleuves de Babylone! Je commençais à chanter : *Super flumina Babylonis*. Mais quand j'en venais à : *Quomodo cantabimus?* je ne savais pas non plus comment chanter, et les sanglots étouffaient ma voix, et seules mes larmes coulaient en silence. Ne vous scandalisez pas trop, cher lecteur, de ma faiblesse et de ma misère, mais plutôt priez pour moi le Dieu qui a voulu souffrir lui-même la crainte, l'ennui et la désolation : *Cœpit pavere et tœdere et mœstus esse.*

Pendant plus de deux mortelles années, je ne pus rien savoir de ce qui se passait dans ce bas monde. Seulement, nos routes toujours fermées prouvaient que la persécution durait toujours en Annam. De loin en loin j'apprenais par le moyen des Annamites païens, commerçants chez les Ba-Hnars, que tous les chrétiens étaient pillés et massacrés. Mais comme ces marchands étaient pour la plupart d'An-Son, ville éloignée du théâtre de la persécution; comme d'ailleurs ils étaient parfaitement indifférents à tout ce qui pouvait arriver d'agréable ou de fâcheux aux enfants de l'Église, leurs vagues renseignements me paraissaient peu dignes de foi. Un jour pourtant, le bruit courut qu'un vénérable vieillard de haute stature, à la barbe blanche et longue, avait été arrêté près de la préfecture, et que le peuple se rendait en foule à la prison pour voir cet homme extraordinaire. Je tremblai que ce ne fût notre vicaire apostolique, Mgr Cuenot, que je reconnaissais à ce signalement. Mes craintes n'étaient que trop fondées. Je sus plus tard qu'en effet il avait été pris et condamné à mort, mais que la dysenterie l'avait emporté avant le jour fixé pour l'exécution de la sentence.

Cependant les soldats et les marins de la France, après s'être emparés de la Basse-Cochinchine et avoir déclaré ces provinces possessions françaises, forcèrent le tyran annamite de conclure un traité de paix qui, entre autres clauses, garantissait la liberté de la religion chrétienne, et reconnaissait aux missionnaires le droit de prêcher dans toute l'étendue du royaume. Un jeune homme nous arriva d'Annam porteur de cette heureuse nouvelle. Il nous fit connaître en même temps les terribles ravages de la persécution : le vicaire apostolique mort en prison, les prêtres indigènes décapités, les chefs de chrétienté morts dans les supplices, les fidèles chassés de leurs villages, leurs biens confisqués, tout ce qui portait le nom de chrétiens réduit à la plus profonde misère. Un de nos confrères européens, M. Herrengt, avait échappé à la mort en allant s'abriter à Saïgon sous le drapeau français, et se trouvait chargé

de l'administration de la mission jusqu'à ce que
Rome y pourvût. Je me hâtai de lui écrire pour
avoir des nouvelles plus détaillées. Entre autres questions, je lui demandai : « Quel pape
« gouverne l'Église? Quel roi ou empereur rè-
« gne en France? » J'étais tenté d'ajouter, comme
saint Paul l'ermite, lorsque saint Antoine vint
le visiter dans son désert : « Les hommes bâtis-
« sent-ils encore des maisons? »

Quelques mois plus tard, une nouvelle perte
affligea notre mission déjà si éprouvée. Ce bon
M. Herrengt, l'homme le plus digne et le plus
capable de succéder à Mgr Cuenot, mourut à
Saïgon du choléra. Il avait reçu de Rome les
bulles qui l'appelaient à l'épiscopat. Mais son
humilité les lui fit refuser, et pendant que ces
bulles renvoyées étaient encore en route pour
l'Europe, lui-même partait pour une meilleure
vie. Cette mort inattendue nous laissait dans
un désarroi presque complet. Qui était maintenant chargé de la mission? A qui s'adresser
comme supérieur? Je fus obligé de descendre
en Annam pour éclaircir ces questions et quelques autres.

Après treize ans passés chez les sauvages, je
remis le pied sur cette terre rougie du sang des
martyrs. Je puis dire que je ne l'avais pas encore vue, car à mon arrivée de France je n'y
avais jamais voyagé qu'à la faveur des ténèbres.
Maintenant encore, j'osais à peine marcher de
jour. En effet, quoique la paix fût conclue entre
les parties belligérantes, les souverains anna-

mites ne sont pas tellement fidèles à leur parole, qu'on puisse de premier abord y ajouter foi. D'ailleurs, je n'avais pas le passe-port dont, aux termes du traité, chaque missionnaire devait être porteur. N'ayant trouvé au Binh-Dinh aucun confrère européen, je résolus de me rendre à Saïgon.

En attendant qu'une barque fût prête à prendre la mer, je me tenais caché dans une petite chrétienté assez près du port de Già, quand un jeune Annamite, arrivant de Saïgon, m'apprit qu'un nouveau missionnaire, M. Besombes, venait de jeter l'ancre en dehors de ce port, et attendait le moment favorable pour passer la douane. Vite je descendis en canot et je me hâtai d'aller l'embrasser. Depuis la mort de M. Verdier, je n'avais pas vu de figure européenne, et mon embarras fut grand, quand j'essayai de reparler le français que j'avais à peu près oublié. M. Besombes s'amusa beaucoup de mes barbarismes sauvages. On l'avait envoyé me rejoindre chez les Ba-Hnars, mais comme il ne put me donner les renseignements que je cherchais, force fut de le laisser suivre seul sa route, et de continuer moi-même mon voyage « vers Saïgon : Allez, cher confrère, lui dis-je, « allez m'attendre chez mes bons Ba-Hnars ; mon « voyage sera court. Le bonheur de revoir de « nombreux confrères, et de me retrouver en « pays français, ne me fera pas oublier que mon « devoir m'appelle chez les sauvages. »

Arrivé à Saïgon, je me crus transporté en

France. Quand je vis le port couvert de navires montés par des matelots et des soldats francais ; quand je parcourus ces rues et ces édifices semblables à ceux de la patrie ; quand surtout j'entrai dans ces églises et que j'entendis les chants que j'avais entendus et chantés autrefois dans les églises de la France ; quand moi, pauvre sauvage, je fus témoin de la majesté des cérémonies aux messes solennelles et aux bénédictions du Saint-Sacrement, oh ! alors, il me sembla sortir d'un long sommeil, et souvent les larmes coulèrent de mes yeux. Après quelques jours, toutes les affaires qui m'avaient amené étant réglées, je songeais à quitter Saïgon pour regagner ma mission. Mon esprit et mon cœur étaient toujours au milieu de mes chers sauvages, et il me tardait de les revoir; mais Mgr Lefebvre, vicaire apostolique de Basse-Cochinchine, insista pour que je fisse un plus long séjour à Saïgon, afin de rétablir un peu ma santé délabrée. J'avais pris déjà quelques semaines de repos, lorsqu'un incident survint qui retarda encore mon départ. La persécution venait d'éclater de nouveau dans la province de Binh-Binh.

Voici à quelle occasion. M. Besombes avait, il est vrai, un passe-port en règle, et ce passe-port mentionnait expressément quelques fusils qu'il apportait pour la mission des sauvages. Mais comme on ne connaissait pas encore la conduite que tiendrait le roi de Hué envers les missionnaires, et s'il exécuterait fidèlement les

conventions faites avec la France, mon confrère
jugea prudent de voyager à l'ancien système,
en cachette, d'autant plus qu'il ne devait pas
séjourner en Cochinchine, mais seulement traverser la province de Binh-Dinh. Il fut personnellement assez heureux pour échapper à la vigilance des douaniers, et pour arriver sans accident chez les Ba-Hnars. Mais ses effets qui le
suivaient de loin furent saisis, et dans ses mal-
les on trouva les fusils en question. Ce fut
assez pour rallumer la persécution à peine
éteinte. Les mandarins, enchantés d'avoir rencontré un moyen facile de se mettre bien en
cour, et de gagner de l'avancement, firent
grand tapage de cette découverte, et tout naturellement s'en prirent aux chrétiens. Ces pauvres gens, à peine revenus de l'exil, étaient
occupés à relever tant bien que mal les ruines
de leurs maisons, quand l'orage éclata de nouveau sur leurs têtes.

M. Besombes, instruit de ce qui se passait,
revint du pays des sauvages, allat droit à la
préfecture et, son passe-port à la main, se déclara propriétaire des armes confisquées. En
même temps un grand mandarin arrivait de la
capitale pour terminer cette affaire. Le roi avait
été très irrité de la conduite du gouverneur de
la province qui, pour quelques misérables fusils,
avait ainsi suscité une persécution, et, par son
zèle intempestif, compromis la paix récemment
conclue avec la France. Tous les personnages
mêlés à cette affaire furent disgraciés, et le

calme se rétablit. Bien plus, le bon Dieu tira un grand bien de ce mal passager. Notre mission des sauvages, dont la cour de Hué n'avait jamais entendu parler, fut à cette occasion officiellement connue. On en profita, et l'on demanda immédiatement les passe-ports nécessaires pour tous les voyages que les besoins de cette mission exigeraient; tout fut accordé.

Pendant ces troubles du Binh-Dinh, je fus obligé, malgré mon ardent désir de revoir mes néophytes, de demeurer loin d'eux à Saïgon. Mgr Lefebvre, qui n'avait aucun missionnaire disponible pour la paroisse du port de Saïgon, me pria avec tant d'insistance d'accepter provisoirement cette charge, que je crus devoir accéder à sa demande. J'occupai ce poste depuis février 1864, jusqu'à septembre de la même année. On apprit alors que la paix était rétablie au Binh-Dinh, et je me mis en route sur-le-champ.

J'avais rencontré à Saïgon de nombreux confrères qui furent pour moi d'une bonté et d'une charité parfaites : aussi, quand vint le moment de la séparation, mon cœur se serra : je leur fis mes adieux les larmes aux yeux. Je conserve également un vif souvenir des témoignages d'affection que me donnèrent les bonnes Sœurs du Carmel et de Saint-Paul de Chartres. Enfin, mes paroissiens annamites pleurèrent beaucoup à mon départ. Notre jonque, descendant la rivière pour se rendre à la mer, était déjà loin du port, lorsque je vis une petite barque qui

nous suivait à toutes rames, en nous faisant
signe de l'attendre. C'étaient le maire et quelques autres personnages importants de la chrétienté que je venais de quitter. Ils ne m'avaient
pas vu au moment où j'étais monté à bord, et
ils voulaient à tout prix me faire leurs adieux,
et m'apporter une dizaine de canards comme
provision pour mon voyage. Braves gens! je
fus attendri de cette marque d'attachement fi-
lial. Le voyage fut heureux. Arrivé au Binh-
Dinh, je rencontrai M. Besombes qui m'attendait, et, après quelques jours, nous remontâmes
ensemble chez les Ba-Hnars.

CHAPITRE XXVI

LA PETITE VÉROLE CHEZ LES SAUVAGES.

La chrétienté jouissait d'une paix profonde,
les païens avaient cessé de chercher querelle à
nos néophytes, le petit troupeau du bon Pasteur
s'augmentait chaque jour de quelques nouvelles
brebis; et moi, pauvre missionnaire, ordinairement si triste autrefois, je commençais à être
joyeux et satisfait, lorsque le bon Dieu nous
envoya une grande tribulation, la plus grande
certainement de toutes celles que notre pauvre
mission des sauvages ait jamais eu à supporter. Je veux parler de la petite vérole qui pendant près de deux ans a désolé le pays, enlevé

presque la moitié de la population, et diminué de plus d'un tiers le nombre des chrétiens. Ce fléau était à peu près inconnu des sauvages ; les vieillards seuls en avaient entendu parler dans leur enfance, et ils en avaient gardé un tel souvenir, que personne n'osait en prononcer le nom. Malheureusement, les circonstances ont fait croire qu'il avait été apporté par les chrétiens. Voici comment.

Un chrétien annamite du voisinage d'An-Son, fatigué de la misère dans laquelle, malgré tous ses efforts, lui et sa famille végétaient depuis longtemps, abandonna son village pour venir s'établir auprès de nous. En chemin, il fut pris de la petite vérole, à son arrivée, avant qu'on pût connaître la nature de sa maladie, il l'avait déjà communiquée aux gens de la maison du Père Do à Ro-Hai. Le père Do venait de partir pour la Cochinchine, mais il y avait un autre prêtre annamite dans le village de Kon-Tum, qui ne forme avec Ro-Hai, qu'une seule et même chrétienté. Aussitôt que les sauvages eurent vent de ce qui se passait, une terreur folle s'empara de tout le pays, à vingt lieues à la ronde. Les habitants de Kon-Tom, même les chrétiens, refusèrent d'entretenir aucune communication avec Ro-Hai, barricadèrent le chemin à l'aide d'arbres renversés, et hérissèrent de lancettes tout le terrain entre les deux villages.

Ils défendirent à tout le monde, même au prêtre, d'avoir des relations avec les malades. Heureusement, celui-ci connaissait le précepte du divin maître : *Le bon Pasteur donne sa vie pour ses brebis*, et voici comment il s'y prit tant que le fléau resta confiné à Ro-Hai. Comme il était facile de voir, au moment où les boutons sortaient, si le malade mourrait ou non, lorsque quelqu'un était gravement atteint, un Annamite de Ro-Hai, à la faveur des ténèbres ouvrait un chemin à travers les barricades et les lancettes, et venait chercher le Père. Le lendemain matin, au point du jour, le malade était administré, et le Père de retour chez lui. Personne ne se douta de cette charitable fraude, et moi-même je n'ai appris ces détails que beaucoup plus tard, car tous les rapports ordinaires avaient cessé entre le village attaqué et le pays circonvoisin.

Pendant quelques semaines, la maladie sembla confinée en un seul village ; mais bientôt, on entendit dire qu'elle avait apparu dans quelques autres localités éloignées, et à la fin, le fléau franchissant toutes les barrières se montra sur tous les points à la fois. L'épouvante alors fut indicible. Quelqu'un tombait-il malade, le village était aussitôt déserté. L'amitié, les liens du sang, les sentiments les plus tendres et les plus forts, rien ne pouvait arrêter les habitants dans leur fuite ; ils se dispersaient, chacun de son côté, dans les fourrés les plus inaccessibles de la forêt où ils vivaient d'herbes et de racines Les malades abandonnés se débattaient contre les horreurs de la faim et de la soif. On voyait ces malheureux, dans le délire de la fièvre, courir aux ruisseaux voisins pour y étancher leur soif; souvent ils tombaient dans l'eau, et n'ayant pas la force de se relever, ils y perdaient la vie. On rencontrait à chaque pas dans la forêt des cadavres à moitié dévorés, des crânes, des ossements, restes des repas des bêtes féroces. Ceux qui mouraient dans les villages restaient le plus souvent sans sépulture, et leurs corps en putréfaction augmentaient l'intensité du fléau.

Je me trouvais alors à Ko-Xam, et pendant longtemps la chrétienté fut épargnée. Les villages d'alentour étaient déjà à moitié dépeuplés que nous étions encore sains et saufs. Une nuit, on frappa à ma porte. « Venez, Père, me « dit un chrétien, un jeune homme est malade « chez moi, venez voir si c'est la petite vérole. » Je le suivis; il n'y avait pas de doute possible, et je le déclarai à la famille atterrée. Ces pauvres gens voulaient quitter le village à l'instant même. « Arrêtez, leur dis-je, si le bon « Dieu veut nous éprouver, eh bien ! que son « saint nom soit béni ! Mais, nous autres chré- « tiens, nous ne pouvons pas, comme les païens, « nous abandonner les uns les autres. Je réu- « nirai le village demain, et nous arrangerons « cela. Bon courage. » Et aussitôt, j'envoyai les membres valides de la famille, aidés de nos jeunes Annamites, construire dans la forêt une petite hutte avec des branches d'arbres et de grandes herbes. Puis avant le jour, avant que personne dans le village soupçonnât ce qui

était arrivé, nous y transportâmes le malade.
Les Annamites avaient tous eu la petite vérole
dans leur enfance, et moi j'avais été vacciné à
l'âge de deux ou trois ans; nous avions donc
peu à craindre.

Le lendemain je n'eus rien de plus pressé
que de réunir le village à la maison commune.
Là, je fis la terrible révélation, et j'ajoutai :
« Mes chers enfants, quoi qu'il arrive, restons
« ensemble; ne nous séparons pas. Nous, en-
« fants de Dieu, il est une chose que nous de-
« vons craindre plus que la mort, c'est de mou-
« rir sans l'assistance d'un prêtre et sans sa-
« crements. Si mes enfants se dispersent, com-
« ment pourrai-je porter secours à tous?
« Comment même pourrai-je savoir où ils sont,
« et s'ils ont besoin de moi? — Non, non, ré-
« pondit-on de toutes parts, nous ne nous sé-
« parerons pas. Si le bon Dieu veut que nous
« mourions, eh bien ! mourons ensemble et vi-
« sités par le Père. » Ce point capital gagné,
je fis construire, dans la forêt et fort loin du
village, un certain nombre de huttes pour y
transporter ceux qui seraient attaqués.

Pendant près de deux mois, jusqu'à la parfaite guérison du premier malade, nul être
humain que moi et mes Annamites ne s'approcha de lui. Aucun autre cas ne s'était manifesté dans le village, et nous commencions à
espérer que Ko-Xam échapperait au fléau. Mais
l'atmosphère du pays tout entier était corrompue,
la petite vérole pénétrait jusque dans les retrai-

tes les plus inaccessibles des forêts, et un beau jour elle reparut à Ko-Xam, pour ne le quitter qu'après avoir maltraité, plus ou moins, presque tous les habitants. On suivit mon plan. Tout individu atteint était immédiatement porté dans la forêt; et l'on mettait à part les plus malades. C'est surtout parmi ces derniers que j'eus à exercer, sans trêve ni relâche, le double office de missionnaire et de sœur de charité.

J'essayerais vainement de dépeindre l'affreux spectacle que présentait cette réunion de pauvres sauvages atteints de la petite vérole. La plupart semblaient n'avoir plus forme humaine. Quand, accroupi auprès de ces malheureux, les pieds dans la pourriture qui couvrait leurs nattes, l'oreille penchée sur leurs bouches, j'administrais le sacrement de pénitence; quand surtout, en leur donnant l'extrême-Onction, j'étais obligé, à chaque fois, d'essuyer mon doigt pour ne pas souiller de pus l'huile sainte où j'allais le replonger; oh! c'est alors qu'il me fallait faire un suprême effort pour ne pas manifester de dégoût, pour retenir mon cœur prêt à faiblir. J'avoue qu'une fois, dans les commencements, je ne pus m'empêcher de vomir; mais ce fut une fois seulement, et depuis je m'aguerris au point que rien absolument ne me faisait froncer le sourcil. L'enterrement des morts n'était pas la moindre de nos peines : car il faut se souvenir que nous ne permettions pas aux sauvages encore sains de venir nous aider.

Mais si le corps eut à souffrir pendant cette épidémie, le bon Dieu nous multiplia les consolations spirituelles. Les fidèles se préparaient à la mort d'une manière si édifiante, que j'ai lieu d'espérer qu'ils sont tous montés au ciel. Pour ceux qui n'avaient pas encore le bonheur d'appartenir à la sainte Eglise, ils se convertirent presque tous avant de paraître au tribunal du souverain Juge. Les soins assidus et joyeux dont nous entourions leur agonie nous gagnaient leur confiance, rendaient leurs cœurs dociles à la grâce, et j'avais l'ineffable satisfaction de les régénérer au dernier moment. Oh ! que le bon Dieu est miséricordieux jusque dans sa justice ! Combien de pauvres âmes, qui ne l'auraient peut-être jamais aimé ni dans ce monde ni dans l'autre, ont trouvé la véritable vie dans cet heureux malheur (*felix calamitas*) qui les condamnait à une mort prématurée !

Il semble que lorsque nous vîmes clairement l'impossibilité d'éviter la maladie, nous eussions pu nous dispenser de séparer les malades comme auparavant. Cependant nous avions pour agir ainsi une fort bonne raison. Dans les villages païens, on ne suivit pas le même plan ; la contagion gagna plus vite, presque tous les habitants furent malades à la fois, et le petit nombre de personnes encore saines n'ayant d'autre souci que de fuir, les champs restèrent sans culture, de sorte qu'après la petite vérole, on eut la famine. Chez nous, au contraire, non seulement tous les malades furent soignés, mais les individus guéris ou non encore malades, purent s'occuper des champs, et, quand le fléau disparut, il y eut abondance à Ko-Xam.

Et mon nouveau confrère, M. Besombes, qu'était-il donc devenu pendant ces longs mois d'épreuves ? et comment se fait-il que je n'aie pas encore parlé de lui ? Hélas! loin de pouvoir prendre part à nos œuvres de charité, il fut lui-même malade pendant tout le temps que dura le fléau. Il échappa à la petite vérole, car il avait été vacciné deux fois, mais il paya au climat insalubre de nos forêts le tribut habituel. Pendant les premiers mois de son séjour, sa santé avait été excellente, et il me disait quelquefois : « Vous verrez que j'y tien- « drai. Je ne me suis jamais senti si robuste. » « — Oui, nous verrons », répondis-je, instruit par ma propre expérience. En effet, nous vîmes qu'il n'avait été épargné d'abord que pour être ensuite plus violemment accablé. Outre les fièvres, il eut une gale affreuse, des maux d'estomac continuels, un affaissement nerveux qui lui faisait ressentir comme le mal de mer, et le tenait constamment étendu sur sa natte, en sorte que, pendant la calamité publique, sa croix fut beaucoup plus lourde que la mienne.

A ce propos, je répéterai ce que j'ai dit déjà, ce que prouve d'ailleurs toutes les pages de ce récit. Dans nos libres montagnes, dans ce pays d'absolue indépendance, il est une reine

tyrannique, implacable, au joug de laquelle
personne n'échappe. Cette reine, c'est la fièvre.
Les indigènes eux-mêmes lui payent tribut de
temps en temps. Quant aux étrangers, pas un
n'échappe. La plupart y succombent, et ceux qui
ont la force de survivre se relèvent bien différents de ce qu'ils étaient d'abord. Je dis surtout
ceci à nos futurs successeurs, non pour les décourager, — un vrai missionnaire ne se décou-
rage pas pour si peu, — mais pour les avertir
et les consoler d'avance. Un jeune missionnaire
caresse toujours, plus ou moins, au fond de
son cœur l'espérance du martyre. Eh bien, à
tous ceux qui seront envoyés chez nos sauvages,
je promets le martyre, martyre sans éclat, sans
cangue et sans rotin, sans tortures et sans effusion de sang, mais martyre non moins douloureux, beaucoup plus prolongé, et je l'espère,
également agréable au Dieu que nous prêchons,
au Seigneur Jésus crucifié.

CHAPITRE XXVII

UNE NUIT D'AVENTURES. — LA PROVIDENCE NOUS
SAUVE DE L'ATTAQUE DES XO-DANG

Le terrible fléau que je viens de décrire faillit avoir pour la religion chrétienne en ce pays
les conséquences les plus désastreuses. Mais,
avant d'en parler, je raconterai un épisode in-

téressant de ces tristes jours, et bien que déjà j'aie cité des faits analogues, je veux, dussé-je fatiguer le lecteur, rapporter encore celui-ci, pour montrer une fois de plus de quelle protection attentive le bon Dieu couvre ses missionnaires, et, une fois de plus, lui témoigner publiquement ma reconnaissance.

Un an avant l'invasion de la petite vérole, une famille de Ko-Xam eut un différend grave avec ses voisins, et par suite quitta le village pour s'établir à To-Leh, à une dizaine de kilomètres au sud-est. Parmi les sept personnes qui composaient cette famille, deux jeunes gens, le frère et la sœur, étaient chrétiens, trois autres avaient assisté au catéchisme pendant quelque temps, et appris une partie des prières. J'avais vainement essayé de les retenir à Ko-Xam. Or, la petite vérole n'épargna pas plus To-Leh que les autres villages, et les trois catéchumènes en question, savoir : le frère aîné des deux néophytes, sa femme et leur enfant âgé d'environ quinze ans, furent attaqués à la foi. Quand ces pauvres gens se virent en danger, ils se souvinrent de mes instructions et furent saisis d'une grande crainte de tomber en enfer. « Oh! si au moins nous avions reçu le « baptême! s'écrièrent-ils. — Voulez-vous que « j'aille appeler le Père? répondit le jeune frère « déjà chrétien. — Certainement, nous le dési-« rons de tout cœur; mais voudra-t-il venir dans « l'état où nous sommes? — Ce sera un bon-« heur pour lui. Est-ce que, à Ko-Xam, il n'est

« pas tout le jour avec les malades ? — Cours
« donc, cours vite, et dis lui que nous avons
« peur de mourir sans baptême. »

Une heure après il arrivait chez moi couvert
de sueur et tout haletant. C'était vers midi.
J'avais eu la fièvre toute la nuit précédente, et
la faiblesse extrême qui d'ordinaire suit un
accès m'avait retenu sur ma natte. Nous étions
au cœur de la saison des pluies ; la rivière était
débordée, et la fièvre devait revenir au coucher
du soleil. Mais en apprenant que ces trois pauvres malades m'appelaient à leurs secours, la
pensée que j'allais sauver ces chères âmes me
fit tressaillir de joie ; je me levai à l'instant
même. Pour aller de Ko-Xam à To-Leh, on suit
d'abord le cours de la rivière pendant une demi-
heure. Cette moitié de la route doit se faire
en barque ; car il n'y a pas de chemin par terre.
Je me fis donc accompagner de deux Annamites, qui ramèrent jusqu'à l'endroit voulu. En
mettant pied à terre, je leur recommandai de
venir me reprendre vers le soir en cet endroit,
avant l'heure de ma fièvre, et je suivis à pied
mon jeune chrétien de To-Leh.

Quand j'entrai dans la maison des malades,
une si horrible puanteur s'exhalait de leurs
corps défigurés que, malgré l'habitude que j'a-
vais de pareilles scènes, je faillis m'évanouir.
Mais les témoignages de joie de ces pauvres
gens me rendirent de suite un peu de vigueur.
Je passai plus de deux heures avec eux ; je les
instruisis, je les aidai à faire de fervents actes

de foi, d'espérance, de charité, de contrition, et de conformité à la volonté divine; enfin, je les fis enfants de Dieu, en versant sur leur tête l'eau régénératrice. La femme surtout et son jeune fils furent admirables de piété et de ferveur : « Maintenant, me disait la mère, je « mourrai en paix. Je n'ai plus rien à désirer « sur la terre. » Heureuse néophyte! elle expira la nuit suivante, et si sa dépouille mortelle n'était plus quelques heures après qu'un amas de pourriture, sa belle âme entra dans le paradis avec toute la gloire de l'innocence baptismale. Le jeune homme survécut, et après sa guérison, loin d'oublier la grâce du bon Dieu, il abandonna sa famille pour venir demeurer avec moi. Aujourd'hui il est bon chrétien.

Cependant le soleil baissait et il fallait revenir à Ko-Xam. Le chrétien qui était venu me chercher voulut m'accompagner à mon retour, jusqu'à l'endroit de la rivière où la barque devait venir me prendre. Nous avions à peine marché quelques instants ensemble, que le tonnerre commença à gronder au nord. Tout annonçait un orage des plus furieux: « Voilà la « tempête, dis-je à mon compagnon, retourne « à ta maison. Encore un petit quart d'heure et « j'aurai rejoint ma barque, j'irai bien seul. « Adieu . » Mais le bon Dieu voulait me faire payer un peu les grandes joies de cette journée. Quelques instant après le départ de mon guide, la pluie tombait par torrents, et pour comble de félicité, je ne trouvai au rendez-vous ni barque ni rameurs. Mes gens s'étaient présentés à l'heure indiquée, et m'avaient attendu longtemps, puis voyant venir l'orage, ils s'étaient dit qu'évidemment je ne rentrerais pas ce jour-là, et avaient regagné Ko-Xam. Le soleil allait se coucher; c'était l'heure de ma fièvre, et déjà je sentais ses premiers frissons parcourir tous mes membres. Le ciel se fondait en eau. J'ai dit que du point où je me trouvais jusqu'à Ko-Xam, il n'y a pas le moindre chemin pour le piéton. Tout le long de la rivière ce n'est qu'un fourré de hautes herbes entrelacées de ronces, dont un Européen peut difficilement se faire une idée. Je les appelle : herbes, faute de savoir les désigner autrement. Ce ne sont ni des joncs, ni des roseaux, ni des broussailles, ni des herbes, et cependant c'est un peu de tout cela. Leur hauteur dans les endroits humides et les terrains gras atteint trois à quatre mètres; rien de plus difficile que de s'y ouvrir un passage. J'étais là avec ma fièvre, la pluie sur la tête, et sans chemin devant moi. Les eaux de la rivière débordée se précipitaient avec une rapidité torrentielle, roulant des arbres en tiers qu'elles avaient déracinés sur leur route. Le soleil à peine couché, ce fut la nuit, et une nuit si ténébreuse que je ne voyais littéralement ni ciel ni terre. De plus, à chaque instant, le bruit sourd d'éboulements de terrain m'avertissait qu'il serait sage de cheminer aussi loin que possible du bord de la rivière. Mais il n'y avait pas à hésiter, j'offris ma fatigue au bon Dieu, et, armé d'un long bâton pour sonder le terrain, je me mis résolûment en marche!

Après quelques pas, je fus arrêté par un torrent qui, descendant de la montagne, se jetait dans la rivière. J'en sondai la profondeur; il était guéable; à peine de l'eau jusqu'au genou. J'y entrai donc avec confiance; mais mon bâton en m'indiquant la profondeur de l'eau ne m'avait pas donné une juste idée de sa rapidité furibonde; et à peine descendu, me voilà emporté par le courant. La divine Providence me tendit la branche d'un arbrisseau; je la saisis vivement, d'une main d'abord, puis des deux, et, comme un marin qui se hisse le long des cordages, je regagnai le bord à l'endroit même où je venais de le quitter. Je gravissais cette rive escarpée, en me félicitant d'avoir échappé au péril, quand soudain le terrain s'éboule sous mes pieds et je roule de nouveau dans le torrent. Je me crus perdu, mais, grâce à Dieu, j'en fus quitte pour la peur. Pendant que je me débattais, une racine se trouva là, tout exprès pour moi, et à l'aide de cette racine, je parvins, en faisant un suprême effort, à regagner la terre ferme. Quelques pieds plus bas, le torrent se jetait dans la rivière, et si j'avais été entraîné jusque là, un miracle aurait seul pu me sauver

Je m'assis un instant dans la boue pour recouvrer mes esprits. La fièvre était dans toute sa force, mais je n'avais pas le temps d'y songer. **Si au moins cette racine providentielle** m’avait conduit sur la rive opposée du torrent ; mais non, il grondait toujours, là, devant moi ; coûte que coûte, il fallait le franchir. Je changeai de plan, et calculant avec juste raison qu’il serait d’autant moins dangereux que je m’éloignerais davantage de son embouchure, je m’efforçai, tantôt debout, tantôt en rampant, de le remonter en suivant la rive. Finalement, je gagnai l’autre bord, non sans avoir laissé, par-ci, par-là, quelques lambeaux de mes habits, voire même de ma peau. J’avais mis près de six heures pour faire trois kilomètres. Sur les onze heures, la pluie et le vent cessèrent tout à coup, mais le ciel continua à être enveloppé des mêmes ténèbres. A ce moment, je me trouvai devant quelque chose qui me parut plus noir encore que le reste de l’horizon, et qui ressemblait à une immense colonne. Je tâtai de la main ; c’était un gros arbre, qui à la hauteur de ma tête, se partageait en deux branches.

Me sentant brisé de fatigue, je grimpai sur cet arbre et je m’assis à califourchon. La fièvre était si violente et j’avais fait de si grands efforts, que, malgré mes habits inondés, j’avais le corps tout couvert de sueur. Je me reposa assez longtemps, les yeux tournés vers le ciel que je ne voyais pas, et repassant dans mon esprit toutes les aventures de la journée. La douce confiance d’avoir sauvé deux ou trois pauvres âmes me faisait non seulement oublier toutes mes peines, mais les changeait en consolations délicieuses. Je me disais : « Quelqu

« misérable que je sois, au moins aujourd'hui
« je suis vraiment missionnaire. Oui, mon Dieu,
« un jour vous aurez pitié de moi ; car si je me
« trouve ici, c'est bien par amour pour vous. »
Et je me souviens que je me demandai si je
consentirais à changer ce tronc d'arbre contre
le premier trône du monde, et que mon cœur
répondit sans hésitation : « Mille fois non. »
La pensée m'était venue d'abord de passer la
nuit sur mon trône et d'y attendre le jour ; le
danger que j'avais couru quelques minutes auparavant me rendait timide, et j'hésitais à m'engager encore dans l'inconnu. Mais, pendant cet
intervalle de repos, la sueur avait disparu, et
toute chaleur avait fait place à un froid glacial.
Demeurer plus longtemps, c'était m'exposer à
une mort certaine. Celui qui m'avait gardé
jusque-là ne pouvait-il pas me garder encore ?
« Et puis, ajoutai-je, s'il lui plaît que je meure
« dans cette forêt, pourquoi ne le voudrais-je
« pas, moi aussi, et de bon cœur ? »

Je me remis en route, et après avoir longtemps cheminé à travers les hautes herbes, je
finis par arriver à un endroit où la marche était
moins embarrassée ; c'était un champ de riz,
déjà en épis. Je songeai de suite à la petite cabane du gardien du champ. J'eus beaucoup de
peine à la trouver, tant l'obscurité était profonde, mais j'y réussis à la fin, et je m'installai
dans cet abri si désiré. « Oh ! si j'avais un peu
« de feu ! » m'écriai-je deux minutes après ; tant
il est vrai que nous ne sommes jamais contents

de ce que nous avons. Il faut avouer que dans ma position, malade de la fièvre, transi de froid, mouillé jusqu'aux os, un bon feu était chose fôrt désirable. Mais comment s'en procurer ?

En fouillant machinalement dans ma poche, je mis la main sur une allumette que je n'y savais pas ; mais elle était si humide que la trouvaille semblait inutile. Avant de la jeter cependant, je la frottai, par manière d'acquit, sur le plancher en bambou. Quelle fut ma surprise en la voyant s'enflammer ! Si j'avais cru la chose possible, j'aurais à l'avance arraché du toit un peu de paille sèche, je l'aurais bien broyée pour qu'elle prît feu facilement. Pris à l'improviste, tremblant d'anxiété, et tenant mon allumette comme une chose sacrée, avec une attention, j'allais dire un respect étrange, je me lève, je tire du toit une paille que j'applique à sa flamme expirante, puis deux, puis trois, puis une poignée ; ma flamme grandit, j'y jette de petits fragments de bambou et enfin du bois : j'ai du feu. Transporté de bonheur, je criai à haute voix aux échos de la forêt : « O mon Dieu ! que « vous êtes bon ! que vous êtes bon ! que vous « êtes bon ! » En quelques instants j'eus un feu magnifique auquel je fis sécher mes habits, et je ne sais pas si quelqu'un sur cette terre passa le reste de la nuit plus agréablement que moi, tant étaient doux le repos après de telles fati-- gues, le sommeil après de si pénibles ef- forts.

Les suites de cette expédition nocturne fail-

lirent être mortelles ; quelques jours après se
déclara une violente fluxion de poitrine. Il ne
faut jamais dire : Fontaine, je ne boirai pas de
ton eau. J'avais une poitrine de fer, et je m'étais
cru jusque-là à l'abri de tout danger de ce côté.
J'eus lieu de me rappeler que le fer même se
rouille et s'use. Un moment, je me sentis si
près de la mort, que je criai à mon confrère,
M. Besombes, étendu lui aussi malade sur sa
natte, tout à côté de moi : « Vite, vite, mon cher
« Père, donnez-moi l'absolution, je n'ai pas le
« temps de me confesser, je me meurs. » Et pendant que je faisais mon acte de contrition et
qu'il prononçait la formule sacramentelle, je
perdis connaissance. C'était à l'entrée de la
nuit. Quand, le lendemain, je recouvrai mes
sens, j'appris que mon confrère m'avait aussi
donné l'extrême-onction, et qu'à la dernière
onction il était tombé à la renverse, de sorte
qu'on fut obligé de le reporter sur sa natte. J'appris aussi que les gens du village, néophytes et
infidèles, avaient toute la nuit rempli notre
maison de prières et de sanglots, et que déjà on
s'occupait de mon enterrement. Mais, cette fois
encore, le bon Dieu ne voulut pas de moi.

Mon confrère ne mourut pas non plus alors.
Notre nouveau vicaire apostolique, Mgr Charbonnier, ayant appris le triste état de sa santé,
lui ordonna de revenir en Cochinchine pour se
rétablir. Ce voyage fait, partie à cheval, partie
sur un éléphant, partie en filet et partie en barque, faillit lui coûter la vie. Il arriva plus mort

que vif auprès de Sa Grandeur dont les tendres soins et la paternelle sollicitude mirent près d'un an à lui rendre une santé passable. On verra plus tard qu'il vînt de nouveau la sacrifier au salut des sauvages.

Je reprends maintenant le récit des épreuves que le bon Dieu envoya à notre chrétienté naissante. J'ai dit que la petite vérole nous avait été apportée par un chrétien annamite. Mais comme le fléau se montra, peu après, dans des villages très éloignés et qui n'avaient aucune communication avec l'endroit que nous habitions, il est loin d'être prouvé que, sans ce fâcheux accident, le pays des sauvages eût échappé au fléau. Néanmoins, les apparences étaient contre nous, et le diable chercha à en profiter. Déjà, au plus fort des ravages de la maladie, on nous annonçait de tous côtés que les sauvages murmuraient et ne cessaient de proférer de terribles menaces. Des hommes très violents et malheureusement aussi très influents, répétaient sans cesse que si la mort les épargnait, ils iraient punir ceux qui étaient la cause du mal. Chose remarquable, celui-là précisément qui gardait le moins de mesure dans ses menaces de vengeance, fut visiblement châtié par la justice de Dieu. Bien qu'il eût quatre frères également exaspérés contre nous, et une famille très nombreuse, sa maison resta absolument vide après le passage du fléau, tous ses habitants, grands et petits, hommes et femmes, ayant succombé presqu'en même temps.

Le démon cependant en trouva assez d'autres pour former une armée capable de nous détruire. Comme nous avions peu d'ennemis dans les villages d'alentour, c'est chez les Xo-Dang, à deux journées de distance, que s'organisa le complot. Quelques sauvages de nos voisins, qui nous haïssaient, s'offrirent à servir de guides aux Xo-Dang. Nous eûmes vent de leurs desseins ; mais nous ignorions à quelle époque ils comptaient les mettre à exécution, et, par suite, nous risquions grandement d'être surpris.

Trois fois les Xo-Dang marchèrent contre nous. Ils en voulaient à notre établissement de Ro-Hai, pensant bien que, ce point principal détruit, le reste ne pourrait pas leur résister. Il faut ajouter que, en vertu du principe de non-intervention, les villages environnants, sans faire cause commune avec nos ennemis, ne voulaient pas non plus nous aider à nous défendre. La première fois que les Xo-Dang se réunirent pour nous attaquer, ils étaient environ quatre cents. Ils avaient déjà fait quelques heures de chemin, lorsque les oiseaux chantèrent du mauvais côté de la route. Nos héros s'arrêtèrent, tinrent conseil, et la conclusion fut qu'il fallait attendre un jour où les pronostics seraient moins malheureux. Chacun regagna son village.

Quelque temps après on se réunit de nouveau ; les envahisseurs étaient plus nombreux encore que la première fois. Le chant des oiseaux fut d'abord favorable, et tous, encouragés, mar-

chaient rapidement, et se trouvaient déjà à mi-
chemin de Ro-Hai, quand soudain un tigre —
tigre providentiel — traversa la route sur le
front de la petite armée. Sinistre augure ! Pas
moyen d'avancer ; l'expédition ne manquerait
pas d'être funeste. La partie fut donc remise à
une autre fois. Enfin il se forma une troisième
et plus nombreuse réunion d'environ cinq cents
sauvages ; et pour le coup ils se promirent bien
de se moquer de tous les présages, et de passer
par-dessus tous les obstacles. Ils arrivèrent la
nuit tout près de Ro-Hai. Précisément, ce jour-là,
toutes les personnes valides de la maison étaient
allées travailler aux constructions de Kon-Mo-
Ney. Seules, deux ou trois vieilles femmes in-
firmes et quelques enfants gardaient le village.
L'ennemi aurait eu beau jeu en se présentant
dans de telles conditions. Tout piller, tout dévaster, tout livrer aux flammes, n'eût été qu'un
amusement sans danger. Mais la Providence
veillait sur nous, et seule elle nous sauva. Les
Xo-Dang n'étaient plus qu'à un demi-kilomètre
lorsqu'un éléphant de la communauté qu'on
avait laissé courir par la forêt pour y chercher
sa nourriture, se plaça immobile devant eux, et
sur leur unique chemin. A la clarté de la lune,
ils virent ce colosse qui leur barrait le passage.
C'en fut assez ; tout le sang leur descendit aux
talons. Leur résolution de briser tous les obstacles s'évanouit, et ils jurèrent dans leur cœur
qu'on ne les y reprendrait plus.

Quelques jours après nous apprîmes que non

seulement leur colère était calmée, mais encore qu'ils désiraient être nos amis : « Cette
« guerre était injuste, disaient-ils, les Esprits
« l'ont déclaré manifestement en y mettant obs-
« tacle à trois reprises successives. » Ainsi se
termina pour nous cette grande épreuve de la
petite vérole. La Providence, comme on le voit,
nous a toujours environnés de la plus tendre et
de la plus visible sollicitude. Quelle soit éternellement bénie ! Amen.

CHAPITRE XXVIII

TRAVAUX DE M. BESOMBES. — SA MORT.

La petite vérole nous avait enlevé presque la
moitié de nos chrétiens, et malheureusement,
à Ko-Xam surtout, c'étaient les meilleurs et les
plus respectés qui avaient succombé. Avant l'é-
pidémie, la force et l'influence étaient du côté
des chrétiens : toutes les affaires publiques se
réglaient selon leurs désirs. Les infidèles ne
songeaient point à contredire leurs décisions,
et Ko-Xam était, non un village mixte, mais
un village chrétien où habitaient encore des
païens. Comme ces chefs chrétiens ne manquaient jamais de consulter le missionnaire
dans les circonstances difficiles, il ne se com-
mettait pas d'injustices publiques, et la pratique de la religion était facile De tous ces per-

sonnages influents le bon Hmur avait seul survécu. Sa foi et sa piété étaient plus solides que jamais, mais il commençait à vieillir, et par là même, son influence diminuait. Il n'existe chez les sauvages d'autre autorité que celle que l'homme acquiert par son courage, et cette autorité disparaît quand il n'a plus la force de marcher à la tête des autres dans les expéditions guerrières. C'était le cas de Hmur.

D'un autre côte, parmi les païens survivants se trouvaient quelques hommes toujours demeurés hostiles à la religion et aux missionnaires. La mort de nos chrétiens leur laissait le champ libre, et ils étaient heureux de pouvoir manifester impunément les sentiments de jalousie et de rancune qu'ils avaient si longtemps été contraints de dissimuler. Plusieurs affaires avaient déjà été réglées, dans Ko-Xam même, au mépris des règles de la justice, lorsque survint un différend assez grave avec un village voisin. Nous ne manquâmes pas d'avertir les chrétiens d'abord, puis les infidèles, de la conduite qu'il fallait tenir si l'on voulait rester dans le droit et ne pas blesser la conscience ; nous ne fûmes pas écoutés. Je dis : nous, car M. Besombes après avoir passé environ un an en Cochinchine, de l'automne 1865 à l'automne 1866, venait de me rejoindre depuis quelques semaines. Cette nouvelle manière d'agir des sauvages fut pour nous une leçon de la Providence : elle nous fit comprendre que, si nous voulions

assurer la stabilité de notre œuvre, le temps
était venu de modifier notre système d'évangélisation.

Jusqu'alors, nous nous étions établis successivement dans les hameaux des sauvages, bâ-
tissant nos cases à côté des leurs, et ce système, seul possible dans les commencements,
avait le grave inconvénient de rendre les conversions plus difficiles, et de laisser souvent les
néophytes exposés au mauvais vouloir de la
majorité païenne. Il fallait maintenant changer de plan, sortir de chez les autres et nous
établir chez nous. Nous arrêtâmes donc, après
mûr examen, que chacun de nous commence-
rait à élever une maison dans un endroit propre à la culture, et, en même temps, capable
de contenir plus tard un village populeux. Peu
à peu les sauvages viendraient se joindre à
nous, et pour obtenir d'être admis dans nos
villages, se soumettraient volontiers aux lois
justes et sages qu'ils y trouveraient établies.
« Sans doute, disions-nous, les sauvages que
« nous quittons, et les chrétiens eux-mêmes,
« souffriront tout d'abord un dommage notable
« de notre absence ; il y aura même peut-être
« quelques défections. Mais qu'y faire ? Mieux
« vaut encore, malgré ces inconvénients, fon-
« der quelque chose de solide que de rester tou-
« jours dans un état précaire. »

Comme la terre, en ce pays, n'appartient proprement à personne, et que chacun prend le
coin qui est à sa convenance, nous n'avions

pas beaucoup à nous inquiéter de l'opposition des villages qui avoisinaient les deux endroits choisis pour nos nouveaux établisements. Néanmoins, nous leur fîmes quelques largesses qui prévinrent ou empêchèrent les plaintes. Chacun de nous devait amener avec lui les chrétiens qui voudraient le suivre. Ceux qui ne consentiraient pas à abandonner leurs villages resteraient confiés à un prêtre annamite. D'ailleurs nous devions nous établir assez près de Ko-Xam, pour être à même d'entretenir facilement des relations avec eux. Nous nous mîmes à l'œuvre en même temps, M. Besombes et moi, chacun de son côté. Je vais parler d'abord des travaux de mon confrère.

La petite chrétienté de Xo-Lang, sur le Mo-Tong, à deux heures de Ko-Xam, avait été presque détruite par la petite vérole. Les survivants, très peu nombreux, sans cesse harcelés par les sauvages de la tribu des Ha-Drong, semblaient vouloir se disperser. M. Besombes leur proposa de se joindre à lui pour former le noyau du village qu'il voulait fonder. Ils y consentirent de bon cœur. Mais il faut, pour l'intelligence de ce qui va suivre, que je fasse connaître en quelques mots la tribu des Ha-Drong.

Au sud du Mo-Tong, on trouve d'abord de vastes plaines, puis des collines peu élevées entre lesquelles s'ouvrent de larges et fertiles vallées, et enfin une grande chaîne de montagnes courant de l'est à l'ouest. C'est sur le versant sud de cette chaîne, à deux journées de chemin du Mo-Tong, que s'étend l'immense plaine occupée par la tribu des Ha-Drong. Ces sauvages sont très guerriers et beaucoup plus injustes et plus cruels que toutes les autres tribus de ma connaissance. Leurs terres étant excellentes et d'une culture facile, ils laissent souvent leurs femmes s'occuper seules des travaux des champs, et tous les hommes s'en vont au loin, par bandes, harceler les pauvres sauvages Ba-Hnars. Chacune de ces expéditions leur procure quelques prisonniers qu'ils gardent comme esclaves chez eux, ou qu'ils vont vendre au Laos. Par suite de ces incursions incessantes des Ha-Drong, plus de cent villalages Ba-Hnars qui, à notre arrivée, occupaient encore les terres au sud du Mo-Tong et du Bla, se sont dispersés et sont allés se fondre dans les villages de la rive opposée. Ainsi se trouve désert un vaste pays autrefois très peuplé, et dont la terre est excellente pour la culture. Le voisinage des Ha-Drong est une calamité permanente pour les Ba-Hnars; leur nom seul glace d'effroi les petits enfants.

Mon confrère parcourut toute la forêt qui s'étend depuis Xo-Lang jusqu'aux Ha-Drong, pour se choisir un emplacement convenable, au milieu d'une vallée fertile. Son dessein était d'y fonder une chrétienté qui pût être, un jour, comme un boulevard contre les incursions de ces brigands. Personnellement nous n'avons rien à craindre d'eux; ils ont toujours montré pour nous un véritable respect; mais il n'y a pas que des Européens ou des Annamites dans les lieux où nous sommes, et les Ha-Drong, rencontrant dans la forêt des sauvages de nos établissements, ne les attaqueraient-ils pas et ne les feraient-ils pas prisonniers, en prétextant qu'ils ignorent s'ils sont ou non de notre maison ? Voilà quelles étaient nos craintes bien fondées. Cependant M. Besombes espérait étonner les Ha-Drong par son audace même, en s'établissant ainsi sur le chemin de leurs expéditions iniques. Il fut donc convenu qu'il irait d'abord en personne, avec quelques compagnons, s'installer dans la forêt, qu'il y ferait un champ de riz, et que, si après la moisson tout allait bien, les habitants de Xo-Lang se joindraient à lui, et construiraient leurs cases à côté de la sienne.

M. Besombes, pour le dire en passant, était un homme d'un courage et d'un sang-froid extraordinaires. En face du plus grand danger, il restait tranquille, le visage calme, le regard assuré ; on eût dit ou qu'il ne voyait pas le péril, ou qu'il était sûr d'en sortir sans aucun mal. Le fait suivant le fera mieux connaître que toutes mes paroles. Lorsqu'il était encore en Cochinchine, une nuit on vint lui dire qu'un tigre rôdait autour de la maison. Il prit son fusil et sortit seul. Au milieu des ténèbres brillaient, dans les broussailles, deux points lumineux comme deux étoiles. C'étaient les yeux du tigre, qui lui servirent de point de mire ; il s'approcha, le coup partit, et le tigre tomba mort. On racontait de lui beaucoup d'autres prouesses analogues. Aussi les sauvages avaient-ils en lui seul autant de confiance qu'en une armée entière. Et voilà ce qui explique comment ils consentirent à s'unir à lui, pour former un nouveau village sur la route même des Ha-Drong, à la seule condition qu'il allât d'abord s'y établir en personne.

C'est à la fin de l'année 1866 que M. Besombes me quitta pour se rendre à Xo-Lang, et de là dans la forêt. La présence du père Bao devenait par là même inutile à Xo-Lang; je le chargeai d'administrer Ko-Xam que je venais de quitter. M. Besombes avait avec lui dix-sept ou dix-huit compagnons, parmi lesquels six Annamites. Les autres étaient des sauvages, dont quelques-uns déjà mariés. Tout ce monde formait auparavant le personnel de la maison du Père Bao. Le lieu choisi pour le village projeté se trouve à environ une lieue au sud de Xo-Lang. Il eût été trop fatigant de faire chaque jour ce trajet le matin et le soir, aussi M. Besombes commença par bâtir une cabane, après quoi ses gens se mirent à abattre la forêt, pour déblayer le terrain nécessaire à un vaste champ de riz. Comme dans toutes les entreprises de ce genre, les premiers travaux furent très pénibles, et M. Besombes eut à subir toute espèce de privations. J'avais pu me procurer quelques chèvres, venues d'Annam; je lui en donnai deux ou trois, afin que, dans sa pénurie de toutes choses, il pût au moins prendre un peu de lait; le tigre dévora les chèvres. Je lui donnai pour faire le trajet de la forêt au village un cheval qui me venait de Cochinchine ; le tigre le dévora aussi. Comme ses gens redoutaient les Ha-Drong, le Père était obligé de rester avec eux tout le jour ; la nuit même, on ne lui permettait pas de rentrer à Xo-Lang ; il devait coucher auprès d'eux.

Les craintes de ces pauvre gens n'étaient nullement chimériques. Un jour que M. Besombes s'était un peu écarté dans la forêt pour ramasser quelques jeunes pousses de bambou ou chasser quelque gibier, les Ha-Drong se jetèrent sur ses travailleurs, s'emparèrent d'une jeune fille, et s'échappèrent en l'emmenant avec eux. A son retour, M. Besombes trouva la petite troupe en proie à la terreur ; chacun s'écriait que l'entreprise était témé- raire, qu'il fallait de suite l'abandonner. Le mis- sionnaire sans se troubler, les assura que la cap- tive reviendrait. Quand il sut exactement de quel village étaient venus les ravisseurs, il y envoya deux Annamites avec ce message : « Cette femme appartient à la maison du « Grand-Père Kinh (c'était son nom en langue « sauvage). S'il vous a fait quelque injustice, « expliquez-vous ; mais si c'est sans aucune « raison légitime que vous avez enlevé cette « femme, rendez-la immédiatement. » Chose étonnante ! les Ha-Drong, pour la première fois peut-être, rendirent une personne capturée. Le bruit de cet événement se répandit dans tout le pays, et la réputation du Père, déjà grande au paravant, devint colossale. Ses compagnons parfaitement rassurés, se remirent au travail avec plus d'entrain que jamais.

Lorsque la forêt fut abattue, on déblaya l'endroit où l'on voulait construire les maisons. Ce travail terminé, on mit le feu à l'abatis, et on prépara un champ où l'on sema du riz. Le riz sortit de terre magnifique. Pendant qu'il poussait, Annamites et sauvages construisirent une maison commune très vaste au centre du terrain déblayé. La maison achevée, ils bâtirent des greniers. Lorsque tous ces travaux eurent été menés à bonne fin, le riz jaunissait déjà, et la moisson s'annonçait belle et abondante. Tout le monde était dans la joie. Joie bien courte ! comme le sont toutes les joies de ce monde, car tout à coup M. Besombes tomba gravement malade.

Celui qui m'apporta cette nouvelle me trouva étendu sur ma natte, dans un violent accès de fièvre. Mais mon confrère était plus dangereusement malade que moi, et je me mis aussitôt en route. M. Besombes me dit que son mal lui paraissait sérieux ; nous n'en connaissions la nature ni l'un ni l'autre. Toute espèce de nourriture lui faisait horreur, et lors même qu'il prenait quelque chose en se faisant violence, son estomac ne pouvait rien retenir. Pour nous, missionnaires, privés de médecins et de remèdes, la grande, l'unique ressource dans les plus graves maladies, c'est de nous recommander au bon Dieu. Qu'il nous guérisse ou qu'il nous laisse mourir, c'est son affaire !

Je passai la nuit auprès de mon confrère. Le lendemain, il paraissait un peu mieux ; je me contentai d'entendre sa confession, et je retournai chez moi pour célébrer la fête de l'Assomption. Cette course augmenta ma fièvre, et lorsque, deux jours plus tard on vint me dire que M. Besombes se mourait, je n'eus plus la force d'aller recevoir son dernier soupir. Le Père annamite courut à son secours. Quand il arriva à Xo-Lang, le malade ne pouvait presque plus parler. Il avait encore toute sa connaissance, seulement sa langue épaissie n'articulait pas assez bien les mots pour se faire comprendre. Le Père Bao lui donna l'absolution que le cher mourant demandait par signes. Pendant que le confesseur prononçait la formule sacramentelle, deux grosses larmes tombèrent de ses yeux levés au ciel. Le prêtre achevait les cérémonies de l'extrème-onction quand mon bien-aimé confrère rendit son âme au bon Dieu. C'était le lendemain de la grande fête de la sainte Vierge Marie, 16 août 1867. C'est sans doute par une tendre attention de la bonne Mère qu'il sortit de ce monde à pareil jour, et alla de suite célébrer, avec les anges et les saints, la gloire de celle que tous les siècles et toute l'éternité proclameront bienheureuse.

Que les jugements de Dieu sont mystérieux ! Il semblait que ce jeune et zélé confrère était nécessaire à notre pauvre mission des Ba-

Hnars, et cependant Dieu l'a appelé à lui lorsqu'il ne faisait encore que commencer son œuvre. Il est tombé sur le champ de bataille, usé par les fatigues de sa vie de missionnaire, et il a été recevoir la couronne. Notre Père qui êtes dans les cieux, que votre volonté soit faite ! Je ne dis rien de ma désolation personnelle quand, moi-même si malade, je me vis privé du seul ami, de la seule consolation que j'eusse en ce monde ; chacun la comprend facilement.

Je ne voulus pas abandonner les restes mortels de M. Besombes dans un endroit où il n'y avait encore rien de solidement fondé. Et cependant c'est une chose inouïe en ce pays de transporter d'un village à un autre le corps d'un mort. En pareil cas, chacun des villages qui se trouvent sur la route exige une forte amende ; car les sauvages sont persuadés que le passage d'un cadavre doit amener un grande mortalité. Le prix de l'amende sert à acheter des animaux qu'on sacrifie pour conjurer le malheur. Il y aurait eu moyen d'entrer en composition avec eux ; néanmoins, pour éviter tout inconvénient, je dis aux Annamites et aux néophytes chargés de transporter le corps du défunt, de s'ouvrir un passage sur la rive gauche du Bla, où il n'y a point de villages. Partis de Xo-Lang au commencement de la nuit, ils arrivèrent le matin à Rc-Hai ; je pus m'y rendre moi-même en barque, malgré ma maladie, et j'eus la consolation de rendre les derniers devoirs à mon bien-aimé confrère.

Pour n'avoir plus à parler de l'entreprise si malheureusement interrompue par la mort de M. Besombes, je vais dire de suite ce qui en est résulté. Fallait-il abandonner ou continuer son œuvre ? Telle était la première question, et je fus quelque temps indécis. A la fin, je me décidai à la continuer, et j'envoyai sur les lieux un prêtre annamite nommé Dak, qui était depuis quelque temps dans la mission. Le travail matériel déjà exécuté était peu de chose, mais le prestige dont M. Besombes avait sû s'entourer couvrit son remplaçant, et lui-même au ciel nous a aidés plus qu'il n'aurait pu le faire sur la terre. La moisson du riz fut très belle. Après la récolte, tous nos établissements à la fois aidèrent à achever les constructions nécessaires, et les chrétiens de Xo-Lang vinrent s'installer selon leur promesse. Bientôt, un village païen demanda et obtint de venir se fondre dans le nouveau village qui fut appelé Tou-Er, d'un assez gros cours d'eau de ce nom qui, des montagnes du sud, vient se jeter dans le Mo-Tong. Aujourd'hui le village compte trois cents habitants ; les chrétiens sont encore en minorité, mais les païens se convertissent peu à peu, et il y a toujours à l'instruction du soir un assez bon nombre de catéchumènes.

CHAPITRE XXIX

FONDATION DU VILLAGE DE JO-RI-KRONG. — ARRI-
VÉE DE M. SUCHET. — SA MORT. — ÉTAT DE LA
CHRÉTIENTÉ.

Pendant que M. Besombes travaillait à Tou
Er, je n'étais pas resté inactif. On se souvient
qu'à Ko-Xam commence la vaste plaine du Ro-
Ngao qui s'étend à l'ouest, sur les deux rives
du Bla, à une grande journée de chemin. C'est
dans cette plaine, sur la rive droite, que se
trouve Ro-Hai. Je fis choix pour mon nouvel
établissement d'un lieu situé également sur la
rive droite, à mi-chemin de Ko-Xam à Ro-Hai.
Toute cette plaine, formée de terrains d'allu-
vions, est excessivement fertile. Des colons
européens en feraient en quelques années un
véritable jardin. Sans parler du Bla qui chaque
année, pendant quelques jours, en inonde une
partie, de petits cours d'eau descendent des
montagnes, et ne demandent qu'à être dirigés
pour rafraîchir et arroser tous les coins et replis du terrain; il y a aussi d'immenses marais
qu'il suffirait de sillonner de quelques canaux
pour en faire des rizières magnifiques, et où
les sauvages, avec leurs pauvres moyens de
culture, n'ont jamais eu le courage d'entreprendre un champ.

En cela ils ont eu raison, car, dans ce pays
surtout, un pareil travail est au-dessus des for-

ces de pauvres gens obligés de cultiver la terre, les mains nues en quelque sorte, je veux dire sans animaux, sans charrues, sans aucun instrument de labourage. Pourquoi le sauvage cherche-t-il les côtes, les montagnes ou les forêts de haute futaie pour faire son champ ? C'est que l'ennemi qu'il redoute le plus, c'est l'herbe ; s'il sème son riz dans un terrain bas et humide, l'herbe croît plus vite que le riz. Il a beau racler le sol avec sa petite pioche du matin au soir, il n'a pas encore passé son instrument sur le champ tout entier, que derrière lui l'herbe repousse plus vivace qu'auparavant. Il ne sait plus où donner de la tête, et son riz est étouffé en sortant de terre. Et puis, il ne suffit pas, dans ces contrées où la végétation est d'une richesse et d'une rapidité étonnantes, il ne suffît pas, dis-je, de racler ou même d'arracher ces herbes pour les faire mourir, il faut les transporter de suite hors du champ ; autrement, une petite pluie qui tombera la nuit les fait revivre et reverdir sur toute l'étendue piochée la veille. Voilà pourquoi le sauvage est forcé de laisser en friche les terres basses les plus fertiles, pour aller suer toute l'année sur des plateaux arides.

J'avais donc, outre les raisons expliquées dans le chapitre précédent, un puissant motif de sortir de Ko-Xam et de me transporter dans la plaine. Ko-Xam, dont tous les champs sont situés sur des montagnes peu fertiles, n'était pas susceptibles de devenir jamais un grand village, et surtout on ne pouvait pas, dans ces lieux trop escarpés, faire facilement usage de la charrue. Or nous avions compris l'utilité, la nécessité même d'apprendre à nos chrétiens à se servir des bœufs et des buffles, de la charrue et des autres instruments de labourage, afin qu'ils pussent se procurer un riz plus abondant par des travaux moins pénibles, et que, les champs une fois défrichés, on ne fût plus obligé de les abandonner de nouveau à la forêt. C'était évidemment le seul moyen de fonder des villages stables et populeux, de grouper peu à peu, dans quelques grands centres, les sauvages éparpillés dans une foule de petits hameaux, et de faire disparaître ainsi l'un des plus grands obstacles à l'action du missionnaire.

Dans mon plan, le nouveau village chrétien devait être en même temps une ferme modèle. J'envoyai donc d'avance quelques-uns de nos jeunes Annamites acheter des buffles et des bœufs dans la tribu des Ha-Gou. D'autres descendirent en Cochinchine pour nous procurer des charrues avec tous les autres instruments dont les Annamites se servent pour leurs rizières. Le Père Do, à Ro-Hai, fit comme moi, car toutes les terres autour de son village sont labourables par la charrue. La chose lui était même plus facile qu'à moi, car il n'avait pas à se déplacer, tandis qu'il me fallait transporter à une assez grande distance tout le personnel de ma maison, et construire des abris en même temps que défricher le terrain ; aussi put-il mettre la main à l'œuvre avant moi. Au reste, dès le commencement, et toujours depuis, les deux postes se portèrent mutuellement secours pour tous les grands travaux.

Il n'est peut-être pas inutile de rappeler ici de quoi se compose le personnel de ce que nous appelons : maison du prêtre, que celui-ci soit Européen ou Annamite. Il y a d'abord un certain nombre de jeunes gens annamites qui se sont dévoués d'eux-mêmes, et qui ont quitté leur pays pour aider les Pères dans l'œuvre de la prédication de l'Evangile. Ils remplissent à peu près les mêmes offices que les frères servants dans beaucoup de congrégations religieuses. Quelques-uns sont employés comme catéchistes, d'autres exercent divers métiers manuels ; la plupart savent travailler la terre. Ce sont ces derniers qui ont appris aux sauvages à se servir de la charrue. Viennent ensuite les sauvages que nous avons rachetés de la servitude, comme je l'ai expliqué dans le cours de mon récit. Malheureusement nous ne pouvons pas délivrer toutes ces malheureuses victimes de la guerre, nos moyens sont trop limités, et nous préférons, le cas échéant, payer la rançon des petits enfants ou des jeunes gens des deux sexes. Ceux qui ne sont pas encore parvenus à l'âge de raison, nous les baptisons immédiatement ; quant aux autres, nous commençons à les instruire dès leur entrée chez nous. Presque tout le personnel sauvage de ma maison se compose d'individus rachetés **par** moi dans leur enfance. Il y en a pourtant que j'ai achetés déjà mariés, mais ceux-là sont peu nombreux, car j'ai préféré les avoir d'un âge où les bonnes leçons sont facilement reçues. Aussi tous ces néophytes qui ont passé leur vie presque entière sous mes yeux et dans ma compagnie sont en général les chrétiens les plus instruits et ceux qui donnent le plus de consolation. Quand ils arrivent à l'âge d'être mariés, je les établis. Chacun d'eux vient me confier le secret de son inclination, et le mariage se conclut rapidement. Il n'est question ni de dot, ni de notaire, ni de maire; les fiancés se présentent d'abord au saint tribunal, puis aux pieds des autels, pour recevoir la bénédiction nuptiale, et c'est fini. Pour le dire en passant, la fidélité des sauvages dans le mariage est admirable. Pendant vingt ans, je n'ai pas rencontré un seul cas d'adultère dans les villages chrétiens. Je reviens à mon sujet.

Le terrain choisi, l'emplacement du nouveau village fixé, je m'efforçai de décider les chrétiens de Ko-Xam à venir avec moi. Un grand nombre y consentirent d'abord, puis ils hésitèrent, puis me promirent de nouveau, puis retirèrent encore leurs promesses. Enfin, lorsqu'il fallut sortir de Ko-Xam, et se diriger vers la plaine, deux familles seulement me suivirent. J'éprouvai une vive douleur de me séparer de mon troupeau, mais je ne pouvais ni ne voulais reculer; l'avenir de la mission le demandait, et j'étais résolu de marcher de l'avant, dussé-je être seul avec les Annamites. L'une des deux familles qui consentait à me suivre était, on le pense bien, celle de Hmur, le premier chrétien Ba-Hnar. Le jour même de mon départ, un chef de famille, étranger à Ko-Xam, demanda à se joindre à moi. Je fus heureux de l'admettre. « Voilà probablement, me dis-je, le « premier infidèle qui recevra le baptême dans « le nouveau village. » La famille de cet homme se composait de seize personnes, dont les deux tiers enfants ou jeunes gens non mariés.

La nouvelle colonie, de quatre familles en y comprenant la mienne, quitta Ko-Xam en décembre 1866. Dans ce pays, les pluies cessent absolument en novembre, et il ne tombe plus d'eau jusqu'en mars ou en avril. C'était une bonne saison pour des gens sans abri. Quelques mois à l'avance, j'avais fait préparer par mes gens, plusieurs champs de riz autour du futur village, et comme nous n'avions encore ni le temps ni les moyens de les cultiver à la charrue, je crus plus prudent, pour cette première année, de les faire travailler à la manière des sauvages, sans toucher encore ni aux marais ni aux terres basses et humides. Nous avions donc nos maisons à construire, et la forêt à défricher. Après avoir examiné quel travail devait avoir la priorité, nous fûmes tous d'avis que, par ce beau temps, nous pouvions bien passer encore deux mois à la belle étoile, et que le plus pressé était d'abattre la forêt afin de préparer des champs pour semer le riz en avril. La forêt abattue, pendant que le bois séchérait, nous nous occuperions de construire nos cases. Nous convînmes en outre que, durant cette première année, on travaillerait en commun à tous les ouvrages soit des champs, soit des maisons. On se mit à l'œuvre avec ardeur et d'un cœur joyeux, aussi fîmes-nous beaucoup de besogne en fort peu de temps. Le soir on retournait aux bagages, on allumait de grands feux ; et pendant que j'instruisais la famille infidèle qui avait demandé à faire cause commune avec nous, les femmes cuisaient le riz, les hommes tout en fumant apprêtaient des rotins pour les cases à construire plus tard, d'autres tâchaient de prendre quelques poissons dans le Bla. En abattant la forêt, on faisait choix des bois propres à la construction des maisons, et le soir on les traînait avec soi en rentrant. Après le repas, on récitait la prière en commun, puis on se divisait en groupes de six à sept, les hommes séparés des femmes. Chaque groupe remettait du bois sur son feu, et on se livrait à un sommeil profond; la terre pour matelas, la voûte étoilée pour ciel de lit. On peut m'en croire, ce genre de vie avait ses charmes, et si j'avais été en bonne santé comme autrefois, je n'aurais rien désiré de mieux.

Ce fut ma maison qu'on construisit la première. J'en occupai une partie, avec mes Annamites, réservant l'autre moitié pour chapelle, en attendant que nous pussions en bâtir une plus convenable l'année suivante. Avant la saison des semailles tous nos travaux de construction furent terminés. Le bon Dieu nous donna une excellente récolte.

Après la moisson, comme chaque famille avait sa maison, on me pria de partager le riz entre les familles. et suivant le nombre des membres de chacune d'elles. Toute cette année 1867 se passa dans l'union la plus cordiale et la plus joyeuse. S'il y avait quelque petit différend, je n'avais qu'à dire un mot, tout rentrait dans la paix. Le jour où l'on commença à manger le riz nouveau, le bon Dieu m'accorda la grâce d'admettre quinze adultes au baptême. Notre village définitivement fondé prit le nom de Jo-Ri-Krong. Nous étions heureux, et nous bénissions ensemble la divine Providence.

L'année suivante, notre prospérité augmenta encore par les grands progrès de notre agriculture. Pour la première fois, mes néophytes mirent la main à la charrue. J'avais pu me procurer, chez les Ha-Drong, un magnifique éléphant ; je le vendis au gouvernement d'Annam pour huit barres d'argent, et son prix fut employé à l'acquisition de nombreux instruments aratoires. Comme les sauvages n'avaient pas le moyen de s'acheter en une fois tout ce qu'il fallait, je leur prêtai mes buffles et tous les accessoires du labourage. Mes jeunes Annamites allaient même travailler pour eux, un jour avec une famille, un jour avec une autre, afin de leur apprendre à tenir la charrue, et à faire des rizières. D'un autre côté, les sauvages des villages environnants venaient souvent voir travailler ceux du nôtre, et, au temps de la moisson, ils furent frappés de la beauté et de l'abondance de notre riz. Aussi, dès la première année de notre séjour à Jo-Ri-Krong, plusieurs de nos voisins demandèrent à venir s'installer avec nous, et, en 1868, notre petite population fut plus que doublée. J'avais toujours quelques catéchumènes de plus à instruire, et chaque soir, après les travaux de la journée, ma maison se remplissait d'hommes, de femmes et d'enfants qui venaient apprendre les prières.

Il vaut infiniment mieux que le village ne se peuple que peu à peu et à la longue. Et la raison en est bien simple. A mesure que quelque nouveau sauvage m'arrive, je travaille à lui inculquer nos idées, différentes des siennes sur beaucoup de points. Je fais en sorte qu'il entre dans nos vues et dans notre esprit. Cette transformation s'opère vite chez lui, quand il est seul étranger au milieu d'une foule déjà assimilée à nous. Mais si tout un village, ou la moitié d'un village demandait à entrer à la fois, il me serait difficile de manier tant de personnes et de les façonner à volonté. J'aspire à fonder à Jo-Ri-Krong une chrétienté nombreuse ; mais plus elle se formera lentement et plus elle sera solide. La première condition qu'on doit accepter en entrant chez nous, c'est de renoncer à faire des superstitions publiques ; c'est surtout de ne plus attribuer les malheurs, les maladies, la mort, à des sorts jetés par des personnes hostiles. On a vu, dans mon récit, que les neuf dixièmes des grandes injustices et des guerres des sauvages proviennent de ce préjugé absurde, qui malheureusement est très enraciné. Je ne fais nullement aux nouveaux venus une obligation de devenir chrétiens ; une conversion imposée ne serait ni sincère, ni agréable à Dieu. Mais ils consentent ordinairement à laisser de suite baptiser les petits enfants, à laisser instruire ceux qui sont en âge de comprendre. Quant aux adultes, il y en a qui tardent longtemps à embrasser la foi ; quelques-uns même refusent absolument. J'espère qu'un séjour prolongé, dans un milieu tout chrétien, affaiblira peu à peu leurs préjugés, et facilitera l'action de la grâce divine.

Nous ne sommes plus au temps où, objets de frayeur pour les sauvages qui ne voulaient nous recevoir nulle part, nous étions réduits à nous bâtir de nos mains une pauvre hutte dans la forêt, et où nous vivions de pousses de bambou et de racines. Maintenant, l'abondance règne autour de nous. Sans parler du riz que nous faisons produire à nos champs, nous avons du maïs qui vient ici incomparablement mieux qu'en Europe. Seulement, nous sommes réduits à manger ses grains tout entiers en les brûlant au feu, parce que nous ne pouvons pas les moudre pour en faire de la farine et du pain. En France, dans mon pays des Pyrénées, on fait avec la farine de maïs un pain qui, à mon goût du moins, est bien meilleur que le riz. Il nous faudrait absolument un moulin; ce serait un avantage incalculable pour ces pays sauvages, parce que le maïs demande beaucoup moins de travail que le riz. Une fois sorti de terre, il croît très rapidement, et, par suite, n'a presque point à redouter les mauvaises herbes. En dehors de ces produits de la terre, nous avons actuellement dans nos maisons des poules, des porcs, des chèvres, des bœufs, des buffles, des pigeons, et même quelques chevaux et quelques éléphants. Mais pour monter à cheval, il nous faudrait des chemins. Jusqu'à présent, je ne puis guère aller à cheval que de chez moi jusque chez le Père Do à Ro-Hai. Nous avons fait une jolie route entre ces deux postes. Les éléphants nous servent pour les gros fardeaux; après la moisson, ils apportent le riz, des champs au village. Ils vont aussi jusqu'en Annam chercher le sel et tous les objets qu'on nous envoie de France ou de Cochinchine.

A tous ces progrès qui regardent le bien-être matériel, le confortable, ajoutez que je puis me dire réellement le roi de Jo-Ri-Krong. Il est vrai que mon autorité ne s'étend guère loin; mais si j'avais les goûts de César, qui préférait être le premier dans un pauvre village des montagnes plutôt que le second à Rome, j'aurais lieu d'être satisfait de ma position. Le plus grand avantage de cet état de choses, c'est que notre sainte religion semble devoir s'établir dans ce pays, sinon rapidement, au moins solidement. C'est là le grand, l'unique but de toutes mes entreprises et de toutes mes fatigues. A Ro-Hai, le Père Do procède absolument comme moi à Jo-Ri Krong ; il a même, pour ce qui regarde le temporel, un établissement plus fourni et plus considérable que le mien.

Et cependant il est toujours vrai de dire qu'on ne peut pas avoir tous les bonheurs à la fois. Lorsque les moyens d'existence devinrent plus abondants, je n'étais plus en état d'en profiter. Mon estomac, entièrement délabré, ne pouvait plus depuis deux ou trois ans digérer une bouchée de viande. Autrefois, j'avais bon appétit quand nous n'avions rien à manger, et ma santé se soutenait ; maintenant que le bien-être arrivait, je ne pouvais pas en jouir, et j'étais malade. Déjà, lorsque M. Besombes était revenu d'Annam, Mgr Charbonnier m'avait invité à descendre chez lui pour rétablir ma santé. Je lui avais demandé en grâce de me laisser encore au moins cette première année, parce que j'étais absolument nécessaire à l'établissement de mon nouveau poste. Maintenant qu'il était fondé, je me trouvais, par la mort de mon confrère, le seul missionnaire français chez les sauvages, et je ne pouvais guère songer à les laisser seuls. Un jour, plus faible encore qu'à l'ordinaire, je réfléchissais tristement que ma mort ou mon absence serait, peut-être bientôt, la ruine de ce qui avait été fait avec tant de peines, quand je vis arriver, à l'improviste, un jeune missionnaire que Monseigneur envoyait à mon secours. C'était M. Suchet.

Il faut avoir soi-même éprouvé un tel bonheur pour bien comprendre mon émotion. Lui aussi rayonnait de joie. Ses yeux, son visage, tous ses mouvements laissaient deviner le zèle apostolique qui embrasait son jeune cœur. Il avait vingt-quatre ans. « Le bon Dieu m'envoie tra- « vailler avec vous, me dit-il, vous êtes mala- « de, vous n'en pouvez plus, moi je suis fort et « je vous aiderai. » Pauvre confrère, pensai-je en moi-même, les fièvres ne tarderont pas à pâlir ces fraîches couleurs et à briser ce corps si robuste ! Mais qui eût supposé qu'avant deux mois, il allait me quitter lui aussi, pour aller au ciel ? C'est une tendre attention de la Providence que l'homme ne connaisse pas les maux à venir, car jamais il ne pourrait jouir du bonheur présent. L'arrivée de M. Suchet fut une réjouissance publique. Ce jour-là on n'alla pas aux travaux des champs. Tous les néophytes vinrent ensemble le féliciter de son heureuse arrivée et lui manifester leur allégresse. Le nouvel arrivé ne sachant pas la langue, je pris la parole à sa place, et je leur dis : « Vous « voyez, mes chers enfants, combien le bon « Dieu vous aime. Vous étiez tout tristes en « me voyant si malade, et vous trembliez que « ma mort ne vous laissât orphelins. Main- « tenant j'ai un remplaçant, et vous avez un « nouveau Père. Je suis bien heureux, et vous « avez lieu d'être heureux aussi. S'il a quitté

« un père, une mère, treize frères et sœurs
« bien-aimés pour venir vous trouver si loin,
« c'est qu'il aime beaucoup vos âmes. Voyez si
« vous ne devez pas vous-mêmes aimer vos
« pauvres âmes et travailler à les sauver. »

Il ne me fallut pas longtemps pour connaître quel trésor je possédais dans mon jeune confrère. Il était d'une piété, d'une humilité et d'une charité rares, et j'étais sûr de trouver en lui un ami précieux. Deux ou trois jours seulement après son arrivée, il écrivit à Mgr Charbonnier que déjà il se plaisait beaucoup chez les sauvages. Il eut aussi la bonté de s'occuper de moi, et de dire à notre évêque que ma maladie était grave, et que Sa Grandeur ferait peut-être bien de me rappeler pour quelque temps auprès d'elle. Monseigneur m'envoya l'ordre de descendre en Annam ; mais, quand je reçus cette lettre, M. Suchet n'était déjà plus. Trois accès de fièvre pernicieuse suffirent pour le mettre au tombeau, et un cercueil qu'on avait fait pour moi reçut le corps du jeune missionnaire. Je n'oublierai jamais l'édification, trop courte, hélas ! qu'il nous donna dans ces quelques semaines. Je voulus, sur sa tombe, dire quelques mots à ces mêmes chrétiens que j'avais félicités naguère de son arrivée, et qui étaient là maintenant pour le pleurer. A peine eus-je ouvert la bouche, que les sanglots étouffèrent ma voix. Que la volonté de Dieu soit faite toujours et en tout !

J'écrivis à Mgr Charbonnier pour lui an-

noncer cette triste nouvelle et pour lui dire que,
les circonstances ayant changé, j'attendrais un
nouvel ordre avant de quitter mon poste, maintenant que je n'avais plus de confrère pour m'y
remplacer. Sa Grandeur me répondit : « Que
« gagneront vos sauvages si vous venez à mou-
« rir ? Ne vaut-il pas mieux qu'ils souffrent de
« votre absence pendant quelque temps, et
« que vous retourniez ensuite chez eux en état
« de travailler ? Je crois que vous devez venir
« de suite ; je vous attends. » Nous pensions
d'abord que quelques mois passés en Cochinchine me rétabliraient assez pour que je pusse
regagner mon poste. Mais, loin de guérir, je
faillis mourir auprès de Sa Grandeur, qui,
voyant que mon état empirait toujours, m'a
ordonné de revenir en France pour quelque
temps.

Le nombre des chrétiens chez les sauvages
Ba-Hnars est aujourd'hui de huit à neuf cents.
Ils se trouvent dans sept villages. Le plus éloigné de ces villages est à une petite journée du
poste de Ro-Hai qui est le point central de la
mission. Autour de Ro-Hai et de Jo-Ri-Krong,
on fait les rizières comme en Cochinchine. On
y possède des bestiaux déjà nombreux et qui le
deviennent de jour en jour davantage. Depuis
que je suis en France, j'ai reçu une lettre du
Père Do qui me donne de bonnes nouvelles, et
m'assure que les sauvages attendent mon retour avec impatience. Il me recommande d'ap-

prendre à faire du pain de maïs, et de me procurer un moulin à bras. Une chose dont la mission aurait surtout besoin, ce seraient des armes à feu. L'existence de nos chrétientés, à côté de brigands tels que les Ha-Drong, sera très précaire, tant que nos villages ne seront pas armés. Si nous avions des fusils, nous serions respectés et craints sans avoir jamais besoin de tirer un seul coup. Il suffirait qu'on sache que nous sommes armés pour qu'aucun sauvage n'ose nous chercher querelle. Que le bon Dieu conserve ces chers néophytes, et qu'il me donne la grâce d'aller les retrouver bientôt !

Je prie ceux qui liront ces souvenirs, de ne pas oublier dans leurs prières les pauvres sauvages Ba-Hnars.

Commencé à Kon-Ko-Xam, en 1865 ; terminé à Paris, au séminaire des Missions-Etrangères, le 28 janvier 1870.

P. Dourisboure,

Missionnaire apostolique

M. Dourisboure, un peu reposé de ses longues fatigues, quitta la France en juillet 1870, et arriva chez ses sauvages au mois de novembre de la même année. Voici quelques extraits d'une lettre écrite par lui un an plus tard, à MM. le supérieur et les directeurs du séminaire des Missions-Étrangères de Paris. On y verra que l'horizon de sa chère mission s'est de nouveau couvert de nuages, et que les épreuves de cette chrétienté si intéressante ne sont pas finies. (*Éd.*)

Chez les sauvages Ba-Hnars, le 12 décembre 1871.

Messieurs et bien chers confrères,

.....Mes néophytes avaient presque perdu l'espérance de me revoir; aussi mon arrivée parmi eux fut une véritable fête publique. Je trouvai toutes choses en assez bon état, et pendant trois ou quatre mois, je travaillai avec succès à réparer les quelques désordres causés par ma longue absence. Je pus même admettre au baptème un certain nombre de catéchumènes. Mais le bon Dieu voulait nous éprouver de nouveau, et vers le mois de mars survint une calamité qui mit en péril l'existence même de la mission.

On allait commencer les semailles du riz, lorsqu'une des plaies par lesquelles Dieu châtia autrefois l'orgueil de Pharaon vint désoler tout le pays des sauvages. D'immenses essaims de sauterelles obscurcirent d'abord le ciel dans toutes les directions, et puis couvrirent le sol. Les blés nouveaux, les herbes des champs, les feuilles mêmes des arbres de la forêt, tout devint en quelques jours la proie de ces insectes. On fut obligé de semer par deux ou trois fois les mêmes champs, et lorsque les sauterelles nous quittèrent pour aller porter la dévastation dans d'autres contrées, la saison déjà très avancée ne laissait plus d'espérance de récolte. Heureusement pour les pauvres sauvages menacés d'une épouvantable famine, le bon Dieu envoya, dans une saison tardive, une longue et douce pluie, qui fit

revivré des riz que l'on croyait anéantis, de sorte que **contre** l'attente générale, on recueillit assez de grains **pour** la subsistance de tous.

Nous croyions en être quittes pour la peur, mais le démon ne pouvait manquer une aussi belle occasion de nous nuire. Comme jamais de mémoire d'homme, on n'avait vu de sauterelles dans le pays, il publia par la bouche de ses suppôts, que nous étions l'unique cause de ce fléau inouï, que c'était nous qui avions *lâché* (je me sers de leur expression) tous ces essaims de sauterelles. La calomnie était absurde, ridicule, stupide ; aussi fut-elle acceptée comme article de foi dans tout le pays à vingt lieues à la ronde, et en un instant nous devînmes l'objet de l'exécration universelle. Seuls, les sauvages de notre voisinage immédiat ne crurent pas à cette accusation odieuse, parce qu'ils avaient vu de leurs propres yeux que nos rizières n'étaient pas plus épargnées que les leurs. Mais nos ennemis étaient puissants et exaspérés, nous étions de beaucoup les plus faibles, et ceux mêmes qui étaient convaincus de la justesse de notre cause n'osèrent pas se compromettre en prenant notre parti. Principe de la non-intervention !

Bientôt commencèrent les attaques à force ouverte. Une première fois, on nous enleva cinq jeunes chrétiennes qui furent emmenées en esclavage. En une autre occasion, nous eûmes sept hommes tués, et une quarantaine de blessés, quelques-uns grièvement. Pendant plusieurs mois nous avons vécu dans des anxiétés continuelles. Chaque nuit, des sentinelles montaient la garde, et je me couchais toujours avec la pensée que je pourrais bien être massacré pendant mon sommeil. Autrefois, j'ai souvent désiré le martyre ; même aujourd'hui, il ne serait pas pour moi sans attraits. Mais si je dois être tué, encore faudrait-il que ce soit pour la religion, et j'avoue que je ne me sens nul désir d'être assassiné à propos de sauterelles. Au reste, si le bon Dieu veut qu'ainsi se termine mon inutile existence, que sa sainte volonté soit faite!

Aujourd'hui, le danger a disparu, à peu près. Bien peu de sauvages s'imaginent encore que c'est nous qui avons lâché les sauterelles. J'ai toujours cru que cette pauvre mission demeurera dans un état très précaire, tant que nos chrétiens ne seront pas armés de manière à repousser de semblables attaques, et il **y a** longtemps que je songe à me procurer des fusils. Mais, dans l'état actuel des affaires d'Annam, Sa Grandeur Mgr Charbonnier craint de faire passer des armes à feu à travers la Cochinchine, de sorte que nous vivons, au jour le jour, sous la garde de la divine Providence.

Lorsque nous commencions à respirer un peu, un nouveau confrère, M. Hugon, est venu me rejoindre chez les sauvages. M. Geoffroy devait, je crois, y venir aussi, mais Sa Grandeur a changé sa destination et l'a retenu en Annam. Pendant nos malheurs, je n'avais autour de moi que quelques prêtres annamites ; j'étais seul Européen, et pour ainsi dire abandonné à moi-même, ce qui n'a pas peu contribué à rendre ma position extrèmement pénible. Mon cœur était abreuvé d'ennuis, mon courage près de s'éteindre. C'est dans ces circonstances que je comprends clairement ma faiblesse et ma misère. Vous voyez que sans avoir comme vous subi le siège de Paris par les Prussiens, sans avoir comme vous passé par les horreurs de la Commune, j'ai eu néanmoins ma part de peines et de tribulations. Priez, et faites prier pour moi.....

P. D.

APPENDICE

Dans le récit de M. Dourisboure, il a été bien souvent
uestion de M. Combes, son compagnon, son ami de cœur, et
le premier supérieur de la mission des Ba-Hnars. J'ai pensé
qu'on serait heureux de retrouver ici une lettre très intéressante, écrite en 1853 par ce saint et zélé missionnaire, et pu-
bliée l'année suivante dans les *Annales de la Propagation
de la Foi*. Cette lettre donne de curieux renseignements sur
les sauvages, leurs mœurs, leurs habitudes, le pays qu'ils occupent ; elle complète sur plusieurs points d'une manière
très heureuse les détails dispersés dans le livre de M. Dourisboure. Les deux documents réunis forment un ensemble
d'autant plus précieux qu'il s'agit de peuplades jusqu'à présent inconnues, et de pays qu'aucun voyageur européen n'a
jamais visités.

On sera frappé de la manière différente dont les deux missionnaires écrivent les mêmes noms de tribus, de villages,
etc. M. Combes a voulu représenter autant que possible la
prononciation réelle ; M. Dourisboure au contraire a écrit ces
noms, d'après le système usité au Tonkin et en Cochinchine, depuis plus de deux siècles, pour la transcription des
mots annamites en caractères européens.

Le rapprochement est d'ailleurs facile :

Bannar	est	Ba-Hnar ;
Cédans	—	Se-Dang ;
Reungao	—	Ro-Ngao ;
Giarai	—	Ja-Rai :
Beïaou	—	Bo-jaou ;
Can (village)	—	Kon :
Keusam, etc...	—	Ko-Xam, etc...

(Éd.)

Lettre de M. Combes, missionnaire apostolique, à MM. les Directeurs du Séminaire des Missions-Étrangères.

Can-Keusam, le 29 septembre 1853.

« Messieurs et bien chers confrères,

« Voilà bientôt un an que je vous fais espérer quelques notes sur la tribu des Bannars, vers laquelle la Providence m'a envoyé pour annoncer la bonne nouvelle du salut; il est donc bien temps que je m'acquitte de ma promesse. Ce devoir m'est d'autant plus doux à remplir, que vous portez tous, je le sais, un intérêt particulier aux missions naissantes que notre vénerable vicaire apostolique organise chez nos sauvages. Je voudrais pouvoir entrer dans beaucoup de détails sur ces pays jusqu'ici entièrement inconnus; mais, tout occupé encore à apprendre la langue, à traduire les prières et le catéchisme, et en outre souvent interrompu par les visites presque continuelles des indigènes, il ne m'est guère possible de vous donner autre chose qu'un aperçu fort général et sans ordre sur la peuplade que j'évangelise, et sur les tribus qui l'entourent.

« Les Bannars habitent le pays situé vers le 14e degré quelques minutes de latitude nord, et vers le 104° de longitude orientale, méridien de Paris. Leur territoire est borné à l'est et au nord-est par la tribu des Bannâm, au nord et au nord-ouest par celle des Cédans, à l'ouest par celle des Reungao et des Halang, et au sud par celle des Giarai, la plus nombreuse et la plus importante sous tous les rapports.

« Le nombre des villages Bannars s'élève de quatre-vingt-dix à cent environ, et la population totale ne dépasse pas vingt-cinq mille âmes; ils occupent un espace de quinze à vingt lieues de l'est à l'ouest, et presque autant du nord au sud.

« Toute cette contrée est couverte d'une forêt continue et compacte, que la cognée du sauvage va abattant peu à peu, mais qui se relève et répare ses brèches avec une promptitude et une vigueur étonnantes. On n'y voit pas de plaines, si ce n'est vers le sud-est et vers la partie occidentale qui touche à la tribu des Reungao. Ce ne sont partout que montagnes, peu élevées du reste, mais qui se croisent dans toutes les directions. Cette configuration doit naturellement produire un grand nombre de sources et de ruisseaux; aussi les torrents se rencontrent à chaque pas. Quelques-uns épanchent leurs eaux dans le bassin oriental, du côté de la Cochinchine; les autres coulent sur le versant opposé et vont grossir la rivière Bla, qui prend sa source chez les Cedans, longe les Bannars au nord et à l'ouest, et finit par se jeter, au loin, dans le grand fleuve du Laos. On n'admire pas ici ces sites pittoresques qu'on trouve, dit-on, à chaque pas dans les forêts vierges de l'Amérique. L'aspect du pays est presque partout uniforme : pas de cascades retentissantes, pas de précipices affreux, pas d'arbres aussi antiques que le monde, comme l'imagination aime à s'en figurer dans tout pays habité par des sauvages. Aussi le seul plaisir que nous eprouvions dans nos courses pénibles, c'est la pensée que nous marchons au nom de Dieu, c'est l'espoir de lui gagner quelques âmes. Ce motif seul ne suffit-il pas, du reste, pour encourager le missionnaire à supporter les fatigues, et même pour leur donner du charme?

« Le sol paraît assez fertile chez les Bannars, quoiqu'il soit d'une qualité bien inférieure à celui de quelques tribus environnantes. Plusieurs villages récoltent cent pour un, et les moins bien partagés recueillent encore de quinze à vingt. De pareils produits portent à conclure qu'ici le sauvage ne connaît point les rigueurs de la faim, et cependant il est bien rare qu'il ait assez de riz pour arriver sans souffrance d'une moisson à l'autre. Cela tient à plusieurs causes, et surtout à son système de culture. Quand le Bannar abat un coin de la forêt et le livre aux flammes pour en faire un champ, les terres acquièrent une vigueur qui le dédommage, il est vrai, pendant deux ou trois ans, des fatigues nécessairement attachées à un si pénible labeur; mais les instruments dont il dispose ne lui **permettent pas** d'entretenir cette fertilité: **tout ce**

qu'il fait et tout ce qu'il peut faire consiste à livrer
ses semences au sol à l'aide d'un bâton pointu, et plus
tard à en arracher les herbes nuisibles, avec une piochette qui n'a que trois pouces au plus de largeur. Il
ne veut pas remuer la terre, ou mieux il n'en a pas les
moyens ni les forces ; aussi elle s'épuise promptement,
et après trois récoltes, elle est abandonnée et rendue
au domaine de la forêt, qui tombe et se relève ainsi
pour retomber et se relever encore, sans jamais disparaître. Si l'on ajoute à cette insuffisance de procédés les
guerres incessantes et la perte d'un temps considérable en mille superstitions, on comprendra facilement
pourquoi le Bannar est si souvent en proie aux tour-
ments de la faim. Heureusement pour lui qu'il sait la
supporter avec courage et que la nécessité le rend laborieux. Quand son riz vient à manquer, il ne se nour-
rit que de feuilles sauvages et des racines de la forêt.
La femme est chargée de les recueillir, et quand elle
ne peut en fournir à toute la famille, le mari partage
cette tâche ingrate et journalière. C'est pitié de voir
ces pauvres gens passer les matinées à creuser la terre
pour en arracher à peine six ou sept racines, cachées
le plus souvent à deux et trois pieds de profondeur. Ils
deviennent alors maigres, pâles et sans force ; mais ils
trouvent moyen de prolonger leur vie, et savent même
conserver leur gaieté dans des crises où tant d'autres
trouveraient une mort inévitable. Chaque année, les
deux tiers de la population en sont là, et quand la famine est plus grande qu'à l'ordinaire, c'est la population entière qui souffre.

« Les productions du pays sont assez restreintes ; on
y récolte du riz, un peu de blé de Turquie, des patates
douces, des citrouilles, des bananes, des ananas, plusieurs sortes de mauvais melons, du coton, du tabac,
et fort peu de cannes à sucre. Toutes ces cultures
réussiraient à merveille, ainsi que beaucoup d'autres ;
mais le sauvage, qui peut à peine semer assez de riz
pour vivre, ne cultive le reste, ce semble, uniquement
que pour en conserver l'espèce. On ne voit ici, en fait
d'animaux domestiques, que le chien, la poule, la chèvre et le porc ; encore le Bannar en élève-t-il à peine
autant qu'il en faut pour ses sacrifices superstitieux.,
Il pourrait nourrir des buffles par centaines ; mais
s'il s'en procure quelqu'un de loin en loin, il l'im-

mole sans délai, soit pour se rendre les Esprits propices, soit pour régaler les mânes de ses proches, au jour anniversaire de leur mort. Ces offrandes, fort au goût des indigènes, se multiplient surtout chez les Bannars de l'ouest, où le commerce des Laociens rend les buffles moins rares.

« Les forêts sont peuplées de bêtes sauvages, mais les espèces qui nuisent à l'homme sont peu communes ; le rhinocéros et l'éléphant font ici des apparitions passagères, mais n'y séjournent pas. Ils habitent les bois des Bannâm, des Cédans et des Giarai de l'ouest. Le crocodile reste sur les bords de la rivière Bla, dans les nombreux étangs de Reungao, et remonte rarement au-dessus du confluent des ruisseaux qui descendent de nos montagnes ; le tigre, le loup, le sanglier, le chien sauvage, le cerf, le daim, le chevreuil, plusieurs espèces de renards, le boa, la vipère, et quantité d'autres serpents peuplent en grand nombre toute la contrée ; d'immenses troupeaux de bœufs et de buffles sauvages errent dans les vastes plaines des Giarai, sans pousser jusqu'à nous leurs pérégrinations. Je ne parle pas d'une foule d'autres animaux qui appartiennent à la classe des petits quadrupèdes, et dont le nom m'est inconnu.

« Nous n'avons ici dans l'année que deux saisons bien tranchées : celle des pluies et celle des chaleurs. Vers la fin du mois d'août, le soleil commence à percer les nuages et ses ardeurs deviennent en quelques jours brûlantes, insupportables ; les sources et les ruisseaux tarissent, les feuilles des arbres jaunissent et tombent, la végétation s'arrête épuisée, la nature entière languit et se meurt. Ces chaleurs sont d'autant plus sensibles et accablantes, qu'elles forment un contraste très prononcé avec le froid piquant des nuits. Il n'est pas rare de voir le thermomètre, dans les mois de décembre et de janvier, indiquer deux degrés audessus de zéro vers cinq heures du matin, et s'élever jusqu'à trente-sept et au delà dans l'après-midi. Ces brusques transitions sont, je pense, une des causes qui rendent le climat si insalubre pour les étrangers. Vers le mois d'avril, le ciel se couvre de nuages épais et blanchâtres, gros de pluie et d'orages. Tous les soirs le tonnerre et des torrents de pluie, mêlés souvent de quelques grains de grêle, annoncent une nouvelle saison. Bientôt le ciel s'affaisse, pour me servir de l'expression des Bannars; il devient brumeux et noirâtre : c'est la saison des pluies qui commence. Il pleut tellement alors, et d'une manière souvent si continue, qu'on dirait une vaste mer s'écoulant de la plus haute région des airs à travers un crible immense. Cette année surtout, c'était un vrai déluge; les Bannars faisaient courir le bruit que la terre devait être abîmée sous les eaux comme au temps de Noé, et on me demandait avec anxiété s'il y avait un cataclysme à craindre. Dans cette saison l'air est humide, et, mêlé aux exhalaisons qui s'élèvent des débris de végétaux que les pluies décomposent dans les forêts, il doit être, je pense, une seconde cause des fièvres, des gales et autres infirmités qui nous ont éprouvés et nous éprouvent encore ; les eaux enfin deviennent aussi très malsaines pour la même raison.

« Après ce court exposé topographique de la contrée qu'habitent les Bannars, je vous parlerai, messieurs et bien chers confrères, des mœurs, des usages et des croyances que j'ai pu remarquer dans leur tribu. D'abord, à quelle race appartient le Bannar ? C'est là la première question que je me suis faite en arrivant chez lui, et je dois avouer que je ne sais pas encore comment y répondre ; tout ce que je puis dire, c'est que le Bannar diffère en tout de l'Annamite et du Chinois, qu'il ne ressemble pas au Laocien, ni au Cambodgien, et paraît avoir une origine commune avec le Bannâm, le Cédan, le Halang, le Reungao et le Giaraï, ses voisins. La physionomie, les coutumes et les croyances sont à peu près les mêmes, et les langues, quoique bien différentes dans chaque tribu, ont pourtant un grand cercle de mots qui leur sont communs, et une construction parfaitement identique. Je n'ai pas parcouru les nombreuses tribus du sud ; mais, d'après ce que j'ai entendu dire, je conclus que ces observations leur sont applicables, et que tous les sauvages qui habitent le vaste pays situé entre la Cochinchine, le Cambodge et le Laos appartiennent à une même branche de la grande famille humaine.

« La langue que parle le Bannar n'a rien de commun avec celle des Annamites. Fort simple dans sa construction, elle est douce, coulante et facile. On parviendrait, je crois, sans peine à la connaître à fond, si on n'était réduit, comme nous, à surprendre ses secrets, à tout deviner, pour ainsi dire. On comprend que, quand on n'a pour guide dans l'étude d'un idiome, que l'observation, on ne peut faire des progrès bien rapides. Cette langue est riche en expressions relatives à l'intérieur du ménage, au commerce, aux travaux des champs et à une foule d'idées vulgaires, réveillées par la vue des scènes de la nature ; mais elle me paraît plus restreinte dans tout ce qui concerne l'ordre plus relevé des vérités intellectuelles. Cela étonne peu, du reste, quand on sait que la sphère d'action du Bannar se borne aux choses toutes matérielles de la vie. Le génie d'un peuple, la tendance de son esprit et de son cœur doivent naturellement se peindre dans la langue qu'il parle.

« L'écriture est absolument inconnue à tous les sauvages de ces pays ; ils ne comprennent pas qu'on puisse communiquer ses pensées autrement que par la parole ; aussi quand ils nous voient regarder un livre, ils font mille questions des plus curieuses. « Que te dit le la« baar ? demandent-ils (c'est ainsi qu'ils appellent le « papier). C'est inintelligible ! c'est vraiment mysté« rieux ! Comment, il te parle ! tu l'entends ! tandis que « nous ne saisissons pas un seul son de sa voix ! » Puis ils nous interrogent sur l'avenir, persuadés que rien n'est inconnu à quiconque possède la connaissance du labaar. Plusieurs fois, surtout dans le principe, on venait consulter ce fameux papier comme une des plus célèbres sibylles de l'antiquité. « J'ai perdu tel objet, « disait l'un : demande au labaar où je pourrai le re« trouver. — On m'exige une dette de mes aïeux, disait « l'autre ; vois si mon père ne l'a point payée jadis. » Quelques-uns s'informaient de l'issue d'une guerre ; d'autres voulaient savoir s'il leur restait encore longtemps à vivre. Nous aurions pu gagner notre vie à tirer la bonne aventure ; nous avions beau répondre à tous que le papier ne pouvait faire connaître des choses de ce genre, on entendait les questionneurs se dire entre eux, en se retirant : « Ils le savent bien, mais ils ne « veulent pas en parler. » Peu après notre arrivée ici, j'avais confié un billet à un sauvage pour un de nos Annamites ; à la fin de ma lettre je disais : « Ne donne « rien au porteur, il a reçu son salaire. » Le Bannar se flattait de mon absence pour l'exiger de nouveau : l'An-

namite lui répondit : « Le grand Père t'a déja paye,
« c'est le papier qui le dit ; que me demandes-tu en-
« core ? » Le pauvre commissionnaire se retira tout
confus, et alla raconter son désappointement à la maison commune, où tout le monde fut stupéfait de la
puissance merveilleuse du *labaar*. Cela prouve la simplicité du sauvage et le peu de rapports qu'il a eus jusqu'ici avec les peuples civilisés.

« Cet isolement, au centre de ses forêts et de ses
montagnes, explique aussi pourquoi le Bannar est si
peu avancé dans les arts et les métiers ; tout ce qu'il
sait faire en ce genre, c'est le besoin et la nécessité
qui le lui ont appris. Il façonne une marmite passable
pour cuire son riz et quelques herbes sauvages ; il
forge la petite hache, la serpe et la pioche qui forment
tout son attirail d'agriculture, le sabre qui arme son
bras pour abattre les animaux de la forêt, pour attaquer l'ennemi et s'en défendre, ainsi qu'un petit cou
teau à long manche dont il se sert pour confectionner
mille petits ouvrages dans lesquels il excelle. Son ar-
balete, qui est belle, qui porte bien la fleche et l'enfonce avec vigueur, sort aussi de ses mains ; son ca-
lumet en terre, orné avec goût de feuillures et de co
lifichets, est le fruit du travail des plus habiles de la
tribu. La femme, à son tour, tisse une pièce de toile
blanche ou noirâtre qui sert de couverture, et qui, toute
grossiere qu'elle est, n'en constitue pas moins la principale branche de commerce entre les Bannars et les
Cédans vers le nord et le nord-ouest de la tribu. Les
villages qui s'élevent sur les rives de la riviere Bla
font des canots légers, solides et gracieux, formes d'un
seul tronc d'arbre. Tels sont à peu près tous les ouvrages que produit l'industrie des Bannars, les plus
arriérés sous ce rapport de tous les sauvages. Ce n'est
pas qu'ils soient depourvus des dispositions qui pro-
mettent du succes dans les arts ; mais l'idée inven-
trice leur manque, et leurs mains ne sont pas exer-
cees. Je suis porté à croire que s'il se trouvait quelqu'un pour les former, qu'on leur fournît des instruments et surtout qu'on leur fît entrevoir un gain con-
siderable, ils feraient des progres rapides. Je me plais
à leur parler quelquefois de la maniere dont on tisse en
Europe, comme aussi de nos forges, de nos constructions, etc. ; ils écoutent, ils questionnent avec un inté-

rêt et une avidité qui prouvent une aptitude **bien prononcée** pour toutes ces choses.

« Les Giarai, leurs voisins du sud, mettent dans tous leurs produits un cachet d'habileté et de bon goût qui annoncent des dispositions plus grandes encore : leurs tissus sont plus fins que ceux des Bannars, et ils les enjolivent quelquefois de dessins qui, j'en suis sûr, ne déplairaient pas en Europe ; ils forgent aussi et savent donner au fer une tournure plus élégante, une trempe plus forte que les autres sauvages ; ils coulent même des objets en cuivre qui ne sont pas dépourvus d'une certaine délicatesse. Bien supérieurs aux Reungao, ils ne dépassent peut-être pas les Halang, qui ont profité, sans doute, de leurs communications avec les Laociens.

Les Cédans sont tout un peuple de forgerons. Leur pays, qui n'est qu'un réseau de montagnes formées de terrains primitifs, abonde en mines de fer. Plus de soixante-dix villages, quand les travaux des champs sont finis, s'occupent d'extraire le minerai, le coulent, le forgent et le livrent au commerce, sous la forme de haches, de pioches, de serpes, de couteaux, de lances et de sabres. Bien qu'ils en fournissent abondamment à leurs voisins, ils pourraient encore en exporter des quantités énormes, s'ils ne manquaient pas d'instruments et de méthode pour l'exploitation. Un soufflet composé de deux gros tubes, dans lesquels jouent des espèces de pistons en peau de daim, un bloc de granit pour enclume et une pierre pour marteau composent tout l'attirail de leurs usines. On comprend quelle dépense de forces ils doivent faire, et quelle disproportion doit exister entre un si pénible labeur et ses produits. Les Cédans ne tissent pas ; la forge absorbe tous leurs loisirs et leur procure du reste, par la voie des échanges, tout ce qui leur est nécessaire.

« Le commerce des Bannars ne consiste guère que dans l'échange de quelques objets de première nécessité et d'un prix peu considérable. Ils craignent trop les dettes et la perte de la liberté qui en est ici la suite, pour oser courir les chances d'un commerce plus étendu. Quelques pièces de toile et un peu de cire que des essaims d'abeilles nomades viennent, tous les ans, suspendre aux arbres de leurs forêts, leur procurent « le fer, du sel, des aiguilles, des verres, quelques mites en cuivre, et de loin en loin un beau carillon de tam-tam, suprême convoitise du sauvage, mais en même temps si chère, que les Bannars peuvent rarement acheter cet objet de tous leurs vœux. Les animaux domestiques, le riz, le maïs et mille petits objets qui sont le produit du travail de leurs mains entrent aussi dans le cercle restreint de leurs échanges journaliers. Toutes les tribus environnantes font le même commerce ; elles s'y livrent plus en grand, et chacune d'elles y ajoute sa branche particulière d'exploitation : le Halang donne quelques paillettes d'or aux Laociens qui lui amènent des buffles ; le Giarai, le Reungao et le Cédan spéculent sur la vente d'un nombre assez considérable d'esclaves, sur le commerce des tam-tam et des jarres, dont quelques-unes s'élèvent aux prix de plusieurs buffles et même de plusieurs esclaves. Du reste, il est peu de sauvages qui fassent fortune dans tous ces trafics ; on en voit au contraire beaucoup s'endetter outre mesure et finir par tomber en servitude. Les Cédans, qui forgent, ont un gain plus sûr dans les produits de leurs mines, et les Bannâm du nord s'enrichissent avec leur cannelle de première qualité, qu'ils échangent contre les marchandises des Annamites du Quang-Ngai. Les Cochinchinois tirent aussi de ces contrées quelques éléphants, de l'ivoire, des cornes de rhinocéros, du coton, du miel et beaucoup de cire. Ici le commerce ne se fait que par la voie des entremetteurs, et comme ces derniers sont le plus souvent pauvres ou sans bonne foi, il devient une source d'injustices, d'inimitiés et de guerres.

« Les Bannars, ainsi que tous les autres sauvages du pays, se groupent par villages de vingt à cent maisons. Au centre de chaque hameau se dresse la maison commune, qu'il est facile de distinguer à son toit élevé et parfois tressé avec art. Les agglomérations considérables en ont jusqu'à six ou sept. Le nombre de ces maisons communes indique, en général, celui des villages qui, autrefois séparés, se sont réunis en un seul. Comme ces adjonctions, assez fréquentes, se font sans préjudice des usages particuliers à chaque hameau, ils conservent chacun ce symbole d'union pour y tenir leurs séances, célébrer leurs fêtes et offrir leurs sacrifices. Les habitations des sauvages sont groupées tout autour sans ordre et sans symétrie. Elles sont grandes, bien aérées, et ne manquent pas, dans leur agreste simplicité, d'un certain degré d'élégance, surtout quand elles sont encore neuves. Deux rangs de colonnes en bois les supportent, et le plancher inférieur, formé de lattes de bambou bien tressées, ou seulement aplaties et fortement unies ensemble, s'élève à cinq ou six pieds au-dessus du sol; un autre treillis, moins serré, tient lieu de murs. La toiture, fort mince et bien élancée, est ajustée avec des pailles très longues, que les femmes choisissent une à une ; le rotin remplace partout les clous. Devant la porte principale de l'habitation, règne, à une égale hauteur que le premier étage, un plancher découvert, large et très solide, où tous les matins les femmes écossent, à grands coups de pilon, le riz destiné aux trois repas du jour. On y monte par un escalier qui ne répond pas à tout le reste ; un morceau de bois brut, dans lequel on a pratiqué quelques grossières entailles, en fait tous les frais. Ces maisons aériennes sont, à mon goût, plus agréables et plus saines que celles des Annamites. L'intérieur est divisé en autant d'appartements qu'il y a de familles ; on en reserve un plus grand que les autres pour recevoir les étrangers ; quelques jarres destinées à contenir du vin en forment tout l'ornement.

« Au centre de chaque pièce se trouve un foyer pour la cuisine, autour duquel chaque famille prend son repos la nuit, sur des nattes de jonc. Le mari, la femme et les petits enfants ont seuls le privilège de se coucher autour du même foyer ; les filles un peu grandes ont un coin à part. Pour les jeunes gens depuis l'âge de treize à quatorze ans jusqu'à leur mariage, ils n'habitent plus que la maison commune. Cet usage général dans les diverses tribus que je connais, a un but tout moral; c'est un exemple qu'on ne serait guère en droit d'attendre d'un peuple sauvage et païen. La maison commune est donc, à proprement parler, la résidence de la jeunesse, et, en cas de surprise nocturne de la part de l'ennemi, elle serait une véritable citadelle. Elle est vaste et d'une solidité remarquable, puisqu'elle peut résister aux coups de vents si fréquents et si impétueux dans le pays, quoique la grande élévation de son toite leur donne beaucoup de prise et semble en quelque sorte les braver. Devant la porte règne un très vast balcon en bois, qui rend ces habitations fort agréables. Dans l'intérieur sont disposés, sur deux files, une dizaine de foyers que les jeunes gens entretiennent à frais communs. L'entrée de l'édifice est interdite aux femmes chez les Giarai, chez les Reungao et dans quelques autres tribus ; chez les Bannars, une plus grande simplicité de mœurs permet de les y inviter pour partager la joie commune et les festins publics dans les jours de réjouissance générale ; mais hors de ces circonstances, elles n'y montent jamais si la nécessité ne les y appelle. La maison commune a encore d'autres destinations: elle devient tour à tour et souvent à la fois, ouvroir, halle aux marchés, hôtellerie, salle des délibérations et lieu de réunion pour le sacrifice. C'est là que le missionnaire trouve une occasion favorable pour disposer peu à peu le sauvage, dans des conversations familières, fréquentes et en apparence sans but, à goûter les vérités de la religion. Pour moi, je me suis fait une règle de ne pas manquer à cette visite, une ou deux fois par jour, quand mes occupations me le permettent. Je raconte alors quelques histoires intéressantes de nos pays d'Europe ou d'ailleurs, pour captiver l'attention de mes sauvages, qui écoutent avec avidité tout ce qui est de nature à frapper l'imagination, et je tâche d'y mêler de temps en temps des réflexions qui pourront porter à la longue des fruits de salut, si le bon Dieu daigne les bénir.

« Il y a, en général, entre tous les membres d'un même village, chez les Bannars plus encore que chez les autres indigènes, un esprit de communauté bien prononcé. Ainsi, une maison ne boira jamais son vin sans inviter les autres familles, à moins que l'exiguïté du pot ne permette à plusieurs de s'y désaltérer ; et si parfois quelqu'un mange un porc, une chèvre ou un buffle, il en divisera la viande en autant de lots que d'habitants, et celui qu'il réservera pour lui-même ne sera guère plus considérable que celui qu'il distribuera aux autres. Nul ne sera oublié dans cette répartition toute fraternelle, et depuis l'enfant encore à la mamelle jusqu'au vieillard le plus respectable, tous recevront une part égale. Le cerf, le sanglier et le daim pris à la chasse seront soumis à la même loi du partage ; les chasseurs seuls s'en adjugeront une part un peu plus large en compensation de leurs fatigues ; j'ai

même vu souvent une simple poule divisée en quarante et cinquante fractions. Les enfants, formés de
bonne heure à l'exemple de leurs pères, sauront les
imiter dès l'âge le plus tendre, et quand ils auront pu
surprendre un serpent, un lézard ou une souris, dans
leurs petites expéditions, on verra, au retour. le plus
grand de la troupe découper le friand gibier en pièces
nombreuses, sans violer jamais les lois de la plus
stricte équité. Ces usages, qu'on croirait empruntés à
l'esprit de charité des premiers chrétiens, si le sauvage
avait pu en entendre parler, ajoutent aux liens de
parenté qui unissent presque tous les membres d'un
même village, ceux d'une fraternité plus intime. Les
tribus environnantes les observent aussi, mais avec
une exactitude bien moins scrupuleuse.

« Rien de plus patriarcal que le gouvernement des
Bannars. Chaque hameau est indépendant et forme
une petite république à part, dont les vieillards les
plus sages sont les sénateurs naturels; leur avis, toutefois, n'a d'autorité qu'autant que lui en donne l'as-
sentiment général. Les délibérations se font d'une
manière simple, tout en causant et en fumant le calu-
met. Chacun a le droit de dire librement ce qu'il pense
et sans demander la parole à personne; la jeunesse
néanmoins parle rarement, elle écoute silencieuse et
attentive; ce n'est guère que lorsqu'il s'agit de combat qu'elle se montre impétueuse, bouillante et donne
chaudement son avis. Le Bannar ne paye aucun tribut,
et tout peuple qui consent à une redevance envers
l'étranger est, à ses yeux, un peuple d'esclaves. Il est,
comme tous les sauvages, passionné pour la liberté;
sur ce point il ne supporte aucune entrave, à moins
qu'il ne soit menacé d'une guerre avec quelque village
redouté; car alors il cède souvent à la force, et sous-
crit aux conditions compatibles avec son honneur.

« Le Bannar a conservé ses mœurs plus simples et
plus pures que ses voisins. Non seulement l'improba-
tion générale flétrit toute action criminelle, mais encore des peines sévères et humiliantes, telles que l'esclavage et l'exil, sont infligées aux prévaricateurs. Le
suicide même, dont on voit de temps en temps quelques
cas, a aussi un article au code pénal des sauvages : celui
qui s'en est rendu coupable et a péri de ses propres mains,
sera inhumé dans un coin retiré de la forêt, loin des

tombeaux de ses frères, et tous ceux qui auront aidé
à l'ensevelir, devront se faire purifier suivant les ru-
briques d'un rite tout spécial ; ils sont censés avoir
contracté une espece de souillure, ce qui n'a pas lieu
dans les funérailles ordinaires. Cette législation, comme
on voit, ne manque pas de moralité et de sagesse ;
malheureusement elle a puisé, sur certains points,
aux sources trompeuses de la superstition, et ouvert
ainsi une large voie à des injustices sans nombre, et
quelquefois a des guerres cruelles. C'est sur l'article
des maléfices qu'elle est surtout viciée. La plupart des
malheurs qui affligent le sauvage, sa crédulité les attribue à la malice des hommes qui savent jeter des
sorts ; la superstition lui sert de guide pour rechercher
le coupable, et quand il prétend l'avoir reconnu, il
l'oblige toujours à une forte rançon, et le vend souvent
comme esclave. Si l'accusé crie à l'injustice et refuse
de donner satisfaction, la guerre est déclarée au village qui le recèle. Voici la manière dont on procède
dans toutes les causes importantes, et les preuves les
plus décisives sur lesquelles on s'appuie pour condam-
ner ou pour absoudre en dernier ressort. D'abord celui
qui est soupçonné d'un crime est requis de payer une
forte amende ; le jour où se fait cette sommation, l'accusateur se fait accompagner par un avocat habile
diseur -- il y en a partout — et par la jeunesse de son
village, en aussi grand nombre et en aussi belle tenue
que possible. On interroge les sorts, on écoute attentivement le chant des oiseaux, et si tout est de bon augure, on part. Arrivé près du bourg où se trouve l'accusé, on s'arrête en dehors de la palissade. C'est là que se
tiendra la séance, qui durera souvent pendant un ou deux
jours consécutifs. Si l'inculpé ou son hameau a peur de
la guerre, un accommodement mettra fin à toute la pro-
cédure ; mais si l'on s'obstine de part et d'autre, il fau-
dra vérifier le fait avec plus d'exactitude. Alors deux
pieux sont fixés dans la rivière voisine ; l'accusateur
en saisit un, pour n'avoir pas à lutter contre le courant, l'accusé s'appuie à l'autre, et ils plongent tous
deux à la fois leur tête sous l'eau ; la vérité est du
côté de celui qui aura les poumons plus vigoureux et
retiendra plus longtemps sa respiration. Si le prévenu
se lève le premier, il est coupable du crime qu'on lui
impute, il ne lui reste plus qu'à subir la peccine fix

par le jury, ou bien la guerre est inévitable ; mais s'il plonge plus longtemps que son accusateur, celui-ci a calomnié, et doit faire réparation. Rien de plus chaleureux que les discours échangés dans de pareilles scènes. Quelquefois, quand l'injustice est criante, si l'accusé est courageux et bien appuyé par son village, il refuse fièrement l'épreuve, ou même il dédaigne de parler ; mais ce cas est rare, et comme on n'accuse, en général, que les membres d'un hameau plus faible, il est d'habitude que tout se termine par un accommodement. L'épreuve de l'eau est la plus commune et passe pour la plus sûre : on y a recours dans tous les débats importants, et le sauvage est convaincu que l'Esprit ne permettrait pas au coupable de plonger aussi longtemps que l'innocent.

« Il est un autre genre d'épreuves plus ridicule encore : c'est l'épreuve des œufs, à laquelle on a plus généralement recours dans un grief des plus horribles. Voici le cas : Un malade est à l'agonie, il déclare qu'une main cruelle l'a percé d'une fleche mortelle. Mais pas de blessure, pas de sang ! N'importe, il l'a vu et l'affirme dans le délire de son imagination mourante ; peut-être même que la pythonisse du village, appelée pour opérer la guérison, a extrait cette fleche fatale par le pouvoir merveilleux d'une forte succion, et qu'elle l'a montrée aux yeux de tous les assistants stupéfaits. Que faut-il de plus convaincant ? le fait est donc certain, et tandis qu'on s'évertue en commentaires, le malade expire. Les funérailles finies, la famille recherchera l'auteur du crime. Pour cela, on appelle un homme renommé dans le pays pour son habileté à faire éclater les œufs, et on fixe un jour pour l'épreuve. Avant d'ouvrir l'enquête, on va tous les matins écouter le chant des oiseaux, et s'il annonce quelque chose de sinistre, il faut différer encore. Quand enfin tout est d'heureux présage, on ose procéder au jugement solennel. Ce jour-là, plusieurs jarres de vin sont préparées dans la maison des parents du défunt. Tous les membres du village, les spectateurs étrangers, et, en première ligne, celui qui doit faire éclater les œufs, sont invités à boire largement pour se préparer à la cérémonie. Après ces préliminaires d'usage, on franchit la palissade du village et on cherche un endroit propice où chacun puisse être témoin des faits qui vont s'accomplir. Sept ou huit œufs de poule sont disposès dans une petite corbeille. Celui qui a le secret de les faire éclater avec art, les lave d'abord ; puis il jure, en mordant une piochette dont on lui fait présent, qu'il procédera en toute conscience ; il saisit ensuite le premier œuf entre le médius et l'index de sa main droite. Tout le monde est dans l'attente, pour savoir quelle est la personne cruelle qui se joue de la vie des hommes, en les perçant de ses flèches invisibles.

« Cependant l'opérateur apostrophe son œuf. « Si tel village a une *deng* (1), lui dit-il, éclate. » Puis il le presse ou feint de le presser entre ses doigts avec un tel effort, qu'il en paraît tout essoufflé ; si l'œuf résiste, il l'apostrophe encore et réitere les mêmes efforts pour chaque village des environs ; enfin l'œuf se brise avec un petit bruit sourd : voilà le hameau qui recèle la *deng !* Il se fait un grand murmure dans l'assemblée, le nom du village est répété par toutes les bouches. L'opérateur s'est arrèté un moment et a promené autour de lui un regard où se peint la satisfaction d'un premier triomphe. Il saisit le second œuf et continue : « Si telle personne a *deng*, éclate. » Il passe ainsi en revue toutes les personnes du village déjà reconnu comme renfermant le coupable, et quand son effort est assez puissant pour briser l'œuf, voilà l'homicide trouvé. Il est bien rare que les œufs refusent d'éclater pour personne, neanmoins cela arrive quelquefois ; il le faut sans doute pour mieux accrediter la certitude de ce genre d'épreuve. Dans ce dernier cas, les sauvages disent que le défunt est mort parce que le principe de vie s'était épuisé de lui-même.

« Quand le coupable est ainsi découvert, il devient l'objet de la haine générale. Dans toutes nos tribus du centre, c'est la femme seule qui a le pouvoir de *deng*, c'est-à-dire de percer ses semblables avec des fleches qu'elle lance d'une manière invisible. Une fois signalée, elle sera impitoyablement vendue, à moins qu'une parenté puissante et résolue ne s'y oppose fierement et de maniere à imposer silence aux accusateurs. Ceci est fort rare, car l'épreuve ne désigne pas souvent des personnes riches et bien appuyées. Cette croyance, aussi

(1) On appelle ainsi le pouvoir de jeter des maléfices ; ce mot désigne également la sorcière qui a ce prétendu pouvoir.

ridicule que déplorable, est très enracinee chez tous
les sauvages de ces pays ; elle fait chaque année de
nombreuses victimes. Est-elle l'invention de la cupidité de quelques hommes méchants, qui l'auraient in-
troduite autrefois pour opprimer plus facilement les
faibles, ou bien a-t-elle pris racine dans ces traditions
primitives qui nous montrent la femme entraînant
l'homme dans la désobéissance, et dans les châtiments
qui en furent la suite, c'est-à-dire la souffrance et la
mort ? Je ne sais ; mais elle est si universellement ré-
pandue aujourd'hui que la femme elle-même, une fois
convaincue juridiquement d'avoir *deng*, n'ose plus le
nier. « C'est sans doute, dit-elle, pendant mon sommeil
« que j'ai fait le mal, car je l'ignorais ; » et elle se rési-
gne à son malheureux sort. On lui passe une corde au
cou, on l'arrache à sa famille, et, à la première occasion, on la livre aux Laociens, qui l'emmènent comme
esclave, après avoir donne cinq ou six buffles en
échange.

« Dans quelques tribus du sud, ce n'est pas seulement la femme qui peut jeter des maléfices sur la vie
de ses semblables ; l'homme partage aussi quelquefois
ce funeste pouvoir. Quand quelqu'un est soupçonné de
connaître ce redoutable secret, on lui verse de l'étain
fondu dans le creux de la main, ou bien on la lui fait
plonger dans un pot rempli de poix bouillante, qu'il
doit remuer quelques instants ; si sa main reste in-
tacte, il est innocent, mais si elle est blessée par ces
matières brûlantes, il est coupable ; et dès lors il sera
massacré d'une manière horrible, et sa parenté traînée
en servitude.

« D'après tout ce que je viens de dire, vous devez
comprendre, Messieurs et bien chers confrères, que la
guerre est un des fléaux qui désolent le plus ce pays :
aussi le sauvage passe-t-il sa vie dans une crainte et dans
une vigilance presque continuelles. Ses armes le suivent
partout, et il ne se met jamais en route avant de scruter
soigneusement les sorts, pour savoir s'il ne va pas tomber dans quelque embuscade de l'ennemi. Presque tous
les villages sont plus ou moins fortifiés par une palissade épaisse, et entourée de lames de bambous extrêmement aiguës, que le sauvage fixe à terre par milliers et dans toutes les directions. Toutes ces précautions ne suffisent pas encore pour le rassurer : il a tou-

jours l'oreille attentive au moindre bruit, et s'il entend, de nuit ou de jour, quelque mouvement inaccoutumé autour de lui, il jette un cri d'alarme que la grosse caisse répète à l'instant, et voilà tout le village sur pied pour repousser le plus souvent un agresseur imaginaire, mais quelquefois aussi bien réel. Les Bannars n'entreprennent presque jamais la guerre sans un motif grave ; les Cedans, les Reungao et les Giarai sont, dit-on, moins scrupuleux, surtout ces derniers, qui se mettent volontiers en campagne uniquement pour enlever quelques buffles et se donner matière à des réjouissances publiques. Les Cédans et les Giarai sont réputés les plus courageux des sauvages ; les Bannars si on en excepte quelques villages de l'ouest, passent pour plus timides, peut-être parce qu'ils sont moins nombreux, plus pacifiques, et plus justes dans leurs guerres.

« Quand un village veut aller en attaquer un autre, il ne se met jamais en marche sans avoir demandé aux sorts si la campagne sera heureuse. Il ne manque pas de moyens pour s'en assurer. Avant de sortir de la maison commune, on interroge une espèce de racine dont la vertu est merveilleuse comme présage. Un des chefs de l'expédition en coupe trois morceaux, qu'il dépose sur la lame de son sabre et qu'il laisse tomber ensuite l'un après l'autre sur son bouclier, en faisant une invocation ; si les tranches se tournent de la manière que le sauvage a désirée, la troupe sera invincible, et qui plus est, invulnérable. Alors le plus expérimenté et le plus brave des guerriers se lève, demande à l'Esprit un heureux succès, tout en lui faisant l'exposé des motifs de la guerre, et il part. Tous les autres le suivent en désordre, armés de boucliers, d'arbaletes, de sabres et de lances. Chacun a pris, ce jour-la, sa plus belle ceinture, son habit, s'il en a, et une pièce de toile blanche ou bleue, qu'il croise sur sa poitrine plutôt pour servir d'ornement que de couverture. Toutes les provisions consistent en une ration de riz et de tabac pour deux ou trois jours. Les combattants se divisent quelquefois en plusieurs bandes et fixent tel ou tel endroit pour point de réunion. A peine sortis du village, ils prêtent, tout en marchant, une oreille attentive au chant des oiseaux : s'il est de bon augure, si l'on ne rencontre pas une souris en route, et qu'on n'entende

pas la voix du daim bramer dans la forêt, les voilà s'a-
vançant pleins d'ardeur et de courage. Quelquefois ils
apercevront l'oiseau de proie planer au haut des airs,
et pousser des cris aigus : alors tout est au comble de
leurs souhaits ; ils se redisent avec enthousiasme :
« Allons, frères, le milan gémit, la capture sera belle. »
D'ordinaire ils suivent les sentiers les moins fréquentés, de crainte que l'ennemi ne soit averti à temps
et ne se tienne sur ses gardes. Il est rare qu'ils osent
tenter l'assaut d'un village ; c'est ordinairement par
surprise et à la faveur des ténèbres de la nuit qu'ils
opèrent ; ils veulent, avant tout, éviter de laisser des
morts sur le champ de bataille, et n'avoir pas à mêler
des larmes aux joies du triomphe. Placés le plus souvent en embuscade autour d'un champ isolé, ils attendent patiemment que l'ennemi vienne se jeter de lui-
même entre leurs mains ; alors ils l'entourent, le sai-
sissent, lui passent une corde au cou et l'entraînent
au plus vite, avec les manifestations d'une joie sauvage et les menaces les plus terribles, comme s'ils allaient le mettre en pièces à chaque instant. Quand ce
sont des femmes ou des enfants qui viennent ainsi
tomber dans l'embuscade, la capture est facile ; mais si
ce sont des jeunes gens ou des hommes mûrs, on parvient difficilement à s'en emparer sans qu'il y ait du
sang répandu, car ils ne rendront jamais lâchement les
armes.

« Ces guerres prennent un caractère bien autrement
désastreux, quand le sauvage est décidé à aller attaquer son ennemi jusqu'au centre de son village. Il
marche alors avec des auxiliaires nombreux, il s'approche de la place à la faveur de la nuit, et s'il peut
forcer la palissade sans être entendu, il se précipite
dans les maisons, égorge tout ce qui lui résiste, ainsi
que les vieillards, dont ils ne tirerait aucun profit, fait
de nombreux prisonniers parmi les femmes et les enfants, pille tout et se retire à la hâte, de peur que les
hameaux environnants n'aient le temps de lui couper
la retraite. Quand l'expédition a été heureuse, les guerriers rentrent dans leur village en faisant retentir les
airs de leurs cris, en exécutant des gambades triom-
phantes et en brandissant fièrement leur sabre dé-
gainé. Aussitôt la chevre est immolée à l'Esprit en sacrifice d'actions de grâces, on vide de nombreuses jar-

res de vin, on frappe la grosse caisse, on bat les tam-
tam et on souffle un air monotone dans des cornes de
buffle, instrument destiné à chanter la victoire.

« Néanmoins, cette joie n'est pas sans sollicitude,
car on sait bien que l'ennemi ne tardera pas à paraître, ne respirant que fureur et vengeance : aussi
on redouble de précautions et de vigilance, pour éviter une surprise qui serait accompagnée d'horribles représailles.

« Cette vigilance du sauvage, à la suite d'une expédition, ne diminue un peu qu'après la vente des captifs,
ou lorsque le village vaincu les a rachetés et que la
paix est conclue.

« Toute guerre heureuse est nécessairement suivie
d'un festin et de réjouissances publiques. Le nombre des
buffles qu'on immole, en cette occasion, égale celui des
prisonniers qu'on a faits à l'ennemi ; de nombreux convives sont invités à cette fête patriotique. Elle est annoncée,
dix à quinze jours d'avance, par le bruit des tam-tam
et de la grosse caisse, que les jeunes gens frappent
tous les soirs en cadence, et en exécutant une marche
guerrière, dans la maison commune. La veille de la
solennité, les principaux du village se réunissent dès
le matin : il s'agit d'attacher les buffles ; quelques jeunes gens sont députés pour aller arracher la merveilleuse racine qui a le pouvoir de rendre les piquets
inébranlables. Ils se mettent en grande tenue et s'ac-
quittent gravement de leur mission. A leur retour, les
anciens font l'application du spécifique avec des observances et des invocations traditionnelles. Chaque
buffle est fixé à un piquet à part, au moyen d'un assez
long câble en rotin, qui permet à l'animal de se mou-
voir, de bondir et de s'élancer tout autour dans un
rayon de plusieurs mètres. Les pieux se composent
d'un faisceau d'arbustes fortement liés ensemble, et
ornés de banderoles flottantes ; ils sont disposés en
cercle autour d'un arbrisseau vivace, qui doit grandir
et rappeler aux générations futures une cérémonie et
une gloire des aïeux. C'est là que le sauvage contem-
plera ses victimes un jour et une nuit avant de les im-
moler : à peine sont-elles attachées, qu'on commence
tout autour, avec la grosse caisse et les tam-tam, une
ronde qui dure jusqu'à l'aube du lendemain ; on ne
l'interrompt de temps en temps que pour pousser avec

plus d'ensemble un hurlement sauvage contre l'ennemi vaincu.

« Cependant de nombreuses jarres de vin sont disposées çà et là sur la terre nue, et des cercles joyeux aspirent en commun la liqueur enivrante au moyen de longs tubes. Les convives ne tardent pas à arriver de tous côtés, et la foule est bientôt immense ; un vacarme affreux éclate toute la nuit. Le lendemain, quand le jour commence à poindre, la musique cesse et les jeunes gens prennent leurs armes : les buffles, qui représentent l'ennemi vaincu doivent porter tout le poids de la haine qu'il inspire et personnifier sa défaite par une mort barbare. Au premier signal, ils sont couverts d'une grêle de flèches ; ils mugissent, écument, s'élancent avec fureur contre les assaillants. Vains efforts ! chaque bond est marqué par une chute et suivi de nouvelles blessures. Mais le sabre a succédé à l'arbalète dans la main du sauvage ; les plus habiles dirigent leurs coups sur les jarrets de la victime, que la terreur et la rage soutiennent encore longtemps sur ses jambes disloquées et mutilées ; enfin, quand elle n'est plus qu'une plaie, et que la terre est rougie de son sang, elle tombe : la lance lui porte les derniers coups. Un grand feu qu'on allume tout autour enlève grossièrement ses poils ; puis elle est dépecée, divisée, et le festin commence. Quand le soir arrive, les étrangers reprennent le chemin de leur village, ne rêvant que guerres et victoires. Comme la fête a eu une veille, elle aura aussi un lendemain pour faire honneur aux restes du banquet.

« Après les combats viennent les réconciliations. Pour cela, des entremetteurs habiles vont tour à tour d'une peuplade à l'autre, aplanissent peu a peu les difficultés, et finissent par ramener l'accord et l'harmonie. On fixe un jour pour conclure le traité de paix, qui doit être scellé par un serment solennel : les deux villages se réunissent dans la maison commune de celui qui a entamé les négociations, et choisissent chacun un des anciens pour agir au nom de tous. C'est un homme d'un côté, et une femme de l'autre. Voici comment ces députés procèdent : ils s'arment d'abord du couteau et se font une incision à un doigt ; leur sang doit couler dans une même coupe et se fusionner de la manière la plus intime ; quand ce mélange significatif est opéré ils en avalent chacun une partie en prononçant certaines formules, et l'union est consommée. Péu de jours après, on ratifie le pacte en renouvelant les mêmes cérémonies dans la maison commune de l'autre village.

« A côté de ces inimitiés qui s'apaisent, il en est d'autres qui se transmettent indéfiniment à travers plusieurs générations, et confirment la devise favorite du sauvage : « Si ce n'est aujourd'hui, ce sera demain; « mais il faut se venger. » Encore, s'il ne s'en prenait qu'à l'ennemi qui lui a fait injure! mais non : lui qui n'admet point de solidarité pour tout le reste, enveloppe toute une tribu dans ses représailles ; il frappe souvent le plus faible quand il n'ose attaquer le plus fort, sans faire de distinction entre l'innocent et le coupable. Ce système, aussi général que vicieux, multiplie les guerres à l'infini, paralyse la confiance, entrave les communications des sauvages entre eux, et nécessite pour toutes les affaires l'emploi de ces entremetteurs, qui sont le fléau du pays.

« Au point de vue religieux, le Bannar croit à l'existence d'une foule d'Esprits, dont les uns sont malfaisants pour l'homme et les autres favorables. Selon lui, chaque montagne, chaque rivière, chaque rocher, chaque grand arbre, en un mot chaque élément a un génie particulier. Quant à l'idée d'un Etre supérieur, souverain et créateur de toutes choses, il ne paraît pas l'avoir, du moins, je n'ai pu la constater. Si on lui demande d'où vient l'homme, tout ce qu'il sait répondre, c'est que le père commun du genre humain fut sauvé d'une immense inondation au moyen d'une grosse caisse, dans laquelle il se renferma. Qu'on ne le presse pas sur l'origine et sur l'auteur de ce commun père; car il est au bout de ses connaissances historiques. Ses traditions ne vont pas au delà du déluge; il vous dira pourtant que, dans le principe, un grain de riz suffisait pour remplir une marmite et fournissait un repas abondant à la famille entière. C'est un souvenir du premier âge du monde, fugitive période d'innocence et de bonheur, que les poëtes ont appelé *âge d'or;* mais cette heureuse époque, le sauvage ne sait à quelle date la placer, ni pourquoi elle n'est plus : il n'est pas mieux fixé sur le dogme des peines et des récompenses de l'autre vie. Quand l'âme, qui est immortelle, se sépare du corps, elle erre quelque temps à travers les tombes et les montagnes voisines, épouvante souvent les vivants par ses apparitions nocturnes, et finit par aller se perdre pour toujours dans les profondeurs ténébreuses des régions du sud. Tel est, à la mort, le rendez-vous général des âmes. C'est là tout ce que sait le Bannar sur nos destinées d'outre-tombe; l'avenir est pour lui un mystère dans lequel il ne cherche pas même à pénétrer; le present seul est ce qui l'absorbe tout entier, et il ne soupçonne pas qu'on puisse se préoccuper d'autre chose.

« Tout le culte du sauvage consiste en des sacrifices, des vœux, des observations vaines et sans nombre, qu'il fait dans le but unique de conjurer les malheurs, de calmer ses souffrances et de reculer l'heure de sa mort; car, comme chez tous les peuples païens, le fond de sa religion est la terreur et l'égoïsme. Chaque chef de famille en est le sacrificateur naturel. Les bonzes, si communs au royaume d'Annam, au Cambodge, au Laos et à la Chine, sont inconnus dans le pays. Il est toutefois un personnage réputé interprète infaillible des Esprits et dont les décisions, reçues comme des oracles, deviennent des règles universelles de conduite; on l'appelle *Beaiou.* Cette espèce de pythonisse, **car** c'est toujours une femme (1), joue un rôle et exerce une influence vraiment extraodinaire dans toutes ces contrées. A peu près chaque village a une *Beaiou,* et quelquefois plusieurs; elles ne jouissent pas toutes d'une égale réputation. Les plus célèbres ont une clientèle nombreuse et sont souvent appelées au loin, surtout quand il s'agit de cures importantes à opérer. L'investiture de la pythonisse est une œuvre du ciel et non de la terre. Un beau jour, elle est ravie par un Esprit qui lui communique des secrets et des pouvoirs tout divins, avec la mission d'éclairer et de secourir ses semblables; dès lors, elle est *Beaiou;* c'est elle-même qui annonce cette transformation surnaturelle, et une simple affirmation de sa part est acceptée comme une preuve irrécusable. Elle commence incontinent l'exercice de ses fonctions, et depuis c'est à elle que le sauvage s'adresse toujours, quand il est

(1) Quelques années plus tard, M. Dourisboure a rencontré des hommes faisant le même métier. — V. plus haut, p. 202. (*Éd.*)

eprouve par un malheur quelconque ; elle sait lui en
dire les causes, qu'elle attribue le plus souvent à la
violation de quelque observance ridicule ; elle peut
même lui indiquer des remedes efficaces. Appelée près
d'un malade, si elle ne le voit que légerement indis-
posé, elle se contente d'allumer une bougie, et de lu
faire certaines passes cabilistiques sur le corps ; le mal
ne doit pas résister longtemps à ses conjurations : si
toutefois il venait à empirer, alors elle a recours à des
procédés plus énergiques et plus puissants : elle applique sa bouche sur la partie souffrante, et, au moyen
d'une forte succion, elle parvient à en extraire soit un
petit morceau de bois, soit un os, un grain de sable ou
un autre objet de ce genre qu'elle produit aux yeux de
tous les assistants ébahis. N'essayez pas d'expliquer ces
faits comme un résultat de la supercherie, vous passe
riez pour ignorant ou pour incrédule. J'assistai un jour
à une de ces jongleries ; la *Beaiou* m'invita, par considération, à m'approcher pour mieux voir ; elle opérait
pendant la nuit et dans la rivière, ayant de l'eau jus
qu'aux genoux ; son cou était orné de plusieurs colifi
chets dont chacun a sa vertu particuliere ; un homme
l'éclairait avec une bougie en cire. La cérémonie avait
pour objet de purifier le village d'une souillure con-
tractée dans les funérailles d'un suicidé. J'acceptai la
proposition et je m'approchai de la scene ; les sauvages,
qui devinaient mes intentions, baissaient tous la tête et
rougissaient d'avance pour la pauvre pythonisse ; elle
se recueillit, fit sa succion, et d'un ton grave et em-
phatique : « Grand Pere, me dit-elle, voilà du sang,
« voilà du sang que je viens d'extraire ! » J'avais beau
ouvrir de grands yeux, je ne voyais que de la salive
Je lui manifestai mon doute ; alors elle comprit qu'elle
s'était trop avancée avec moi, et, toute déconcertée de
mon incrédulité inattendue, elle cessa un instant la
cérémonie. Les sauvages m'assuraient tous que c'é-
tait bien du sang que j'avais vu. Comme je persistais à
nier, ils me dirent pour me convaincre : « Mais, grand
« Père, la *Beaiou* l'a vu, elle l'affirme ; si vous refuse
« d'y croire, que croirez-vous donc ? » Puis ils se répe-
taient les uns aux autres : « Je suis tout essouflé, je
« n'en puis plus ; le grand Père ne veut rien croire. »
Ils m'attesterent aussi qu'un instant avant mon arrivée, un revenant était passé tout près d'eux. « L'a-

vez-vous aperçu ? leur demandai-je. — Oh ! oui, me
« répondirent-ils à l'unanimité; la *Beaiou* l'a vu. »

« Si la sécheresse ou les pluies compromettent les
moissons, si la tempête menace de tout bouleverser,
c'est encore à la pythonisse qu'on a recours. L'an dernier, les chaleurs étaient extrêmes depuis plus d'un
mois ; un beau jour, elle invita le village à un sacrifice
public, et promit à ce prix une pluie abondante. « J'ai
« parlé, dit-elle, ce matin avec l'Esprit du tonnerre, qui
« a donné sa parole pour garant. » Le sacrifice se fit et
la sécheresse dura trois mois de plus. Il semble que de
pareils démentis, qui se répètent souvent, devraient
faire tomber peu à peu le crédit de ces *Beaiou*; mais
il n'en est rien. Qu'elles enjoignent des abstinences pénibles, des sacrifices onéreux, des pratiques fort gê-
nantes, le peuple leur obéira toujours avec la même
ponctualité ; ce sont elles, en un mot, qui confirment
toutes les erreurs, accréditent les superstitions innom-
brables qui règnent dans le pays ; elles seront probablement un des principaux obstacles à la conversion des
sauvages.

« Telles sont, Messieurs et bien chers confrères, les
quelques notes que je puis vous transmettre aujour-
d'hui sur mes chers Bannars. Il est difficile encore de
prévoir d'une manière fondée quelles seront leurs dispositions à embrasser l'Evangile ; mais espérons qu'a-
vec la grâce de Dieu et les prières des associés de la
Propagation de la Foi, ils se montreront dociles à écouter la bonne nouvelle. Se pourrait-il que le ciel nous
eût amenés ici malgré toutes les difficultés qui ont
entravé nos débuts, pour nous laisser échouer au port?
Les Bannars sont déjà sur le point de donner des
prémices au Seigneur : encore quelques jours, et je
verserai l'eau sainte du baptême sur la tête de mon
premier catéchumène. Son intelligence, sa droiture de
cœur, sa bravoure dans les combats lui ont acquis
l'estime et la considération de ses frères ; il a tout ce
qu'il faut pour faire un bon catéchiste, et j'espère que
ses exhortations, appuyées par son exemple, pourront
déterminer des conversions nombreuses. Sa sœur vient
aussi de commencer à se faire instruire; d'autres indigènes sont encore retenus par la crainte de la vengeance
des Esprits; mais si l'impulsion est une fois donnée,
tout promet que les progrès de la foi seront rapides.

« M. Dourisboure a des espérances plus prochaines encore chez les Cédans du sud, beaucoup plus réfléchis que les Bannars. Dans quinze jours, il baptisera deux enfants, déjà bien instruits et bien disposés ; il a, en outre, une dizaine de jeunes gens qui ne tarderont pas à être chrétiens.

« Tout cela est sans doute encore bien peu ; mais il faut donner au grain de sénevé le temps de germer, de croître et de grandir, avant de voir les oiseaux du ciel venir se reposer sur ses rameaux et jouir de ses fruits, de son ombrage et de ses parfums.

« Veuillez agréer, etc.

« J.-P. COMBES, *Miss. ap.* »

Où en est la Mission Bahnar en 1929 ?

Elle compte 17.700 chrétiens et un nombre de catéchumènes considérable. Que nous voilà loin des 800 chrétiens de 1870 !

Le centre est à Kontum, à 218 kilomètres de Quinhon. Presque toute la population catholique se trouve disséminée sur un rayon de 40 kilomètres autour de ce centre. Les missionnaires ont surtout travaillé en faisant tache d'huile : c'est à peine si l'on trouve dans cette région christianisée une dizaine de villages non catholiques.

Cependant d'autres essais de fondation en dehors de cette région ont été tentés, et la station de Pôlei Rongol, à 100 kilomètres au sud de

Kontum, donne actuellement les meilleures espérances.

Les 146 chrétientés Moi que compte au total
la Mission Ba-hnar sont divisées en 23 districts
ayant chacun à sa tête soit un missionnaire, soit
un prêtre annamite.

Le Compte Rendu de 1927-1928 mentionne pour
l'année 475 baptêmes d'adultes. 75.315 confessions et 131.468 communions...

La Mission possède une école de catéchistes
fondée en 1908, qui porte le nom d'Ecole du
Bienheureux Cuenot, celui à qui, d'après le
P. Dourisboure lui-même, « revient la première
gloire, après Dieu, de l'établissement de la Mission des Sauvages Ba-hnars ». Cette école compte
actuellement 131 élèves et donne environ 40 as-
pirants catéchistes tous les deux ans. Grâce à elle,
presque toutes les chrétientés ont pu être pour-
vues de ces utiles auxiliaires.

Pour fournir à ces jeunes gens une nourriture
intellectuelle, l'Ecole s'est adjoint un petit atelier
d'imprimerie qui a déjà édité, en caractères latins
adaptés par les missionnaires au dialecte du pays,
quantité de volumes très utiles, et publie un
excellent Bulletin mensuel des Catéchistes le
« Hlabar Tobang ».

Jusqu'ici la Mission Ba-hnar n'a donné aucun
prêtre : c'est seulement en 1909 qu'elle a pu envoyer ses premiers enfants au Séminaire. Elle en
a actuellement 6 au Petit Séminaire de Quinhon
et 4 au Collège Général de Pinang, où ils font
très bonne figure.

Durant la saison sèche, de Novembre à Mai, les missionnaires ouvrent chez eux une dizaine d'écoles où les petits « Moi » et, depuis quelque temps, même les petites « Moïesses » apprennent les éléments de la lecture et de l'écriture. Ces écoles sont de plus en plus suivies, et la jeunesse commence même à les réclamer dans les quelques districts où elles n'existent pas encore.

L'esprit des populations est favorable, et une marche en avant aurait de très bons résultats, avec des ressources et un personnel suffisants. Ces sept dernières années, seize villages Se Dang et deux gros centres, Ha Lang sont venus demander officiellement des missionnaires...

« Priez donc le Maître de la moisson d'envoyer des ouvriers à sa vigne » Ba-hnar !

Table des Matières

IMP. P. TÉQUI, 94, RUE DE VAUGIRARD, PARIS-VIe

Abbé ARNAUD D'AGNEL et D^r D'ESPINEY

ARNAUD D'AGNEL (Abbé) et **D'ESPINEY** (D^r). — **Direction de Conscience. Psychothérapie des troubles nerveux.** In-12. 4° mille. 15 fr.; franco 17 fr.; étranger................... 19 »
Ce livre est pour tous ceux qui, malades du système nerveux, ou moralement atteints, désirent recouvrer la santé, ou qui, bien portants, veulent développer leurs facultés. Ce programme, exigeant l'expérience de l'âme humaine, ne pouvait être réalisé que par la collaboration du prêtre et du médecin.
— **Psychologie et Psychothérapie éducatives.** In-12 de 608 pages. 3° mille. 15 fr.; franco 16 fr. 50 ; étranger............ 19 »
Livre à tous points de vue remarquable. Véritable mine où l'on trouve les conclusions de tout ce qui a été pensé sur l'éducation.
— **Le Scrupule.** Comment le prévenir ? Comment le guérir ? In-12. 15 fr.; franco 16 fr.; étranger.................... 17 »
Maladie spirituelle, étrange et combien douloureuse ! Les directeurs d'âmes trouveront dans cet ouvrage de 300 pages, d'un texte serré, dû à deux spécialistes de la psychotérapie l'analyse du mal et l'indication claire des remèdes sauveurs.

ARNAUD D'AGNEL (Abbé). — **Saint Vincent de Paul, « Directeur de Conscience »,** 3° mille, 10 fr.; franco 11 francs ; étranger 12 50
Les confesseurs, supérieurs, maîtres et maîtresses de novices, les parents eux-mêmes tireront un réel profit de la lecture de ce livre où l'auteur nous montre en saint Vincent un véritable artiste dans l'art difficile de la direction des âmes.
— **Saint Vincent de Paul, maître d'oraison.** In-12. 10 francs ; franco 11 fr.; étranger 12 50
Le public, qui fit naguère si bon accueil au « Saint Vincent de Paul, directeur de conscience », ne peut manquer d'apprécier le « Saint Vincent de Paul, maître d'oraison » dû comme le précédent à M. l'abbé Arnaud d'Agnel dont le nom fait autorité en matière de psychologie et de direction spirituelle.
— **Saint Vincent de Paul, guide du prêtre.** In-12. 10 francs ; franco 11 fr.; étranger 12 50
Il faut souhaiter que ces trois ouvrages incomparables (nous pesons l'éloge) viennent aux mains de milliers de prêtres, et qu'ils soient traduits en diverses langues. Car ils couronnent l'édition magistrale des « œuvres de saint Vincent de Paul », par M. Costes.
— **Méditations sur sainte Thérèse de l'Enfant-Jésus, dans la famille.** In-32 de 480 p., 10 fr.; franco 11 fr.; étranger. 12 50
Père, mère de famille, frères, sœurs, et quiconque n'est pas seul au monde mais a de la famille ; prêtres qui ont à défendre partout la famille attaquée, tous trouveront dans ce livre des choses excellentes. Ce n'est pas une sainte Thérèse inconnue qu'on vous présente bien qu'on ne soit pas habitué à étudier l'aimable sainte dans son milieu familial; c'est dommage.

Chanoine E. DUPLESSY

Les Dominicales. 3 In-12. 12° mille; 30 francs; franco 33 fr.;
  étranger .... **42** »
  Chaque volume : 10 fr.; franco 11 fr.; étranger........ **14** »
Le Pain des Petits, explication dialoguée du Catéchisme.
  Tome I : Le symbole des Apôtres; tome II : Les commandements; tome III : Les Sacrements. 10° mille. 3 vol. In-12.
  21 fr.; franco 22 fr. 50; étranger...................... **24** »
Le Pain Evangélique, explication dialoguée des Evangiles.
  5° mille. Tome : De l'Avent au Carême. Tome II : Du Carême à la saint Pierre, et tome III : De la saint Pierre à
  l'Avent. 13° mille. 21 fr.; franco 22 fr. 50; étranger.... **24** »
Allocutions Matrimoniales. 3° mille. In-12. 10 fr.; franco 11 fr.;
  étranger **12 50**
Le Catéchisme vécu à Lourdes, lectures pour le mois de Marie
  et le mois du saint Rosaire avec le récit quotidien d'une
  guérison attribuée à Notre-Dame de Lourdes, par le D' Marchand, avec Lettre-préface de Mgr Schœpfer. 3° mille. In-12.
  7 fr.; franco 7 fr. 75; étranger........................ **9** »
Histoires de Catéchisme. — Tome I : Les vérités à croire. —
  Tome II : Les Devoirs à pratiquer. — Tome III : les Moyens
  de Sanctification. 6° mille. Prix de chaque volume : 8 fr.
  franco 9 fr.; étranger.................................. **10** »
Retraite de Première Communion solennelle. In-12. 3° mille.
  Prix : 10 fr.; franco 11 fr.; étranger.................. **12 50**
Le Catéchisme en problèmes. Cours moyen. Catéchisme de
  Communion solennelle, avec Lettre de S. E. le Cardinal Dubois. 3° mille. In-12. 9 fr.; franco 10 fr.; étranger...... **12** »
Livre du Maitre. 9 fr.; franco 10 fr.; étranger.......... **12** »
Les 2 volumes cartonnés, chacun 10 50; franco 11 25; étr. 13 »
Résumés de Catéchismes, extrait du Catéchisme en Problèmes.
  In-8. 1 fr. 50; franco 1 fr. 75; étranger.................. **2 25**
En préparation : **Après la Communion solennelle.** In-12. 9 fr.;
  franco 10 fr.; étranger.................................. **12** »
Les Idées de Matutinaud. 11° mille. In-12. 5 fr.; franco 5 fr. 75;
  étranger .... **7** »
Les Cousins de Matutinaud. 9° mille. In-12. 5 fr.; franco 5 75;
  étranger .... **7** »
Les Frères de Matutinaud. 7° mille. In-12. 5 fr.; franco 5 75;
  étranger .... **7** »
Les Neveux de Matutinaud. 5° mille. In-12. 5 fr.; franco 5 75;
  étranger .... **7** »
Matutinaud lit la Bible. 4° mille. In-12. 5 fr.; franco 5 fr. 75;
  étranger .... **7** »
Les Amis de Matutinaud. In-12. 5 fr.; franco 5 75; étrang. **7** »
Benoit XV et la guerre. 2° mille. 2 50; franco 3 fr.; étrang. 4 »
Journal apologétique de la Guerre. 2° mille. In-12. 10 francs;
  franco 11 fr.; étranger.................................. **12 50**
Sermons de Carême. Le Prédicateur. Carême 1904. Nouvelle
  édition. In-12. 5 fr.; franco 6 fr.; étranger.............. **8 50**
Dictées d'un Instituteur. 0 fr. 50; franco 0 fr. 65; étranger, 0 80

R. P. W. FABER

Docteur en Théologie.
Supérieur de l'Oratoire Saint-Philippe-de-Néri de Londres.

Bethléem ou le Mystère de la sainte Enfance. 10° mille.
2 in-12. 16 fr.; franco 18 fr.; étranger..................... 20 »
Le Précieux Sang ou le Prix de notre Salut. 9° mille. 9 fr.;
franco 10 fr.; étranger 12 50
Conférences spirituelles. Nouvelle édit. In-12. 9 fr.; franco
10 fr.; étranger.. 12 50
La Bonté (extrait des Conférences). In-12. 2 fr.; franco 2 30;
étranger .... 3 »
Très psychologique et très pieux. Peut faire du bien par
exemple aux dignitaires des œuvres. Suppose un certain désir
de vie intérieure.
Progrès de l'Ame dans la Vie spirituelle. Nouv. édit. In-12.
9 fr.; franco 10 fr.; étranger........................ 12 50
Le Pied de la Croix, ou les douleurs de Marie. Nouv. édition.
In-12. 9 fr.; franco 10 fr.; étranger................ 12 50
Le Saint-Sacrement, ou les œuvres et voies de Dieu. 9° mille.
2 in-12. 16 fr.; franco 18 fr.; étranger.................... 20 »
Tout pour Jésus, ou les voies faciles de l'amour divin.
25° mille. In-12. 9 fr.; franco 10 fr.; étranger.......... 12 50
Le Purgatoire (extrait de « Tout pour Jésus »). In-12. 2 fr.;
franco 2 fr. 80; étranger............................. 3 »
Le Créateur et la Créature, ou les merveilles de l'amour divin.
20° mille. In-12. 9 fr.; franco 10 fr.; étranger.......... 12 50
Le R. P. FABER, avec sa minutie habituelle dans les questions vitales de la mentalité religieuse, avec son coup d'œil
remarquable de psychologue averti, nous montre en cet ouvrage l'essentiel de nos rapports avec le Créateur, et le motif
de notre amour envers Dieu. Après quoi il rencontre l'une
ou l'autre objection. Le nom du P. FABER est une recommandation suffisante. Que ceux qui ne sont pas rebutés par les
quelques longueurs que le génie anglais apporte à ses œuvres
goûtent ces belles pensées de l'oratorien.
La dévotion au Pape. Plaquette. 11° mille. In-12. 1 fr.; franco
1 fr. 20.; étranger.. 1 40
Ces pages, sans être de circonstances, demeurent éminem-
ment actuelles, elles l'ont toujours été dans l'Eglise et le
seront toujours.
Œuvres du P. Faber, abrégé textuel et méthodique en 191 lectures ou méditations, par l'abbé Jaud, tome I : Tout pour
Jésus; le Progrès de l'Ame; le Saint-Sacrement. — Tome II :
Créateur et Créature : Le pied de la Croix; Conférences
spirituelles. — Tome III : Le Précieux Sang; Bethléem ou
le Mystère de la sainte Enfance. Chaque volume se vend
séparément. 10 fr.; franco 11 fr. 50; étranger.......... 13 »

Ouvrages de M. l'abbé GRIMAUD

Futurs Epoux. 19 mille, in-12. VI-312 p., couronné par l'Académie Française. Prix : 9 fr.; franco 10 fr.; étranger.... 11 »

Le but de cet ouvrage adressé « aux grands jeunes gens » est de les prémunir contre les périls de « l'âge des tempêtes » et de leur faire envisager chrétiennement les grands devoirs de la vie conjugale : ni imprécision, ni réticence. L'auteur sait à la fois ce qu'il faut dire et comment le dire. Il a écrit sur ce sujet le livre le meilleur et le plus pratique que nous connaissons.

Futurs Epousse. 21e mille, in-12. VI-326 p., prix : 9 fr.; franco 10 fr.; étranger... 11 fr.

Nous n'hésitons pas à dire que l'auteur s'est encore surpassé. Psychologie très sûre, sens profond de la vie chrétienne, tact parfait dans l'examen des problèmes les plus délicats, tous ces mérites font de son livre le code de la prudence chrétienne dans l'éducation des jeunes filles... Qu'elles aillent donc s'instruire à cette école de doctrine et de vie chrétienne.

L'Epouse, attrait du Foyer. 9e mille, in-12, VIII-310 p., prix : 9 fr.; franco 10 fr.; étranger.............................. 11 »

Voilà un ouvrage qui ne fera qu'augmenter la réputation de son auteur. Il nous a été un enchantement de clarté, de vérité, de haute psychologie. Style simple, net, précis, qui traduit des pensées justes, frappantes et, — ce que nous, Belges, apprécions le plus — pratiques... Nous voudrions voir cet ouvrage entre les mains de toutes les épouses, de tous les prêtres ayant charge d'âmes, et spécialement des directeurs de Congrégations affil. T. S. V., ou de réunions de Mères chrétiennes.

Futurs Prêtres. 1 vol. in-12, VI-330 p., 7e mille. Prix : 8 francs; franco 9 fr.; étranger............................. 10 »

Je viens de lire presque d'un trait votre nouveau livre. C'est très beau et très bon. Je vous en félicite cordialement... Je voudrais voir vos **Futurs Prêtres** *aux mains de tous ceux qui ont à cultiver les vocations ecclésiastiques, soit dans les presbytères, soit dans les collèges, soit dans les Petits Séminaires. Quel bien il y ferait ! Aussi je vais m'efforcer de le répandre autour de moi.*

Prêtre?... Pourquoi pas?... 7e mille. 4 fr.; franco 4 50; étr. 5

Charmant ouvrage de propagande pour répandre à profusion, sous forme d'histoires vécues précédées d'un aperçu doctrinal et suivies d'une courte morale, les idées concernant le sacerdoce. — A distribuer largement aux acolytes, enfants du catéchisme, des écoles et patronages.

Défendons-nous contre l'Invasion des Idées laïques. 3e mille, in-12. 216 pages. Prix : 8 fr.; franco 9 fr.; étranger.... 10 »

Sauvons nos âmes malgré l'invasion des idées laïques. 3e mille, in-12. 302 pages. Prix : 8 fr.; franco 9 fr.; étranger.... 10 »

Aux Fidèles « Ma » Messe. 6e mille. 9 fr.; franco 10 fr.; étr. 11 »

Jeunes et vieux ménages. 9 fr.; franco 10 fr.; étranger 11 50

Toute la politique à établir entre les ménages des parents et des enfants est étudiée dans ces pages pleines de sagesse.